Nello Luongo

Cristo fu personalmente uomo? La risposta dell'Index Thomisticus

Teologia e metodo computazionale
a confronto
(con una guida all'uso dell'*IT*)

Roma 2015

Nello Luongo
Cristo fu personalmente uomo? La risposta dell'Index Thomisticus
Youcanprint.it
Roma 2015
ISBN | 978-88-91170-98-9

SIGLE E ABBREVIAZIONI

GENERALI

AAS	*Acta Apostolicae Sedis*
Aa. Vv.	Autori vari
ACOe	Acta Conciliorum Oecumenicorum
art. cit.	*articolo citato*
Aug	*Augustinianum*
Bur	*Burgense*
cf.	confronta
col./coll.	colonna, colonne
COD	*Conciliorum Oecumenicorum Decreta*
DPAC	*Dizionario patristico e di antichità cristiane*
ecc.	*et cetera*
ed.	a cura di
e.g.	per esempio
FS	*Franciscan Studies*
Gen	*Genesi*
Greg	*Gregoriana*
Ibid.	*Ibidem* («allo stesso posto»)
ID.	IDEM («lo stesso»)
IT	*Index Thomisticus*
Ivi	*stesso luogo dell'opera precedente*
LLT	*Totius Latinitatis Lemmata*
NRT	*Nouvelle Revue Théologique*
n./nn.	numero, numeri
op. cit.	*opera citata*
p./pp.	pagina, pagine
PG	MIGNE, *Patrologia series graeca*
PL	MIGNE, *Patrologia series latina*
Sal	*Salmo*
sce	*senza casa editrice*
ST	*Studi Tomistici*
SV	*Scriptorium Victoriense*
TLL	*Thesaurus Linguae Latinae*
TvT	*Tijdsschrift voor Theologie*
vol./voll.	volume, volumi

Per le opere di Tommaso d'Aquino secondo l'*IT*

OPERA MAIORA

SN	**In Sententiarum libros**
1SN	*In I Sententiarum*
2SN	*In II Sententiarum*
3SN	*In III Sententiarum*
4SN	*In IV Sententiarum*
S	**Summae**
SCG#	*Summa Contra Gentiles*
ST	*Summa Theologiae*
ST1	*Summa Theologiae prima pars*
ST2	*Summa Theologiae prima secundae*
ST3#	*Summa Theologiae secunda secundae*
ST4#	*Summa Theologiae tertia pars*
ADL#	*Autographi Deleta*
Q	**Quaestiones**
QDA	*De Anima*
QDI	*De unione Verbi Incarnati*
QDL	*Quodlibeta I-XI*
QDM	*De malo*
QDP	*De potentia*
QDS	*De spiritualibus creaturis*
QDV#	*De veritate 1° (usque q. XXII co)*
QDV	*De veritate 2° (a q. XXII)*
QDW	*De virtutibus*

OPUSCOLA

O	**Opuscula**
OAP	*De perfectione spiritualis vitae*
OCA	*De unitate intellectus*
OCE#	*Contra errores Graecorum*
OCG#	*De rationibus fidei*
OCI	*Contra impugnantes Dei cultum*
OCM	*De aeternitate mundi*
OCR	*Contra doctrinam retrahentium*
OEE	*De ente et essentia*
OPC	*De motu cordis*
OPN	*De principiis naturae*

OPO	*De occultis operibus naturae*
OPW	*De emptione et venditione*
OPX	*De mixtione elementorum*
ORI	*De regimine Judaeorum*
ORP	*De regimine Principum*
OSF#	*De forma absolutionis*
OSS	*De articulis fideis et... sacramentis*
OS1	*Respsonsio de articulis 30*
OS2	*Respsonsio de articulis 36*
OS3	*Respsonsio de articulis 42*
OS4	*Responsio de articulis 108*
OS5	*Responsio ad lectorem bisuntinum*
OS6	*Responsio ad Bernardum*
OTC	*Principium biblicum*
OTD	*Breve principium*
OTE	*De iudiciis astrorum*
OTR	*De sortibus*
OTS#	*De substantiis separatis*
OTT	*Compendium Theologiae*
O2D	*Super I et II [=2] decretalem*

COMMENTARIA

C	**Commentaria**
CAN	*In libros de Anima II et III*
CBH	*In Boethii de Hebdomadibus*
CBT	*In Boethii de Trinitate*
CCM#	*In libros de caelo et mundo*
CDC	*In librum de causis*
CDN	*In Dionysii de divinis nominibus*
CGC#	*In... de generatione et corruptione*
CIO	*In Job*
CIS	*In Isaiam*
CJO	*Catena Aurea in Johannem*
CLC	*Catena Aurea in Lucam*
CMC	*Catena Aurea in Marcum*
CME	*In libros Meteologicorum*
CMP	*In libros Metaphysicorum*
CMR	*In... de memoria et reminiscentia*
CMT	*Catena Aurea in Matthaeum*
CPA	*In libros Posteriorium Analiticorum*

CPE	*In libros Peri Hermeneias*
CPH	*In [prophetam] Hieremias*
CPO#	*Sententia libri Politicorum*
CPY	*In libros Physicorum*
CRO	*Super epistulam ad Romanos*
CSS	*In libros de sensu et sensato*
CTC#	*Sententia libri Ethicorum*
CTE	*Tabula libri Ethicorum*
CTH	*In Threnos Hieremias*
C1C	*Super I ad Corinthios I-VIII*

REPORTATIONES

R	**Reportationes**
RAC	*De duobus praeceptis caritatis*
RAN	*In Aristotelis De Anima librum I*
RCL	*Super ad Colossenses*
REI	*Super evangelium Johannis*
REM	*Super evangelium Matthaei*
REP	*Super ad Ephesios*
RGL	*Super ad Galatas*
RHE	*Super ad Hebraeos*
RIL	*Reportationes ineditae Leoninae*
RPL	*Super ad Philippenses*
RPM	*Super ad Philemonem*
RPS	*In Psalmos*
RQD	*Quolibetum XII*
RSR	*Sermones*
RST	*In salutationem angelicam*
RSU	*In orationem dominicam*
RSV	*In Symbolum apostolorum*
RTT	*Super ad Titum*
RT1	*Super ad Timotheum I*
RT2	*Super ad Timotheum II*
R1C	*Super I ad Corinthios*
R2C	*Super II ad Corinthios*
R1T	*Super ad I Thessalonicenses*
R2T	*Super ad II Thessalonicenses*

DUBIAE AUTHENTICITATIS

D	**Dubia**
DTX	*De secreto*
DTI	*De natura Verbi intellectus*
DP5	*De instantibus*
DPM	*De natura materiae et dimensionibus interminatis*
DP9	*De Principio individuationis*
DPA	*De natura accidentis*
DPG	*De natura generis*
DP4	*De quattuor oppositis*
DP3	*De fallaciis*
DPP	*De propositionibus modalibus*
DAS	*Epistula de modo studendi*
DSG	*Officium de festo Corporis Christi*
DSR	*Sermones*
DSP	*Piae preces*
DP2	*De concordantiis suiipsius*
DOA	*Utrum in creaturis sit ordo agendi*
DIA	*Quaestio de immortalitate animae*
DLV	*Utrum aliquid de libro vitae deleri possit*

Suddivisioni delle opere

ag.	*argumentum [obiectio]*		n.	*numerus*
a./aa.	*articulus*		pr.	*prologus*
co.	*corpus [respondeo]*		q./qq.	*quaestio/quaestiones*
cp.	*caput*		ra	*responsio ad argumentum*
ds.	*distinctio*		rc	*responsio ad «sed contra»*
ex.	*expositio*		sc	*sed contra*
lb.	*liber*		tt	*titulus*
lc.	*lectio*			

Introduzione

In un dibattito cristologico del recente passato, la proposizione tomma-siana «come se lo stesso Verbo fosse personalmente uomo», presente nel primo articolo della questione disputata *De unione Verbi Incarnati*, è stata impiegata da alcuni teologi a sostegno di quella tesi che attesta una persona-lità umana in Cristo, anche se la maggioranza degli studiosi sono certi che non si discosti dal pensiero sull'Incarnazione del Verbo dello stesso Tom-maso, che afferma esservi una sola persona divina in Cristo. A supporto dell'una o dell'altra interpretazione si è fatto ricorso o al pensiero globale di Tommaso o ad un'analisi (anche grammaticale) del passo, ma mai ad una lettura di esso che facesse uso del metodo ermeneutico-computazionale (se-condo l'informatica linguistica di p. Roberto Busa, sj). Tale metodo, pene-trando nel significato ultimo del lessico di un autore, può ricavare elementi validi per una corretta comprensione dello scritto e concludere se Tommaso, in questo luogo e coerentemente con quanto dice altrove, intende in Cristo la sola presenza della persona divina del Verbo.

Tuttavia per valutare le proposte che sostengono l'esistenza di una «per-sona umana» in Cristo al fine di renderlo più solidale con l'uomo, ma che vanno «controcorrente» rispetto a tanta tradizione teologica precedente, è necessario anche concentrarsi sul concetto di persona e sul suo uso in cristo-logia.

Per compiere adeguatamente tale compito, nella prima parte del presente studio si è delineata l'origine e la formazione del termine e del concetto di «persona», individuando i contributi dei grandi Concili, di alcuni Padri della Chiesa e di scrittori ecclesiastici. È stata riservata un'attenzione particolare ad Agostino d'Ippona e a Severino Boezio, per la loro influenza sui pensato-ri a loro posteriori, e a Giovanni Damasceno, che può essere ritenuto un'importante «fonte» patristica di Tommaso per quanto riguarda il tema della persona e la cristologia (capitolo I). È stata, poi, presentata la defini-zione di «persona» suggerita dallo stesso Tommaso e l'uso che egli ne fa nella sua cristologia (capitolo II); infine sono state mostrate le opinioni di Schillebeeckx, Galot, Kasper e Bordoni sulla questione della personalità in Cristo e le rispettive interpretazioni del brano dell'Aquinate «quasi ipsum Verbum personaliter sit homo». La più problematica è risultata quella dello Schillebeeckx, il quale parla dell'esistenza, in Cristo, di una personalità u-mana che si «identifica» con la persona divina e considera il brano tomma-

siano appartenente alla tradizione teologica che sostiene tale tesi (capitolo III).

Nella seconda parte del lavoro si è proceduto all'applicazione del metodo ermeneutico-computazionale attraverso l'analisi dell'uso dell'avverbio *personaliter* negli scritti di Tommaso, la cui comprensione sta alla base di una retta interpretazione del passo controverso. La parte, divisa anch'essa in capitoli, segue le tappe dell'indagine propria della metodologia lessicografica.

Sono state aggiunte, infine, due appendici ritenendo necessario approfondire, nella prima, l'uso che Tommaso fa della proposizione introdotta dal sintagma «quasi sit», mentre, nella seconda, è offerto e commentato l'intero articolo primo della questione *De unione Verbi Incarnati*, in cui è presente il brano preso in esame.

Da tutto l'insieme emerge chiaramente la posizione di Tommaso, che non lascia adito a dubbi di sorta circa la presenza in Cristo di una sola persona divina sussistente in due nature. Affiora, tra l'altro, anche la differente concezione antropologica di fondo che sottostà alle posizione classiche e più tradizionali rispetto a quelle moderno-contemporanee: queste, infatti, identificando la persona con la coscienza e la libertà, predicano un Cristo «cosciente e libero» attribuendogli di conseguenza una personalità umana; quelle più classiche, al contrario, affermando una «natura umana integra», nella quale il Verbo di Dio sussiste (e ciò è garanzia della solidarietà di Cristo con gli uomini), non ammettono una personalità umana: in tale prospettiva la persona è fondata sull'essere, mentre la libertà e la coscienza, come la razionalità, sono proprietà della sola natura.

La questione non è stata del tutto chiarita, tuttavia, dalla documentazione prodotta grazie al metodo ermeneutico-computazionale[1], si possono reperire sicure indicazioni per leggere in maniera corretta Tommaso, fermo restando che il fine di tanto approfondimento è quello di presentare sempre meglio la verità dell'Incarnazione del Verbo ad una sensibilità (quella moderna, tecnologica e antropocentrica) che difficilmente recepisce termini metafisici, che sembrano ormai relegati a culture molto distanti nel tempo.

---

[1] Il metodo ermeneutico necessita di integrazioni durante la microanalisi del lessico. Essendo essenzialmente «sincronico», infatti, non tiene conto della «diacronia» dei testi e dello sviluppo del pensiero dell'autore.

PARTE PRIMA

«*STATUS QUAESTIONIS*:

CONCETTO DI "PERSONA"
E SUO USO IN CRISTOLOGIA»

Capitolo I

Verso una definizione del concetto di persona

Severino Boezio, la cui definizione di persona sta al cuore della speculazione medioevale, indicò la persona come una «individua substantia rationalis naturae», intendendo così sintetizzare i contributi della filosofia e della teologia dell'eredità classica e patristica a lui precedente e consegnando al cristianesimo una definizione che fosse completa e universale. Per giungere a tale traguardo era stata necessaria un'evoluzione semantica dei termini in questione (di «persona» e dei suoi corrispettivi greci, *hypóstasis* e *prósopon*), che all'origine non avevano un significato preciso, ma lo avevano acquisito grazie all'approfondimento seguito alle grandi controversie trinitarie e cristologiche dei primi secoli del cristianesimo.

Nel presente capitolo verrà mostrata a grandi linee tale evoluzione, che dall'antichità classica giunge fino a Boezio usufruendo degli apporti di autori greci e latini (i Padri Cappadoci, Agostino, Boezio, Tertulliano, ecc...) e dei pronunciamenti dei grandi Concili ecumenici della Chiesa.

1. Periodo pre-niceno

Il Concilio di Nicea (325 d. C) rappresenta un punto di arrivo e, insieme, di partenza dell'approfondimento filosofico e teologico della fede cristiana. La difficoltà maggiore incontrata dai pensatori di questo tempo è rappresentata da una strumentazione scientifica, concettuale e linguistica imprecisa e fluttuante, non di rado causa di equivoci e ambiguità, che spesso non riusciva a dare piena ragione del contenuto essenziale della fede nel Dio tripersonale rivelato da Gesù Cristo.

1.1 *Persona nell'antichità classica e nella Bibbia: alcuni termini*

Il lemma πρόσωπον[2] è fatto solitamente derivare dall'unione della particella πρός (davanti) con il tema ωψ (occhio) ed indica l'essere «davanti agli occhi»; in questo esso è analogo alla parola ebraica פָּנִים. Per gli autori ellenici di età pre-cristiana ed extra-biblica esso corrisponde a «volto» o «fac-

---

[2] Cf. MONTANARI F., *Vocabolario della lingua greca*, Loerscher Editore, Torino 1995, coll. 1744-1745.

cia» di uomini o animali, ma anche di città, di canti, di verità, anche se può indicare il «fronte di un esercito», la «facciata di un edificio» o «cospetto» (Sofronio d'Alessandria, Euripide). Più noto è il significato di «maschera teatrale» (Aristotele), di «ritratto» (a Roma) o di «personaggio letterario».

Il termine ὑπόστασις[3] (da ὑφίστημι, ὑπό-ίστημι) vuol dire «stare sotto, sostenere, essere, sussistere, esistere», oppure «essere da sostegno», «sedimento, residuo, deposito, fondamenta, base». In Aristotele esso è usato filosoficamente come «fondamento sostanziale, realtà».

La voce latina *persona* risalirebbe, secondo alcuni, all'ambito del teatro ed indicherebbe una maschera (forse quella di Persepona da cui il nome) e, mostrando chiare influenze del teatro antico etrusco, potrebbe significare appunto «maschera» o anche «ruolo» o «personaggio»[4].

Nella versione delle Scritture dei LXX *prósopon* è presente più di un migliaio di volte e traduce generalmente l'ebraico *panîm*, «volto» (quello del Signore che viene spesso cercato come si vede nel *Salmo 41*). Nel Nuovo Testamento e nel periodo immediatamente successivo «non acquista mai il significato di "persona" giuridicamente intesa»[5], mentre *hypóstasis* esprime qualcosa che ha consistenza, una realtà oggettiva (cf. *2Cor* 9,4; *Eb* 1,3; 3,14; 11,1)[6].

1.2 *Impiego «modalista» di prósopon in teologia*

Agli albori del cristianesimo, il termine *prósopon* fu usato nelle proprie argomentazioni dai «modalisti monarchiani»[7], cristiani del II secolo che tentarono di coniugare il monoteismo cristiano (di matrice giudaica) con il dogma trinitario. Tra i maggiori esponenti di questo gruppo settario si ricordano Noeto, Prassea e Sabellio (da cui derivò il sabellianismo, una corrente di tale eresia). Secondo tutti costoro, nell'economia della salvezza, l'unico Dio, unipersonale (identificato nel Padre), sarebbe apparso con il *prósopon* (maschera) di «Padre» nella storia d'Israele, mentre con il *prósopon* di «Fi-

---

[3] *Ibidem*, coll. 2112-2113.
[4] Cf. GRILLMEIER A., *Gesù Cristo nella fede della Chiesa*, vol. I/1, Paideia, Brescia 1982, p. 325.
[5] MILANO A., *Persona in Teologia*, Edizioni Dehoniane, Roma 1996[2], p. 55.
[6] La *Vulgata* denuncia ormai uno stato di definizione semantica proprio. La persona indica lo «individuo» e traduce il *panîm* ebraico o il *prósopon* greco.
[7] Cf. SIMONETTI M., «Monarchiani», in *DPAC*, coll. 2284-2285. Secondo Sabellio tutta la storia salvifica, dell'Antico e del Nuovo Testamento, era costellata da manifestazioni di un unico Dio, il quale nell'Antica Alleanza avrebbe preso il *prósopon* di Padre mentre nella Nuova quella di Figlio. La posizione di Sabellio diventerà una corrente ereticale, il «modalismo», secondo la quale le Tre persone divine sono *prósopa*, modi di apparizione dello stesso ed unico Dio.

glio» avrebbe sofferto in Croce. Per questa ragione furono anche chiamati «patripassiani», perché, nella loro visione, il Padre, e non il Figlio, era salito in Croce[8].

La reazione contro il «modalismo» (specie di matrice sabelliana) si concretizzò in risposte non sempre ortodosse, cedendo ad un'altra tentazione, spesso indicata come una sorta di «politeismo ellenico».

1.3 *La prima «scuola» di teologia: Alessandria*

Tra la fine del II e gli inizi del III secolo, la città di Alessandria d'Egitto era caratterizzata da una compresenza di tradizioni culturali e religiose eterogenee[9], per cui l'esperienza cristiana dovette dare risposte culturalmente adeguate alle richieste provenienti da tali ambienti colti, sia pagani che cristiani, nonché replicare alle soluzioni seducenti degli gnostici cristiani.

In questo contesto nacque una «scuola di cristianità», il *didaskáleion*[10], che diede vita ad una filosofia intesa come uso della *ratio* – filologica e filosofica – per approfondire la fede, utilizzando le risorse della retorica e della filosofia ellenica (soprattutto di stampo platonico e neoplatonico).

L'uso delle categorie platoniche favorì la congeniale distinzione della realtà a due livelli (materiale e immateriale, corporeo/carnale e spirituale), per cui nell'esegesi biblica si preferì il senso «allegorico» a quello «letterale» (a differenza della tendenza antiochena), nella teologia trinitaria ci si orientò verso una «teologia del *Lógos* e delle *hypostáseis*» e nella cristologia si sottolineò più la divinità che l'umanità di Cristo.

Tra tutti vogliamo ricordare Origene (†254), il più importante dei maestri della scuola, che, nella riflessione trinitaria, approfondì i termini *ousía* e *hypóstasis*, ne chiarì il rapporto di unità e distinzione e ricercò le caratteristiche proprie di ognuna, in particolare quella del Figlio e dello Spirito Santo[11].

---

[8] Cf. IPPOLITO, *Contra Noetum*, 2 (PG 10, col. 805).

[9] In essa coesistevano paganesimo «colto», ebraismo ellenizzante, cristianesimo e gnosticismo e fu anche la patria dell'ebreo Filone Alessandrino, che coniugò Platone con la *Tôrâh*. Cf. QUASTEN J, *Patrologia*, vol. I, Marietti, Torino 1980[4], pp. 283-286; ALTANER B.-STUIBER A., *Patrologia*, Marietti, Torino 1981[7], nn. 145-147; AA. VV., «Alessandria», in *DPAC*, coll. 115-129.

[10] Fondata da Panteno, fu condotta, in seguito, anche da Clemente Alessandrino e da Origene. Cf. QUASTEN J., *op. cit.*, vol. I, pp. 187-214; ALTANER B. - STUIBER A., *op. cit.*, nn. 148-150.

[11] Cf. QUASTEN J, *op. cit.*, vol. I, pp. 214-268; ALTANER B. - STUIBER A., *op. cit.*, nn.151-152; va rivisto il giudizio su Origene «subordinazionista»: «egli resta ortodosso malgrado alcune espressioni maldestre» (CROUZEL H., «Origene» in *DPAC*, col. 2531).

L'impostazione della scuola di Alessandria e dei suoi seguaci avrà grande importanza nella definizione di ciò che caratterizza la persona in Dio e in Cristo e notevole sarà il confronto con l'altra importante scuola antica, quella di Antiochia.

1.4 *Persona nella riflessione teologica latina*

Nel secondo secolo comincia anche la produzione teologica in lingua latina e tra i primi scrittori occupa un posto di riguardo Quinto Settimio Florenzio Tertulliano[12] (†220) che avversò il «politeismo pagano» e il «monarchianesimo nella chiesa cristiana»[13]. Con la sua opera di scrittore egli contribuì non poco alla formazione di un linguaggio teologico latino e di una terminologia precisa, attingendo dal diritto e dalla filosofia, specie quella stoica, cui tanta parte della riflessione sul contenuto del lemma «persona» è debitrice.

L'opera più matura di Tertulliano sul concetto di «persona» è il *Contra Praxean* incentrato sulla categoria di «monarchia» del Padre, alla quale, nell'economia salvifica, partecipano il Figlio e lo Spirito, mentre la stessa monarchia garantisce l'unità della Trinità. I nomi delle tre persone divine sono vari: *alius, species, persona* e hanno in comune la *substantia* spirituale[14] («tres personae unius divinitatis»[15]), concepita come un *corpus* etereo, leggero che garantisce l'unità, la *portio* (intesa come partecipazione) e la pluralità[16].

Tertulliano trasferisce l'uso del concetto di persona anche in cristologia conferendogli un peculiare carico semantico, anche se non si pone ancora il problema dell'unione delle nature in Cristo nell'unica persona del Verbo, cosa che verrà risolta al Concilio di Calcedonia (451 d. C). Per lo scrittore africano, se nella Trinità vi è una sola *substantia* e tre *personae*, in Cristo si è di fronte ad un duplice *status* (realtà permanente): divino e umano, congiunto in un'unica persona[17]. Sebbene usi *persona* anche nell'accezione di

---

[12] Nella visione trinitaria di Tertulliano è presente un lieve slittamento subordinazionista, dove il Padre rimane davvero trascendente, mentre il Figlio e lo Spirito sono legati molto all'economia. Cf. QUASTEN J., *op. cit.*, vol. I, pp. 493-574; ALTANER B. - STUIBER A., *op. cit.*, nn. 128-132.

[13] GRILLMEIER A., *op. cit.*, vol. I/1, p. 313.

[14] *Ibidem.*, vol. I/1, p. 315.

[15] *De Pudicitia*, XXI, (PL 2, col. 187C).

[16] *Adversus Praxean*, IX, 1, (PL 2, col. 1079A).

[17] GRILLMEIER A., *op. cit.*, vol. I/1, 312-322. *Panîm, prósopon* e *persona*, indicano sostanzialmente il significato di «aspetto» (o «cospetto»), «qualcuno», «individualità», ma da questo momento si svilupperà, quasi parallelamente in Occidente e in Oriente, il significato

«maschera», tuttavia lo scrittore cartaginese spesso intende parlare di «individualità» contrapponendola a *substantia*[18] e concepisce la persona come una sorta di «ens concretum physicum» stoico che ha qualcosa in comune con altri enti e allo stesso tempo ha delle sue proprietà *(idiotétes)*, che la individuano e la rendono unica. Se tali caratteristiche saranno ricercate dalla speculazione successiva[19], a Tertulliano resta il merito di aver immesso e definito, nella teologia latina, il concetto di persona come «individualità» contrapponendola, in teologia trinitaria, ad un altro concetto, quello di *substantia*.

1.5 *Ario e il Concilio di Nicea (325 d. C)*

In Oriente intanto si faceva sempre più forte un'opinione che si cristallizzò nelle tesi di Ario, un presbitero libico di formazione ellenica che, sforzandosi di professare una fede aderente alla Scrittura, distingueva il Padre, ineffabile e trascendente, dal Figlio, generato, il quale era, rispetto al Padre, un «secondo Dio»: se la divinità è ingenerabile e il Figlio viene confessato «generato» - egli insegnava - ne conseguiva che egli era stato creato, anche se in maniera sublime e prima del mondo.

Ario confessava una fede subordinazionista, che faceva del *Lógos* una creatura elevata alla statura di Dio solo in senso morale e accusò di essere un «monarchiano ebionita» il vescovo Alessandro d'Alessandria, che lo aveva scomunicato in un sinodo del 318 d. C. La polemica tra Ario, i suoi seguaci (i «collucianisti», discepoli di Luciano di Samosata) e gli ortodossi (capeggiati da Alessandro e dal suo diacono Atanasio) non minava solo l'unità della fede, ma anche quella dell'Impero e indusse l'imperatore Costantino ad indire un'assise ecumenica a Nicea nel 325 d. C. Nel primo Concilio ecumenico della storia ci fu la condanna di Ario e di alcune sue proposizioni e fu emanata una professione di fede, che affermava la *homoousìa*, l'uguaglianza di sostanza divina per il Padre e per il Figlio.

---

della parola persona, tanto da divenire tecnico in teologia (Cf. STUDER B., «Persona», in *DPAC*, col. 2772).

[18] GRILLMEIER A., *op. cit.*, vol. I/1, pp. 325-327. Probabilmente in Oriente il corrispettivo *prósopon* indicava più l'«aspetto», la «manifestazione», mentre in Occidente vi era un riferimento alla «individualità» (almeno in ambiente gnostico). Questo spiega anche l'uso modalista che ne fece Sabellio, e indirettamente il rifiuto di Prassea di attribuire al *Lógos* un *prósopon*, una personalità.

[19] Sulla stessa scia e con contributi personali va ricordato anche Novaziano (†260) con la sua opera *De Trinitate*. Cf. QUASTEN J., *op. cit.*, vol. I, pp. 464-481; ALTANER B. - STUIBER A., *op. cit.*, n. 137.

Tal professione, però, sembrò peggiorare le cose, giacché l'affermare che il Figlio era «della stessa sostanza» del Padre, secondo alcuni pareva essere una ricaduta nell'errore modalista, dal quale con tanto sforzo ci si era liberati appena un secolo prima. Solo dopo Calcedonia, infatti, *ousía*[20], *hypóstasis* e *prósopon* significheranno cose ben diverse, quasi contrarie, mentre fino agli inizi del IV secolo esse erano addirittura considerate sinonime e il loro uso generava, tra i vari scrittori, fraintendimenti di non poco conto. Lo stesso Atanasio[21], confessore della piena divinità del *Lógos*, in virtù del principio soteriologico, secondo il quale se Cristo non fosse stato vero Dio, non avrebbe potuto salvare l'uomo, rappresenta un caso emblematico: se per l'Alessandrino dire una o tre ipostasi in Dio era lo stesso, l'uso di *prósopon* faceva difficoltà, a causa del suo uso nell'ambito del sabellianismo.

L'incertezza sul significato di queste parole era così diffusa che, dopo Nicea, nacquero molteplici gruppi di cristiani[22] (omeusiani, anomei, ecc…) che si rifacevano all'una o l'altra interpretazione del termine *ousía*. In questo periodo è riscontrato anche un utilizzo cristologico di *hypóstasis* ad opera di Apollinare[23], ma la terminologia risulta ancora imprecisa[24], giacché egli ammette in Cristo[25] un'unione fisica (ἕνωσις φυσική) ed un unico *prósopon*, fondando l'unità nella persona. Inoltre la sua intuizione non è molto ortodossa in quanto:

> «Anche se la nozione di "persona" era già molto diffusa, il fondamento concreto che le dette Apollinare non poteva che velare nuovamente questa nozione e metterla perfino in pericolo. In pratica, Apollinare riduce la "unità di persona" ad un "unità di natura" vitalistica»[26].

---

[20] Cf. STEAD G. C., «Ousia», in *DPAC*, coll. 2553-2556.

[21] Cf. QUASTEN J., *op. cit.*, vol. II, pp. 17-81; ALTANER B. - STUIBER A., *op. cit.*, nn. 270-274.

[22] Cf. SIMONETTI M., *La crisi ariana nel IV secolo*, Institutum Patristicum «Augustinianum», Roma 1975, p. 511. La formula nicena fu variamente osteggiata dando vita a diversi movimenti: gli anomei (o eterusiasti) professavano una dissomiglianza tra la *ousía* del Padre e quella del Figlio; gli omei parlavano di una somiglianza tra i due; gli ortodossi chiamati anche omeusiani. Il rifiuto di Nicea era causato da una terminologia ambigua, che spinse Ilario di Poitiers ad adoperarsi per chiarire il significato della *homoousía* in modo che fosse accettato dalle Chiese d'Oriente e d'Occidente.

[23] Egli parlava anche di tre *prósopa* per la Trinità. Cf. QUASTEN J., *op. cit.*, vol. II, pp. 380-392.

[24] SIMONETTI M., *op. cit.*, p. 513.

[25] Cf. GRILLMEIER A., *op. cit.*, vol. I/1, p. 621.

[26] *Ibidem*, p. 623.

2. Dal Concilio di Nicea (325 d. C.) al Concilio di Calcedonia (451 d. C.)

La crisi ariana può essere considerata come l'esplosione della perpetua tensione tra le tentazioni di politeismo e di monarchianismo (monoteismo) insita nel seno del cristianesimo fin dalle sue origini. Difatti la difficoltà maggiore è sempre stata quella di salvare il paradosso cristiano dell'unico Dio in Tre persone con un linguaggio non sempre chiaro e preciso. L'uso modalista che Sabellio fece di *prósopon* creò un alone di sospetto intorno a tale parola, mentre la crisi ariana aveva mostrato la debolezza semantica di altri termini come *ousía* e *hypóstasis*.

Gli anni che seguirono il Concilio di Nicea furono ricchi di apporti che miravano a precisare il linguaggio teologico e a definire sempre più le caratteristiche della persona. Dai Padri Cappadoci ad Agostino ci si trova di fronte ad un periodo che a ragione è definito «l'era d'oro» della patristica.

Le controversie teologiche, inoltre, dall'ambito trinitario si spostano su quello cristologico, per cui anche la riflessione sul concetto di persona diviene da Nicea in poi più cristologica.

2.1 *I padri Cappadoci*

Basilio di Cesarea (†379)[27], consapevole della necessità di un linguaggio teologico preciso, riteneva che nella Trinità bisognasse ammettere un'unica *ousía* comune del Padre e del Figlio (e dello Spirito Santo) e tre *hypóstáseis*, che esprimono lo *ídion*, ciò che è proprio e costituisce la persona[28]. Nella sua visione trinitaria un ruolo molto importante è giocato anche dalla *schésis* (la «relazione»): grazie a questa l'*ousía* divina acquista nel Padre, nel Figlio e nello Spirito, delle note caratterizzanti o proprietà[29]. Poteva così essere coniata la celebre formula trinitaria μία οὐσία τρεῖς ὑποστάσεις[30] attribuibile a Gregorio Nazianzeno (†390)[31] che, insieme a Gregorio Nisseno (†394)[32], non farà che definire meglio le «proprietà» delle persone divine[33].

---

[27] Cf. QUASTEN J., *op. cit.*, vol. II, pp. 205-238; ALTANER B. - STUIBER A., *op. cit.*, nn. 299-303.

[28] Lo *ídion* del Padre è la paternità, quella del Figlio la filiazione, mentre per lo Spirito Santo non c'è una specifica caratteristica. Probabilmente Basilio si ispirò alla teologia neoplatonica e fu influenzato dalla teologia di Origene. Cf. SIMONETTI. M., *op. cit.*, p. 513.

[29] *Ibidem*, p. 516

[30] SIMONETTI M., *op. cit.*, pp. 347-348.

[31] Cf. QUASTEN J., *op. cit.*, vol. II, pp. 238-257; ALTANER B. - STUIBER A., *op. cit.*, nn. 304-306.

[32] Cf. QUASTEN J., *op. cit.*, vol. II, pp. 257-299; ALTANER B. - STUIBER A., *op. cit.*, nn. 307-311.

Fondamentale è anche il concetto di *perichóresis*, che chiarisce ancora più la dottrina dell'unica natura di Dio in tre persone[34]. Le *hypostáseis* divine per il fatto di essere unite dalla loro *perichóresis*[35] (la mutua immanenza di una persona nell'altra) fanno sì che il numero nella Trinità non è un fatto «quantitativo», ma «qualitativo».

2.2 *La cristologia della «scuola» di Antiochia*

La scuola di Antiochia[36] fu l'altra istituzione di teologia dell'antichità che, per mezzo dei suoi membri, ebbe un ruolo di primaria importanza nelle controversie del suo tempo. Fondata da Luciano di Samosata[37] (†312), in essa si insegnava una particolare dottrina esegetica, la *theôría*, mentre in cristologia imperava lo schema *Lógos-ànthropos*[38] (dell'uomo assunto) che si contrapponeva allo schema alessandrino del *Lógos-sàrx*.

Contro tale cristologia, che distingueva in Cristo due soggetti, minando l'unità del Verbo fatto carne, si contrappose Apollinare di Laodicea che sostituì l'anima razionale di Cristo con il *Lógos*: il corpo di Cristo era così un semplice strumento (*órganon*) passivo del Verbo. L'impostazione di Apollinare fu rigettata perché non rispettava il «principio soteriologico» dell'Incarnazione, secondo il quale Cristo ha redento ciò che ha assunto e, se non aveva assunto l'anima umana, non aveva potuto redimerla[39]. Comunque

---

[33] Il Nazianzeno a proposito dello Spirito Santo parla di «processione», mentre il Nisseno precisa tale caratteristica introducendo la mediazione del Figlio (l'essere dello Spirito è per il Figlio).

[34] La riflessione di Atanasio e dei Cappadoci a riguardo si fonda sulle parole che proclamano la mutua immanenza del Padre e del Figlio nel Vangelo di Giovanni: «Nonostante che il Figlio derivi dal (*ek*) Padre, Atanasio dice che il Padre nel Figlio e il Figlio nel Padre sono compenetrati e uniti (per es. *Contra Ar.*, 1,29.48; 2,43; 3,24: PG 26,72C, 112 A; 240 B; 373 B; *De decr. nic. syn.* 21: PG 25,453: si rimanda a *Gv* 1,18; 8,42; 10,30 ecc.). "Tutto ciò che è il Padre – aggiunge Gregorio di Nissa – si vede nel Figlio, tutto ciò che è il Figlio appartiene al Padre. Il Figlio nella sua totalità dimora nel Padre e possiede a sua volta in sé il Padre nella sua totalità. L'*hypóstasis* del Figlio è dunque, per così dire, la forma e la presentazione mediante la quale il Padre è conosciuto e l'*hypóstasis* del Padre viene riconosciuta nella forma del Figlio" (*Ep.*, 38,8: PG 32,340 C: tramandata, come si è detto sopra, sotto il nome di Basilio). La Divinità, dice da parte sua Didimo, esiste indivisa nelle *hypostáseis*: *De Trin.* I,16: PG 39, coll. 335-336)» (MILANO A., *op. cit.*, p. 135).

[35] Cf. *ibidem*, p. 135.

[36] Cf. AA. VV., «Antiochia di Siria», in *DPAC*, coll. 228-246.

[37] Cf. QUASTEN J., *op. cit.*, vol. I, pp. 402-404.

[38] Tale schema prevedeva l'assunzione integrale dell'uomo (corpo e anima) da parte del *Lógos*.

[39] Apollinare partiva dal presupposto che: «soltanto Dio può salvare l'uomo dal peccato e dalla morte assumendo in sé l'umanità. Ma per essere operante tale assunzione deve essere

la cristologia antiochena ebbe sfumature diverse negli stessi esponenti della scuola come possiamo notare.

Diodoro di Tarso[40] (†394), affermava con vigore la divinità del Cristo e, in questo senso, la sua posizione è vicina allo schema alessandrino[41]. Teodoro di Mopsuestia[42] (†428) distingueva le due nature, integre e complete, costituenti un solo *prósopon*, indefinibile unione tra le due nature (non usa il termine *hypóstasis*), mai in sé diviso[43], sebbene a proposito di Cristo egli parli di «colui che è assunto» e «colui che assume». Contro Apollinare comprese l'importanza dell'assunzione dell'anima da parte di Cristo perché «non soltanto la morte del corpo importava abolire, bensì (quella) dell'anima che è il peccato»[44]. La sua teologia, in generale, è retta dal concetto che il piano salvifico di Dio mira a rendere l'uomo immortale prima attraverso Cristo e poi grazie ai sacramenti[45]: un'importanza fondamentale e soteriologica era data alla perfetta umanità del Cristo.

Più sfumato, ma sempre chiaro, fu Giovanni Crisostomo (†407)[46] che fa consistere l'unione (*hénosis*) delle due nature integre per mezzo di una congiunzione (*synàpheia*) per la quale le due nature sono uno[47], mentre la carne è l'abito o l'inabitazione del Verbo[48].

---

intrinseca e strettissima, il che, per Apollinare, non si poteva verificare se – come volevano gli ortodossi di fede antiochena – il Figlio di Dio aveva assunto un uomo completo anche di anima. Infatti, data la completezza e l'autonomia operativa di tale uomo, la sua unione col Lógos divino non poteva risultare se non estrinseca e debole, insufficiente per la redenzione» (SIMONETTI M., *op. cit.*, p. 369). Così lo stesso Simonetti chiarisce l'asserto alla p. 369, nota 48: «Infatti, dati nel Cristo incarnato due principi vitali, l'anima e il Lógos, l'opera vera e propria di redenzione, tramite la passione e la morte, era stata realizzata solo dall'umanità assunta, di per sé incapace di redenzione, mentre la divinità del Lógos solo moralmente aveva partecipato a quest'opera di redenzione. Fu questo punto che imbarazzò non poco gli avversari di Apollinare, sostenitori dell'umanità integrale da parte del Lógos divino».

[40] Cf. QUASTEN J., *op. cit.*, vol. II, pp. 405-426.

[41] Cf. GRILLMEIER A., *op. cit.*, vol. I/2, pp. 658-670; cf. anche i testi di Diodoro studiati da RICHARD M., in *Mélanges F. Grat*, Paris 1946, pp. 99-116.

[42] Cf. QUASTEN J., *op. cit.*, vol. II, pp. 400-404.

[43] Cf. *ibidem*, p. 419.

[44] THEODORUS MOPSUESTIENSIS, *Homiliae Cathecheticae*, V.

[45] Cf. OÑATIBIA I., *La vida cristiana tipo de las realidades celestes*, in *SV* 1 (1954) pp. 100-133.

[46] Cf. HAY C., *St. Chrysostom on the Integrity of the Human Nature of Christ*, in *FS* 19 (1959), pp. 290-317; cf. QUASTEN J., *op. cit.*, vol. II, pp. 427-485; ALTANER B. - STUIBER A., *op. cit.*, nn. 309-313.

[47] QUASTEN J., *op. cit.*, vol. II, p. 478.

[48] Cf. *ibidem*, p. 479. In mariologia egli non usa i termini *theotókos*, *anthropotókos* e *Christotókos* forse per stare fuori dalle dispute del momento.

2.3 *Il concilio di Efeso (431 d. C.)*

Un allievo della scuola antiochena che ben divulgò, anche tra il popolo, lo schema *Lógos-ànthropos* portandolo fino alle estreme conseguenze e cadendo nell'eresia, fu Nestorio, monaco in Antiochia, ma elevato nel 428 alla sede patriarcale di Costantinopoli.

Il *casus belli*, che scatenò la polemica nestoriana, fu innescato da una discussione sorta nella sua comunità quando, in virtù della distinzione delle due nature in Cristo, si cominciò a parlare di Maria non come Madre di Dio (*Theotókos*), bensì come Madre di Cristo (*Christotókos*), vale a dire della componente naturale del *prósopon* Cristo[49]. Nestorio prese posizione per quest'ultimo partito e, anche se il termine *Theotókos* già era stato usato da Nicea in poi, fece scalpore la veemenza con la quale egli si opponeva a tale titolo[50].

Contro tale polemica insorse Cirillo di Alessandria (†443)[51], che richiamò Nestorio all'ordine, invitandolo implicitamente a sottomettersi alla concezione teologica e politica di Alessandria ed interpellando in tal senso la Sede Romana. Ciononostante Nestorio non si attenne al titolo *Theotókos*, giustificato dall'unione καθ'ὑπόστασιν (secondo l'ipostasi) del Verbo, perché temeva di cadere nell'apollinarismo.

Fu necessario indire un Concilio, questa volta ad Efeso nel 431 d. C., guidato dallo stesso Cirillo, che ratificò il titolo di *Theotókos* e condannò Nestorio, aprendo però una ferita tra Alessandria e Antiochia. Il Vescovo di Alessandria propose, inoltre, la formula «una sola natura del verbo di Dio

---

[49] Cf. *ibidem*, p. 518.

[50] «Per *hypóstasis* Nestorio intende un'*ousía* in quanto determinata dalle proprietà. Il complesso delle proprietà è detto appunto *prósopon*. *Prósopon* è un termine chiave in Nestorio. Talvolta significa semplice ruolo o funzione. Comunemente invece indica questo contenuto: l'insieme di tutte le proprietà (*idiómata*) possedute da ogni *ousía* completa, che è un'*hypóstasis*. Nel caso dell'uomo *prósopon* include le condizioni fisiche, gli atteggiamenti morali, gli atti e le funzioni spirituali, perfino le reazioni che suscita la sua forma o apparenza. Con questo concetto di *prósopon* Nestorio crede di aver trovato la base ontologica per pensare l'unità di Cristo. Dicendo però che le proprietà (*idiómata*) fanno parte dell'*ens concretum physicum*, egli deve lasciare ad ogni natura il suo *prósopon*. In Cristo dunque deve parlare pure, come difatti fa, di due *prósopa*: ogni natura ha la propria determinazione individuale permanente, la divinità nel *prósopon* naturale del Figlio, l'umanità nella *forma servi*. [...] Nestorio aveva difficoltà ad accettare quell'unione che Cirillo diceva nella *phýsis*: vi subodorava, a torto, un sospetto di apollinarismo, vale a dire la confusione della realtà del *Logos* con quella dell'anima o, meglio, del *noûs* di Cristo» (MILANO A., *op. cit.*, pp. 162-163).

[51] Cf. QUASTEN J, *op. cit.*, vol. II, pp. 118-143; ALTANER B. - STUIBER A., *op. cit.*, nn. 281-282.

incarnato» (μία φύσις τοῦ θεοῦ λόγου σεσαρκωμένη) attribuendola falsamente ad Atanasio[52], ma risalente effettivamente ad Apollinare di Laodicea, che «aveva identificato *phýsis*, *hypóstasis* e *prósopon* ed aveva così insegnato una sola *phýsis* in Cristo»[53] . Tale formula sarà in seguito interpretata per sostenere la presenza in Cristo di un'unica natura (monofisismo).

Ciò che in questo caso, come in precedenza, prevalse come discrimine dell'ortodossia fu il cosiddetto «principio soteriologico», per il quale è salvato ciò che è assunto. Se ai tempi di Ario la non completa divinità del Figlio o dello Spirito Santo vanificava ogni efficacia redentiva dell'opera di Cristo, ora, ai tempi di Nestorio, la non completa umanità vanificava gli effetti di tale salvezza: tutto l'uomo è salvato, perché tutto l'uomo è stato assunto dal Verbo[54].

2.4 *Autori di lingua latina*

Il dibattito orientale appariva sempre più incompreso e incomprensibile, vista la difficoltà sempre maggiore di tradurre in latino un linguaggio già di per sé in cerca di perfezionamento e per di più straniero. Tale ostacolo fu già di Girolamo (†419)[55], che, da buon traduttore qual era, cercò di rendere letteralmente termini tecnici greci nella lingua latina, pur subodorando il rischio di trovarsi di fronte ad un'eresia. Così egli tradusse *hypóstasis* con *substantia*, mentre *persona* era ancora utilizzata come mera individualità.

Mario Vittorino[56] (†386), suo contemporaneo e conoscitore della cultura greca e della filosofia platonica, preferì rendere lo *homooúsios* non con *una substantia*, ma, primo tra i latini, con *consubstantialis*, suggerendo l'idea che il Padre è la sostanza cui il Figlio partecipa. Inoltre rende la formula *mía ousía, treís hypostáseis* con *de/ex una substantia tres subsistentiae*[57]. Dunque l'*ousía* è l'indeterminato, mentre l'*hypóstasis/subsistentia* è la sua de-

---

[52] *Recta fides ad Regulum*, I, 9, (PG 76, coll. 1212-1213).

[53] MILANO A., *op. cit.*, p. 155. L'errore di Apollinare legato allo schema del *Lógos-sárx*, se garantiva l'unione perfetta tra Dio e l'uomo, tuttavia, prendendo il *Lógos* il posto dell'anima, rendeva l'umanità di Cristo incompleta.

[54] Cirillo afferma l'unità e l'unicità del soggetto nell'unione della divinità e dell'umanità (unione sostanziale, secondo l'unico soggetto, ipostasi, sicché le due nature non vengono confuse essendoci un'unione *kath'hypóstasin* tra il *Lógos* e la carne). Tuttavia possiede una terminologia ancora confusa: *phýsis* talvolta significa «persona» talvolta «natura» (Cf. *Epistula IV*: PG 77, col. 48 BC).

[55] Cf. DI BERARDINO A. (ed.), *Patrologia*, vol. III, Marietti, Torino 1978-1996, pp. 203-233; ALTANER B. - STUIBER A., *Patrologia*, nn. 388-394.

[56] Cf. SIMONETTI M., *op. cit.*, pp. 287-298; MILANO A., *op. cit.*, 226ss.

[57] *Adversus Arium,* II, 4 (PL 8, col. 1091); III, 4 (PL 8, col. 1101).

terminazione[58]. Egli tenta anche di definire la persona, ma non trova le parole adatte[59].

Tra gli altri autori che hanno avuto un ruolo importante nella formazione del lessico teologico latino si ricorda ancora Ilario di Poitiers (†367)[60], il cui vocabolario è simile a quello di Tertulliano. Egli usa il concetto di *natura* e fa equivalere *substantia* a *ousía*, non esitando a rendere *hypóstasis* con *subsistentia*[61]. C'è infine Ambrogio di Milano (†397)[62] che utilizza il termine *persona* per indicare gli uomini nella loro individualità e personalità, mentre impiega *personaliter* per parlare della sussistenza individuale di Cristo e dello Spirito, ma il suo è un uso molto accorto per evitare il sospetto di Sabellianismo[63].

2.4.1 Agostino d'Ippona (†430)

La riflessione di Agostino[64] intorno al concetto di persona è stata importante, soprattutto per la teologia trinitaria, mentre minori sono stati i contributi nella cristologia[65]. Di fronte al significato dei termini sia nella lingua greca che in quella latina, così egli si esprime:

«I Greci usano anche la parola ὑπόστασις ma ignoro che differenza pongano tra οὐσία e ὑπόστασις, e la maggior parte di coloro che fra noi trattano di queste cose, in greco dicono abitualmente: μίαν οὐσίαν, τρεῖς υξποστάσεις, in latino *unam essentiam, tres substantias*.

---

[58] Egli evita di parlare di una sola sostanza divina, per il concetto della pericoresi, mutua immanenza delle persone, preferendo perciò parlare di *ex substantia*.

[59] «Quae est persona? Illa scilicet quae in pronominibus finitis est, ut "ego, tu, ille, hic, hæc, hoc". Itaque ex persona nulla argumentatio sumi potest» (*Explanationes in Ciceronis Rhetoricam*, PL 8, col. 879). Siamo nel periodo posteriore al Concilio di Nicea e riesce difficile per Vittorino usare il termine «persona». Come cristiano sa che le Scritture traducono *hypóstasis* con *substantia* e non *ousía* e pertanto opta per *subsistentia*. Purtroppo il nostro scrittore e filosofo ebbe poca influenza, nonostante il suo raro acume speculativo e la conoscenza sia della cultura greca che quella latina.

[60] Cf. DI BERARDINO A. (ed.), *op. cit.*, vol. III, pp. 36-58; ALTANER B. - STUIBER A., *op. cit.*, nn. 358-359.

[61] Egli nota che i latini usano *persona* per dire ciò che i greci affermano con *hypóstasis*, anche se tra i latini il termine *persona* è ancora molto generico, pur significando un essere sussistente.

[62] Cf. *ibidem*, vol. III, pp. 135-169; ALTANER B. - STUIBER A., *op. cit.*, nn. 382-384.

[63] Cf. MILANO A., *op. cit.*, p. 256.

[64] Cf. DI BERARDINO A. (ed.), *op. cit.*, vol. III, pp. 325-434; ALTANER B. – STUIBER A., *op. cit.*, nn. 409-411; Cf. QUASTEN J., *op. cit.*, vol. III, pp. 325-435; TRAPÉ A., *I termini «natura» e «persona» nella teologia trinitaria di S. Agostino*, in *Aug* 13 (1973) pp. 577-587.

[65] «Il "come" Cristo sia una sola *persona* pur essendo in due nature è illustrato invece da Agostino con l'analogia dell'uomo il quale, pur essendo formato di anima e di corpo, è tuttavia una sola *persona*» (MILANO A., *op. cit.*, p. 261).

Ma poiché presso di noi il linguaggio parlato ha fatto sì che la parola "essenza" significhi la stessa cosa che la parola sostanza, non osiamo dire: "un'essenza, tre sostanze", ma: "un'essenza o sostanza e tre persone". Di questa formula hanno fatto uso molti latini, che hanno trattato di queste questioni e meritano credito, non trovando un'espressione più appropriata per esprimere con parole ciò che concepivano senza parole. In effetti, poiché il Padre non è il Figlio, il Figlio non è il Padre, e lo Spirito Santo, che è anche chiamato *dono di Dio*, non è né il Padre né il Figlio, sono tre evidentemente, per questo la Scrittura dice al plurale: *Io e il padre siamo una sola cosa*. Non disse infatti "è una sola cosa", come pretendono i Sabelliani, ma: *siamo una sola cosa*. Tuttavia se si chiede che cosa sono questi Tre, dobbiamo riconoscere l'insufficienza estrema dell'umano linguaggio. Certo si risponde: «tre persone», ma più per non restare senza dir nulla, che per esprimere quella realtà»[66].

L'incertezza di Agostino sul significato di *hypóstasis* è comprensibile, perché etimologicamente il termine significa sostanza e solo grazie all'operazione teologica dei Padri Cappadoci e l'uso che ne hanno fatto esso si può prendere nell'accezione di persona[67].

Agostino approfondisce, pertanto, le proprietà di ciascuna persona divina, ma, rispetto a coloro che lo hanno preceduto, cerca di esaminarne le relazioni, oggetto di studio secondario nei Padri precedenti. Il concetto di relazione sarà infatti uno dei capisaldi della dottrina trinitaria agostiniana e, quindi, della persona. La relazione in Dio è sostanziale e non accidentale (come voleva Aristotele)[68], ma non si riduce alla sostanza indicando questa un *esse ad se*, mentre la relazione indica un *esse ad aliud*. A partire da tali considerazioni egli può affermare che in Dio vi sono perfezioni comuni e perfezioni proprie[69]. Tuttavia per applicare il termine *persona* alle relazioni sono richieste

«due condizioni: a) indicare le relazioni, perché è per le relazioni mutue che i Tre sono distinti; b) indicare le relazioni proprie e di incomunicabili, che costituiscono i Tre nella loro individualità. S. Agostino confessa di non trovare nel termine «persona» queste due condizioni. Per lui questo termine indica una perfezione assoluta, non relativa»[70].

Stando così le cose designando i Tre con «persona» si arriverebbe ad un triteismo. D'altra parte se:

---

[66] *De Trinitate*, V, 8.10-9.
[67] Anche se ciò avverrà dopo Calcedonia.
[68] Cf. *ibidem*, V, 5, 6.
[69] Cf. *ibidem*, XI, 10, 11; V,8,9; V, 5, 6. Questa sarà la base del principio trinitario sancito al Concilio di Firenze «in Trinitate omnia sunt unum, ubi non obviat oppositio relationis».
[70] TRAPÉ A., *Introduzione a la Trinità di sant'Agostino*, in SANT'AGOSTINO, *La Trinità*, Città Nuova, Roma 1998, pp. XLVI-XLVII.

«Il termine "persona" indicasse relazione, non si potrebbe usare nella trinità come si usa, per esempio, il termine "amico" per tre uomini che siano legati dal vincolo dell'amicizia. Il termine "amico" infatti dice relazione comune e reciproca: Pietro è amico di Paolo, Paolo è amico di Pietro, Giovanni è amico di tutti e due, e tutti e due sono amici di lui. Sono perciò tre amici. Non così nella Trinità. Ognuno dei tre si riferisce all'altro per una sua proprietà singolare e incomunicabile: la paternità, la filiazione, la spirazione. Queste proprietà, essenzialmente individuali, un nome comune non le può esprimere. Per superare questa difficoltà gli scolastici ricorreranno al concetto di *individuum vagum*; concetto che sarebbe troppo chiedere a S. Agostino»[71].

In Agostino manca una definizione del concetto di persona, anzi esso diviene problematico dal momento che i greci gli preferiscono *hypóstasis*. Se i Tre devono esprimere relazione, il concetto di persona esprime, invece, qualcosa di assoluto e, come la sostanza[72], indica una perfezione assoluta, un soggetto concreto, incomunicabile: rimanda alla sostanza, non alla relazione. Solo in seguito si potrà superare questa difficoltà, che per Agostino resta insormontabile[73].

---

[71] *Ibidem*, pp. XLVII.

[72] «I Greci, è vero, se volessero, potrebbero chiamare i Tre *prósopa: tre persone*, come chiamano le *tre ipostasi: tre sostanze*. Ma hanno preferito questa espressione, che forse è più conforme alla natura della loro lingua. D'altra parte per le «persone» le cose stanno allo stesso modo che per la "sostanza", perché per Dio essere ed essere persona non sono cose diverse, ma assolutamente la stessa cosa. Se essere è un termine assoluto, persona invece relativo, chiameremo allora il Padre, il Figlio e lo Spirito Santo tre Persone, allo stesso modo che chiamiamo certi uomini tre amici. [...] (Ma) il termine «persona» non si usa mai in questo senso, e quando nella Trinità nominiamo la persona del Padre, non intendiamo significare altra cosa che la sostanza del Padre. [...] Diciamo: le tre Persone sono della stessa essenza, o le tre Persone sono state formate dalla stessa essenza – come se qui una cosa fosse l'essenza, altra cosa la persona – come possiamo parlare di tre statue formate dallo stesso oro, perché in questo caso una cosa è essere oro, altra cosa essere statue. [...] Ma in Dio le cose non stanno così; il Padre, il Figlio e lo Spirito Santo insieme non costituiscono un'essenza più grande che il Padre solo o il Figlio solo, ma insieme queste tre sostanze o Persone (se si deve chiamarle così) sono uguali a ciascuna di esse» (*De Trinitate*, VII, 6, 11).

[73] «La diffidenza di Agostino nei confronti del termine *persona* non deriva tanto dalla sua inadeguatezza ad esprimere la pericoresi trinitaria quanto dal suo significato, ritenuto comune, di *substantia individua* e pertanto dalla constatazione circa la sua refrattarietà ad essere trasposto nello *status* della relazione intradivina. Un giorno grazie a Tommaso d'Aquino *persona* sarà associato alla relazione tanto da fondersi con essa. L'Angelico dichiarerà senza complessi che la *persona* in Dio non è «relativa», ma *sic et simpliciter* una «relazione» reale e sussistente» (MILANO A., *op. cit.*, p. 279).

2.5 *Il Concilio di Calcedonia (451 d. C.)*

Definita ad Efeso la presenza in Cristo dell'unità delle due nature secondo l'ipostasi, era necessaria una chiarificazione terminologica dei vari concetti, in particolare di natura e persona in Cristo, per precisare meglio il modo di comunicazione delle due nature (*communicatio idiomatum*).

La *Formula unionis* del 433 d. C., che tentò una riunificazione tra il partito degli antiocheni e quello di Cirillo, confessa che le azioni teandriche di Cristo vanno attribuite a Cristo come ad una persona, alcune alla divinità, altre all'umanità[74]. Il concilio di Efeso, infatti, aveva affermato che in Cristo vi è un solo soggetto (*hypóstasis*) e una sola persona (*prósopon*) con l'unione delle nature (*phýseis*), umana e divina, mentre Cirillo, di formazione alessandrina e fedele allo schema *Lógos-sárx*, sottolineava molto la divinità di Cristo evitando di parlare dell'anima di Cristo. Tale impostazione portò taluni Alessandrini a cadere in un errore teologico, il monofisismo, ovvero mescolare o assorbire la natura umana in quella divina. Per costoro dopo l'Incarnazione l'unione è così forte che vi sarebbe stata un'unica natura (μία καὶ μόνη φύσις) e il corpo di Cristo non sarebbe uguale al nostro, ma divinizzato e in tal senso divinizzerebbe tutti gli uomini[75].

«Quando scoppiarono le controversie cristologiche, la dottrina trinitaria si era già stabilizzata nelle sue acquisizioni fondamentali: i suoi termini cruciali, *ousía* e *hypóstasis*, erano stati definiti come termini concreti. Nella cristologia invece *hypóstasis* era un termine concreto, mentre *phýsis* astratto. [...] Gli antiocheni, come si è visto in Nestorio, respingevano espressioni come "una sola *physis*" o "una sola *hypóstasis*" e parlavano esclusivamente di "un solo *prósopon*". Ma sullo sfondo del loro "uno e un altro" e della

---

[74] «Dominum nostrum Iesum Christum Filium Dei unigenitum, Deum perfectum et hominem perfectum ex anima rationale et corpore (θεὸν τέλειον ἐκ ψυχῇ λογικῇ καὶ σώματος)» (ACOe, 1/I/IV, 8s; traduzione latina 1/II,103: qui si riporta la formula così come è presente nella lettera di Giovanni di Antiochia). E più avanti «duarum enim naturarum unitio facta est, propter quod unum Christum, unum Filium, unum Dominum confitemur. Secundum hanc inconfusae (ἀσυγχύτου ἐνώσεως) unitionis intelligentiam confitemur» (ACOe, 1/I/IV, 8s; traduzione latina 1/II,103). Ed ancora si aggiunge «quod deus verbum incarnatus sit et inhumanatus et ex ipso conceptu univerit sibi illud quod ex ea sumptum est templum» (ACOe, 1/I/IV, 8s; traduzione latina 1/II,103).

[75] Tale clima sfociò però in una nuova disputa. L'archimandrita di un monastero di Costantinopoli, Eutyche, dopo aver accusato di duofisismo il vescovo Eusebio in Frigia, venne scomunicato da Flaviano, patriarca di Costantinopoli, che si era consultato con i vescovi e il papa Leone Magno. Dioscuro, successore di Cirillo, fece convocare un concilio ad Efeso (449) la cui presidenza fu negata ai legati del pontefice (il famoso «latrocinio di Efeso»). In tale assise, con il favore di Teodosio II imperatore, Flaviano fu esiliato ed Eutyche riabilitato e solo con l'ascesa al trono di Pulcheria, maritatasi con il generale Marciano, ci fu un nuova convocazione conciliare, per l'anno 451, a Calcedonia.

loro unità "mediante nome, potenza e onore", balzava il sospetto che Cristo non fosse veramente un solo essere, bensì soltanto si comportasse e valesse come un individuo. Da parte sua Cirillo dava rilievo all'unità secondo l'essere e perciò parlava di "una sola *physis*", "una sola *ousìa*", "una sola *hypóstasis*", con ciò intendendo una sola concreta realtà, una sola "cosa"»[76].

Il Concilio di Calcedonia, convocato per dirimere la controversia, senza mezzi termini professò «Cristo, perfetto nella divinità, perfetto nell'umanità», consustanziale al Padre e all'uomo, incarnato per salvare il genere umano. Soprattutto che egli è

«in due nature, senza confusione, immutabili, indivise, inseparabili, non essendo venuta meno la differenza delle nature a causa della loro unione, ma essendo stata, anzi, salvaguardata la proprietà di ciascuna natura, e concorrendo a formare una sola persona e una sola ipostasi; egli non è diviso o separato in due persone, ma è un unico e medesimo Figlio, unigenito, Dio, Verbo e Signore Gesù Cristo»[77].

Cristo è definito come «una *hypóstasis* o *prósopon* e due *phýseis* o *ousíai*»[78] e da questo momento in poi i due linguaggi, quello trinitario e cristologico, diventano sempre più chiari e complementari: la *hypóstasis* e il *prósopon* indicano un ente concreto, fisico; la *phýsis* è la natura concreta considerata in sé stessa come essenza; la *ousía* è la natura considerata in astratto[79].

Dal *Tomus ad Flavianum* di Papa Leone Magno[80], inoltre, si evince la perfezione raggiunta dalla terminologia teologica latina, quando il Pontefice dimostra di concepire equilibratamente e armoniosamente in Cristo l'unità di persona e la dualità di nature, con lo sforzo di stare in maniera equidistante dagli opposti errori, nestoriano ed eutychiano. Non si spiega molto il modo per il quale si realizza l'unione, ma viene affermata in Cristo una doppia consostanzialità (*consubstantialis patri, consubstantialis matri*)[81].

---

[76] MILANO A., *op. cit.*, pp. 164-165.

[77] «᾿Εν δύο φύσεσιν ἀσυγχύτως, ἀτρέπτως, ἀδιαιρέτως, ἀχωρίστως, γνωριζόμενον, οὐδαμοῦ τῆς τῶν φύσεων διαφορᾶς ἀνῃρημένης διὰ τὴν ἕνωσιν, σῳζομένης δὲ μᾶλλον τῆς ἰδιότητος ἑκατέρας φύσεως καὶ εἰς ἕν πρόσωπον καὶ μίαν ὑπόστασιν συντρεχούσης οὐκ εἰς δύο πρόσωπα μεριζομένου ἤ διαιρουμένου, αλλ᾿ ἕνα καὶ τὸν αὐτὸν υἱὸν μονογενῆ θεὸν λόγον κύριον᾿ Ιησοῦν Χριστόν». (ACOe, 2/I/II, 128-130 traduzione latina 2/III/II, 136-138).

[78] MILANO A., *op. cit.*, p. 166.

[79] Già il patriarca Proclo di Costantinopoli (†446) aveva accostato *hypóstasis* a *prósopon* distinguendoli da *phýsis* e da *ousía*. Cf. *ibidem*, p. 166.

[80] Cf. DI BERARDINO A. (ed.), *op. cit.*, vol. III, pp. 557-578; ALTANER B. - STUIBER A., n. 356.

[81] Nel *Tomus*, *persona* traduce *prósopon*, mentre *subsistentia hypóstasis*. «Nel linguaggio tecnico, allora a disposizione, si affermò che il *prósopon-hypóstasis* risulta in Cristo dall'aggiungersi delle proprietà (*idiótes, idiotétes*) alla *ousía*. Ma era possibile, in base alle

3. Dopo il Concilio di Calcedonia (451 d. C.)

Il divario tra Oriente e Occidente cristiano (politico, religioso, culturale e teologico) si fa in quest'epoca sempre più marcato e tra le molteplici cause di tale separazione ci fu la progressiva emancipazione della lingua latina, come lingua propria dell'Occidente. Le due tradizioni, parlando due idiomi diversi, cominciano man mano ad ignorarsi e a non comprendersi più, mentre Antiochia, Alessandria e anche Costantinopoli continuano a far sentire l'influenza teologica delle rispettive scuole: affermarne il pensiero significava non solo supremazia teologica, ma anche politica, visto che in ballo c'erano la dignità e l'importanza, anche giuridica, dei rispettivi patriarcati.

Aggiungiamo che il Concilio di Calcedonia non fu accettato pacificamente, poiché i monofisiti, fautori dell'eresia dell'unica natura in Cristo e forti dell'appoggio imperiale, tentarono addirittura di annullarlo[82]. Calcedonia aveva riletto cristologicamente ciò che già era acquisito a livello di teologia trinitaria stabilendo l'equivalenza di *hypóstasis* a *prósopon*, ma nulla aveva detto riguardo al genere di unione (ipostatica) né quale delle ipostasi in Cristo fosse quella pre-esistente[83]. Bisognava definire meglio l'*hypóstasis* perché, se definita «esistenza in sé», rischiava di porre «tre dei» nella Trinità, mentre, se indicava «*ousía* con particolari caratteristiche», sarebbe stato necessario spiegare perché si incarna solo il *Lógos* e non tutta l'*ousía* trinitaria[84].

---

premesse fornite dai Cappadoci, da Cirillo o da Nestorio, riempire di una valida concettualità questa terminologia? La risposta è senza dubbio negativa. Calcedonia oltrepassava tutti i precedenti tentativi di speculazione cristologica. In particolare, esigeva una definizione di *hypóstasis* e *prósopon* diversa da quelle fino a quel momento conosciute. Costringeva però a ripensare il concetto di "persona", distinguendolo da quello di "natura"» (MILANO A., *op. cit.*, p. 169).

[82] Calcedonia venne condannata con l'editto *Henótikon*, emanato dall'imperatore Zenone nel 482. È di questo periodo anche la «questione teopaschita» legata alla controversia sorta quando il vescovo monofisita Pietro Fullone di Antiochia aggiunse l'invocazione ὁ σταυρ ωθεὶς δι'ἡμᾶς («che fu messo in croce per noi») alla litania «santo Dio, Santo forte, santo Immortale abbi pietà di noi». Tale intromissione fu respinta, sebbene alcuni monaci sciiti di Bisanzio, tra i quali Giovanni Massenzio e Leonzio di Bisanzio, proposero di affermare: «uno della Trinità ha sofferto in carne».

[83] «Basilio aveva parlato di una sola *ousía* e tre *hypostáseis* in Dio, mentre Calcedonia dichiarava in Cristo due *ousíai* e una *hypóstasis*». MILANO A., *op. cit.*, p. 174.

[84] «Per coordinare con precisione la formula dell'ortodossia trinitaria con quella cristologica bisognerà dunque stabilire con maggiore rigore i concetti di *ousía* e *hypóstasis*. *Hypóstasis* non dovrà più designare il concreto rispetto all'astratto dell'*ousía* (Basilio), ma ciò in cui l'*ousía* esiste, il principio stesso della sua esistenza (Leonzio di Bisanzio): un tale uso di *hypóstasis* potrà estendersi alla cristologia, perché implica la possibilità di un'esistenza pienamente umana, senza alcun limite, "enipostatizzata" del *Lógos*, che è una *hypóstasis* divi-

Di fronte ad un tale dilemma, Leonzio di Bisanzio[85] propone una chiave di lettura chiarificatrice di Calcedonia, affermando che l'unione ipostatica è avvenuta *kat'ousían*, dove *ousía* è la mera esistenza, sia divina che umana, quasi sinonimo di *phýsis*. L'unione in Cristo diviene così un'unione esistenziale, mentre l'*hypóstasis* denota ciò che è particolare, l'individuale, che può avere in comune con altre entità la *phýsis*. Così se l'uomo è una *hypóstasis* composta da due *phýseis* (l'anima e il corpo), Cristo è una *hypóstasis* composta anch'essa da due *phýseis* (l'umanità e la divinità), rendendo possibile la *communicatio idiomatum*. Sempre a proposito dell'unione ipostatica, Leonzio parla di *enipóstasis*, un termine che indica «l'esistenza in una iposta-si», quella del Verbo, e che avrebbe dovuto risolvere le opposizioni di ne-storiani e monofisiti[86].

Leonzio di Gerusalemme[87], a sua volta, intervenendo nella questione «teo-paschita», affermò che in Cristo vi era l'unica ipostasi del *Lógos* anche se a questo punto risultava problematico definire la componente umana di Cri-sto. Senza dubbio il dire che «Dio è morto in croce» e «uno della Trinità soffrì nella carne» rinviava al soggetto divino le azioni del Cristo, distin-guendo tra *phýsis* (quella umana passibile, quella divina impassibile) e *hý-postasis* (unica che poteva soffrire nell'umanità, pur restando impassibile nella divinità).

3.1 *Severino Boezio (†525)*

Severino Boezio[88] visse in un contesto dove, all'equilibrio magisteriale mostrato dalla formula calcedonense, non corrispose un altrettanto equili-brio delle parti che ad essa avevano portato: il monofisismo e il duofisismo.

---

na. Questa concezione presuppone che Dio, come realtà personale, non è totalmente "lega-to" alla sua natura: l'esistenza ipostatizzata è flessibile, "aperta", ammette cioè la possibilità di atti divini al di fuori della *ousía* ed implica che Dio stesso possa personalmente e libera-mente assumere un'esistenza pienamente umana sempre rimanendo se stesso cioè Dio, il totalmente Altro» (*ibidem*, p. 179).

[85] Cf. *ibidem*, pp. 175ss.

[86] «È proprio della persona *essere per se stessa*, indipendentemente dal fatto di sussistere in sé, e fa notare che l'umanità di Cristo non è *aipostatica* (cioè, non è priva di un soggetto cui inerire), ma è *ipostatizzata* nella persona del Verbo. All'umanità di Cristo non manca nulla, in quanto natura umana, per poter costituire una persona umana: un'umanità perfetta» (O-CÁRIZ F. - MATEO SECO L. F. - RIESTRA J. A., *Il Mistero di Cristo*, Apollinare Studi, Roma 2000, pp. 128-129).

[87] MILANO A., *op. cit.*, pp. 180ss.

[88] Cf. ORBETELLO L., *Severino Boezio*, Genova 1974; CHADWICK H., *Boethius*, Oxford 1981.

La formula «et ex et in duabus naturis»[89], a proposito dell'Incarnazione, trovò diverse adesioni, ma nascondeva il pericolo di monofisismo, cosa che si concretizzò nello scisma acaciano. Boezio, come molti altri del suo tempo, ricercò soluzioni che portassero alla ricomposizione delle divisioni all'interno del cristianesimo, specie dopo la decadenza, anche politica, dell'Impero Romano d'Occidente e concepì il progetto di un'opera di sintesi di tutta l'eredità greca e latina, che concordasse armoniosamente le varie opinioni teologiche. A cominciare dalla suddetta formula che così fonda:

«La fede cattolica [...] a ragione dice che Cristo consiste in entrambe le nature e di entrambe le nature: in entrambe, certamente, poiché entrambe rimangono inalterate; di entrambe, poi, poiché l'unica persona di Cristo è formata dall'unione di entrambe le nature, che continuano ad esistere in quanto tali»[90].

La «persona» contrapposta a «natura» e la loro giusta collocazione nella spiegazione del dogma fanno sì che si possa affermare con sicurezza che «non si lavora troppo di fantasia nell'ipotizzare che la definizione dei significati di *natura* e più ancora di *persona* doveva porsi al centro del progetto teorico e pratico di Boezio»[91]. Comunque ciò che assicura a Boezio un posto di onore nello sviluppo del concetto di persona è la sua definizione quale «individua substantia rationalis naturae»[92], che può essere ben compresa solo andando alle fonti del suo pensiero (patristiche, scritturistiche, filosofiche).

Per comprendere bene come egli arrivi a tale formulazione, non bisogna dimenticare che nel pensiero greco ciò che contava non era l'individuo, ma la specie e in tal senso l'albero di Porfirio, uno schema logico che divideva gli enti in diverse categorie, è molto significativo: i molti, ovvero la pluralità, disgregano l'uno, ovvero l'unità. Ora, rispetto alla specie bisognava pur ricercare un carattere individualizzante, scegliendolo tra gli accidenti e presumibilmente nella *materia signata quantitate*. Boezio «filosofo» avrebbe scelto il principio individuante tra gli accidenti, ma come «cristiano» opta invece per la «sostanza», tradendo così l'indicazione di Porfirio. Ciò che rende *individuum* è la *substantia* e a sua volta una sostanza individuale che precede qualsiasi accidentalità. Superando di molto Aristotele e grazie alla rivelazione cristiana, egli comprende l'essere non come qualcosa di astratto, ma sempre determinato nel creato.

---

[89] L'espressione «ex duabus naturis» poteva giungere ad una nuova sfumatura monofisita, avendo come risultato («ex») o un *tertium genus* o una sola natura composta in Cristo.

[90] *Contra Eutychem*, VII (PL 64, col. 1351).

[91] MILANO A., *op. cit.*, p. 304.

[92] *Contra Eutychem*, III, (PL 64, col. 1343).

Proseguendo nell'individuazione della sostanza, Boezio ricerca ciò che rende «unica» una sostanza rispetto alle altre, alla scoperta di una qualità che sia sempre più specifica (l'umanità per gli uomini, la «paolinità» per quest'uomo) fino ad arrivare ad una qualità ultima, incomunicabile, non suscettibile di altre divisioni che faccia della persona una «substantia particularis»[93] (che riceve la specificazione «homo animal rationale»). Tale riflessione, trasferita in campo cristologico, porta a definire il concetto di natura come «differenza specifica che da forma ad ogni cosa»[94], giacché in Cristo le due nature hanno differenze specifiche diverse, mentre nella teologia trinitaria si deve affermare che non esiste persona se non c'è una natura, dove la persona è una restrizione della natura.

Chiariti i termini della definizione, Boezio può procedere logicamente nel tentativo di applicare la sua definizione di persona a Dio, agli angeli e agli uomini. Tra le sostanze esclude quelle non viventi, poi le insensibili, le irrazionali e giunge a dichiarare che «se la persona si trova soltanto tra le sostanze e nelle sostanze razionali, e se ogni natura è una sostanza, e non risiede negli universali ma negli individui, ecco la definizione di persona: sostanza individuale di natura razionale»[95]. Rimane però aperta la questione su come possa essere considerato Dio un essere razionale, questione cui tenteranno di rispondere in molti.

Boezio fa risalire il termine *persona* da *prósopon*, ma ad esso, secondo lui, in Oriente si preferisce *hypòstasis*[96]. La sostanzialità della persona nel suo sistema è peculiare e *substantia* non viene contrapposta agli accidenti (non si potrebbe predicare di Dio), ma indica semplicemente l'essere (e difatti da un certo momento infatti si usò in Occidente *subsistens*). Facendo delle corrispondenze tra terminologia latina e greca tali «*esse* sta per *éinai*, *essentia* per *ousía*, *subsistentia* per *ousíosis*, *subsistere* per *ousiósthai*, *substare* per *hyphístasthai*, *substantia* per *hypóstasis*, *prósopon* per *persona*»[97] può dedurre che «l'uomo possiede: una *essentia* (*ousía*), poiché esiste; una *subsistentia* (*ousiósis*), poiché non inerisce ad alcun soggetto; una *substantia* (*hypóstasis*), poiché svolge una funzione di soggetto per altre realtà che non sono *subsistentiae* (*ousíoseis*); una *persona* (*prósopon*), poiché è un individuo razionale»[98].

L'influenza di Boezio sui posteri sarà notevole e grande è stato il suo sforzo di giungere ad una definizione universale, che rischia di non poter es-

---

[93] *In De interpretatione*, II, (PL 64, col. 463).
[94] *Contra Eutychen*, I, (PL 64, col. 1342).
[95] *Ibidem*, III, (PL 64, col. 1343).
[96] Cf. MILANO A., *op. cit.*, p. 331.
[97] *Ibidem*, p. 334.
[98] *Ibidem*, p. 335.

sere utilizzata per tutte le realtà, essendo il discorso su Dio solo analogico a quello sull'uomo. Tuttavia egli si pone come un importante interlocutore tra i pensatori medioevali e tutta la tradizione antica e patristica[99].

3.2 *Il II Concilio di Costantinopoli (553 d. C.)*

Nel VI secolo sorse il movimento anti-origenista che puntava alla condanna di Origene, ritenuto la radice di tutti i mali e di ogni questione «scottante» in campo teologico. L'imperatore Giustiniano fu persuaso a condannare i capi della tradizione nestoriana (Teodoro di Mopsuestia, Teodoreto di Ciro, Iba di Edessa) ed a promulgare l'editto «Dei tre capitoli». Il Concilio indetto nella capitale dell'impero, che fu il secondo, affermò che in Cristo non c'è che una sola *hypóstasis*, quella divina e un unico soggetto (è questo il fondamento della *comunicatio idiomatum*), mentre l'unica *phýsis* cirilliana non poteva essere intesa come l'unica *hypóstasis*, giacché la natura umana del *Lógos* (incarnato) è completa, sebbene esistente nell'ipostasi divina (enipostatizzata)[100].

3.3 *Il III Concilio di Costantinopoli (681 d. C.)*

Un secolo dopo per porre termine al monofisismo che, larvatamente era sempre presente, Sergio, patriarca di Costantinopoli (†638) sostenne una tesi che avrebbe dovuto conciliare monofisiti e duofisiti: in Cristo ci sarebbero stati una energia ed una volontà (monoenergetismo e monotelismo), pur rimanendo distinte le nature. Contro tale errata interpretazione intervenne Massimo il Confessore (†662)[101], che, indirettamente, diede un apporto notevole al significato teologico di persona. Nella lotta contro il monotelismo affermò l'esistenza in Cristo non solo dell'unione ipostatica tra Dio e l'uomo e di due nature, ma anche di due volontà distinte, dottrina che venne confermata dal III Concilio di Costantinopoli.

---

[99] «Una sua funzione l'impresa di Boezio e quella dei suoi discepoli medioevali e moderni l'ha svolta: ha costretto a pensare, a dibattere, a promuovere la comprensione che l'uomo ha di sé e del suo mistero fatto ad immagine e somiglianza del mistero di Dio. In Boezio l'antico sistema del mondo è ancora vivo, mentre sussiste quella ferrea gerarchia dei generi e delle specie che pone al livello inferiore gli individui e ne frantuma la comunicazione. In lui l'eredità pagana, con la diffidenza se non con il disprezzo per il singolo, non soffoca del tutto il nuovo mondo cristiano che sta nascendo, ma non è ancora giunto alla sua piena luce. E non poteva del resto che essere così. Per secoli ci si sforzerà, e invano di riconoscere, dal punto di vista metafisico (ma solo da questo?), il valore irriducibile dell'individuo e quindi della persona umana» (*ibidem*, p. 352).

[100] Cf. DI BERARDINO A. (ed), *op. cit.*, vol. V, pp. 75-82.

[101] Cf. *ibidem*, pp. 110-129.

Se in epoche precedenti si era evitato di parlare di una «anima» di Cristo per superare il problema della libertà di Gesù, ora, invece, Massimo, affermandola, conferisce esplicitamente al concetto di persona (e alla natura umana) anche l'attributo di libertà: Gesù Cristo è vero uomo, immagine dell'essere e della libertà di Dio[102]. Viene così estesa la portata soteriologica dell'Incarnazione anche nella sfera del libero agire umano[103].

3.4 Giovanni Damasceno (†750)

Il Damasceno è un teologo che ha anticipato per molti versi il metodo scolastico, cercando di sintetizzare quanto di meglio vi fosse nella riflessione patristica e filosofica, per poter consegnare ai contemporanei e ai posteri dei compendi della fede cristiana, come il famoso *De fide orthodoxa*[104]. La sua riflessione sul significato di «persona» e di «ipostasi» attinge sia alla confessione del Concilio di Calcedonia, che aveva sancito che Cristo era «εἰς ἓν πρόσωπον καὶ μίαν ὑπόστασιν», che alla sua formazione filosofica di stampo aristotelico e platonico[105]. Il suo *De fide orthodoxa* si muove all'interno di un orizzonte teologico, e non filosofico, anche perché ad esso era preposto la *Dialectica*, un'opera che chiariva i concetti chiave utilizzati nell'esposizione del dogma cristiano. In quest'ultima opera egli definisce *prósopon* come «ciò che si manifesta per le proprie operazioni e proprietà ed è separato da altri enti della sua stessa natura»[106], mentre *hypóstasis* significa sia «semplice esistenza» (ed è lo stesso che *ousía*) sia «ciò che è per sé e

---

[102] Cf. *Disputatio cum Pirrho,* (PG 91, col. 324D).

[103] «In Massimo per la prima volta, ha osservato von Balthassar (*Liturgia cosmica*, pp. 149-150), il pensiero si trascende sotto due distinti, ma inseparabili aspetti: oltre l'*ousía* si spalanca l'abisso dell'*éinai*, oltre la *phýsis* si profila la perfezione della *persona*. Grazie a questa intuizione lampeggiata in sede cristologica, come la creatura in generale si intravede composta di "essenza" ed "essere", così l'uomo appare composto di "natura" e "persona"» (MILANO A., *op. cit.*, p. 209).

[104] L'Aquinate, infatti, lo cita, in tutte le sue opere, per ben 979 volte, delle quali 139 volte nella *Tertia Pars* della *Summa Theologiae*, quella «cristologica». Tradotta in latino nel secolo XIII, la sua struttura richiama bene quella della stessa *Summa Theologiae*, come dimostra anche la divisione in quattro libri: il primo, riguardante Dio Uno e Trino e i suoi attributi; il secondo: la creazione, l'uomo e le sue facoltà, la libertà e la moralità; il terzo: il modo dell'unione ipostatica e le proprietà della natura umana assunta; il quarto libro, infine, tratta ancora temi di cristologia, escatologia e sacramentaria. È sorprendente la corrispondenza, almeno ideale, con l'impianto della *Summa Theologiae*!

[105] Per queste ragioni si può ritenere che egli stia tra Boezio e Tommaso, soprattutto per quanto riguarda la categoria di «sussistenza», presente nella definizione tommasiana di persona, e non in quella boeziana.

[106] *Dialectica*, XLIII (PG 94, col. 614).

sussiste per se stessa» (ed indica l'individuo)[107]. In questo senso la seconda accezione di *hypóstasis* differisce dalla natura.

«In effetti è ciò che produce l'errore degli eretici, e cioè il dire che la natura e l'ipostasi sono la medesima cosa. Poiché noi diciamo che è una la natura degli uomini, bisogna sapere che noi non lo diciamo pensando alla definizione dell'anima e del corpo: infatti sarebbe impossibile dire che l'anima e il corpo, confrontati fra loro, sono di un'unica natura. Ma poiché le ipostasi degli uomini – che sono moltissime – ricevono tutte la medesima definizione della loro natura (infatti esse sono composte tutte di anima e di corpo, e tutte partecipano della natura dell'anima e possiedono la sostanza del corpo), perciò diciamo una sola natura per la comune specie delle moltissime e differenti ipostasi, mentre e chiaro che a sua volta ogni ipostasi porta con sé due nature, cioè quella dell'anima e quella del corpo»[108].

La natura indica ciò che è comune a più ipostasi della stessa specie e può essere solo pensata in teoria e, infatti, essa non sussiste per se stessa; se viene pensata in una sola ipostasi, e insieme con gli accidenti, è detta natura considerata nell'individuo[109], mentre l'ipostasi «indica l'individuale come, ad esempio, il Padre, il Figlio, lo Spirito Santo, Pietro, Paolo»[110]. Inoltre, non è possibile una natura senza ipostasi, perché non si dà «una natura senza ipostasi, o una sostanza senza persona (infatti sia la sostanza sia la natura sono considerate nelle ipostasi e nelle persone)...»[111], anche se sul versante

---

[107] *Ibidem*, XLII. Inoltre nel *De fide orthodoxa*, III, 3 (PG 64, coll. 988ss), distingue anche l'unione ipostatica da quella facciale: «L'unione è avvenuta da due nature perfette (in Cristo): [...] non per impastamento [...] o per confusione, o per mescolanza [...] e neanche un'unione facciale (*prosopiké*) [attraverso il volto, il comportamento], ma è un'unione secondo l'ipostasi».

[108] *De fide orthodoxa*, III, 3 (PG 94, coll. 988ss).

[109] *Ibidem*, 11 (PG 94, col. 1022). Essa è anche sinonimo di sostanza (cf. *ibidem*, 9 PG 94, coll. 1015ss)

[110] *Ibidem*, 4 (PG 94, coll. 1023ss). Così scrive nel libro I, capitolo 8: «Bisogna sapere che diverso è il considerare una cosa in atto e diverso considerarla secondo il pensiero e la ragione. Per tutte le creature, la distinzione delle ipostasi è considerata in atto: infatti Pietro è considerato separato da Paolo in atto. Invece la comunanza, la connessione e l'unità sono considerate secondo il pensiero e la ragione. Con la mente noi pensiamo che Pietro e Paolo sono della stessa natura e hanno una sola natura comune, giacché ognuno di loro è un animale razionale mortale, e ognuno è una carne animata da un'anima razionale e intelligente: e questa comune natura è considerata secondo la ragione. Infatti le ipostasi non sono l'una nell'altra, ma ognuna è propria e particolare, e cioè è separata per se stessa, avendo moltissime cose che la distinguono dall'altra». Nel capitolo III, 6 continua: «Le cose comuni e generali sono dette come predicati delle cose particolari che dipendono da loro. Quindi cosa comune è la sostanza, particolare è l'ipostasi: particolare, non perché abbia una parte della natura (infatti non ne ha soltanto una parte), ma particolare per il numero, come individuo (infatti si dice che le ipostasi differiscono per il numero e non per la natura)».

[111] *Ibidem*, 9.

cristologico vi è «certamente in verità un solo Figlio, Cristo e Signore: e poiché è uno solo, una sola è anche la sua persona (*prósopon*), mentre l'unione secondo l'ipostasi non è divisa in nessun modo dal riconoscimento della differenza naturale»[112]. L'ipostasi, come sussistenza è poi una sostanza.

«La sostanza è detta come predicato delle ipostasi perché in ciascuna delle ipostasi della medesima specie c'è la sostanza completa. Perciò le ipostasi non differiscono fra loro secondo la sostanza, ma secondo gli accidenti i quali costituiscono le peculiarità caratterizzanti: ma caratterizzanti delle ipostasi, non della natura. Infatti l'ipostasi viene definita come una sostanza con gli accidenti: cosicché l'ipostasi ha l'elemento comune insieme a ciò che è suo particolare, e invece la sostanza (che è anche la natura, nda) *non sussiste per se stessa, ma viene considerata solo nelle ipostasi*. E quindi quando una sola delle ipostasi soffre, si dice che la *sostanza, secondo cui esiste quell'ipostasi*, soffre in una sola delle sue ipostasi: e certamente non è necessario che tutte le ipostasi della stessa specie soffrano insieme all'ipostasi sofferente»[113].

Applicando tutta questa riflessione al caso dell'Incarnazione il Damasceno afferma che il Verbo divenne ipostasi di entrambe le nature, senza separazione o divisione:

«Infatti la carne di Dio Verbo non sussistette con una sua propria ipostasi, né diventò un'altra ipostasi in confronto all'ipostasi di Dio Verbo, ma sussistendo in essa divenne esistente in un'ipostasi (*enhypóstatos*), e non un'ipostasi sussistente per se stessa. perciò essa non è senza ipostasi, e neanche introduce in più un'altra ipostasi nella Trinità»[114].

---

[112] *Ibidem*, IV, 19 (PG 94, col. 1191).

[113] *Ibidem*, III, 6 (PG 94, col. 1002)..

[114] *Ibidem*, 9 (PG 94 coll. 1015ss). Nel medesimo luogo così chiarisce: «Benché non vi sia una natura senza ipostasi, o una sostanza senza persona (infatti sia la sostanza sia la natura sono considerate nelle ipostasi e nelle persone), tuttavia non è necessario che le nature unite fra di loro secondo l'ipostasi abbiano ciascuna una propria ipostasi: infatti possono anche concorrere in una sola ipostasi e quindi non averne una propria ciascuna, ma ambedue averne una sola e medesima».

CAPITOLO II

«Persona» secondo Tommaso: definizione ed uso cristologico

Nel capitolo precedente, attraverso una ricostruzione storico-teologica, si è visto come il significato di persona sia giunto, alla fine del primo millennio, ad una certa definitività e ricchezza, tanto è vero che la definizione boeziana, nella sua sinteticità, è divenuta in seguito la definizione «classica» con la quale si sono confrontati la maggior parte degli autori scolastici. In questa sede verrà, invece, approfondita la nozione tommasiana di persona e il suo uso cristologico.

1. Persona in Tommaso

Tommaso accoglie e giustifica la spiegazione che Boezio fa della persona e la applicandola «analogicamente» a Dio e agli uomini. Tuttavia elabora anche una propria definizione più completa e universale.

1.1 *Tommaso e la definizione boeziana di persona*

L'Aquinate non rifiuta l'etimologia del nome persona come «maschera» (della commedia greca[115]) e l'espressione «individua substantia rationalis naturae» così è da lui commentata:

«Sebbene l'universalità e la particolarità si ritrovino in tutti i generi, tuttavia in un modo speciale l'individualità si trova nel genere della sostanza. La sostanza infatti è individualizzata per sé stessa, ma gli accidenti sono individualizzati per il soggetto, che è la sostanza: si dice infatti "questa bianchezza", in quanto è in "questo soggetto". Per cui convenientemente gli individui del genere delle sostanze hanno un nome speciale rispetto alle altre: vengono infatti dette ipostasi o prime sostanze. Ma ancor più in un modo più speciale e perfetto il particolare e l'individuale sono presenti nelle sostanze razionali, che hanno il dominio del proprio atto, e non solo agiscono, come altre cose, ma agiscono per sé. E perciò anche tra le restanti sostanze le realtà singolari di natura razionale hanno un nome speciale. E questo nome è persona. E perciò nella suddetta definizione di persona (*scilicet* boeziana) è posta la "sostanza individuale", in quanto significa la singolarità nel

---

[115] Cf. *In I Sententiarum*, ds 23, q. 1, a. 1, co; *Summa Theologiae*, I, a. 3, ag 2.

genere della sostanza: viene aggiunta inoltre la natura razionale, in quanto significa singolarità tra le sostanze razionali»[116].

Così, l'individualità designa l'ente concreto, che, nel caso della sostanza, esiste «per sé» (perseitas)[117] e non permette che possa essere assunta[118] da un'altra sostanza. Ciò che fa eccellere la sostanza personale è la razionalità (rationalis natura) che non va intesa come «raziocinio», perché altrimenti converrebbe all'uomo, ma non a Dio. Tommaso vede nella persona una particolare sostanza, la cui singolarità sta nell'essere fornita di razionalità, ma, rispetto a Boezio, gli stessi termini acquistano, nella sua visione teologica e filosofica, un peso particolare.

1.2 La persona è una sostanza: il costitutivo formale della persona

Per l'Aquinate la persona è una sostanza intelligente e libera e pertanto di essa può predicarsi tutto ciò che si dice della sostanza, a cominciare dal fatto che questa ha l'essere in se (e non in alio come gli accidenti) e, in quanto tale, sussiste[119]. La dottrina dell'actus essendi, cuore della sua metafisica, fa sì che l'essere divenga elemento inseparabile dalla nozione di persona. L'essere, però, non è lo stesso in ogni sostanza, perché se in Dio non subisce

---

[116] Summa Theologiae, I, q. 29, a. 1, co. Nello stesso articolo Tommaso, rispondendo alla quinta obiezione che definisce l'anima come sostanza individuale di natura razionale, ma non tuttavia persona, dice che: «l'anima è parte della specie umana: e perciò, sebbene sia separata, poiché conserva la natura di unibilità, non può dirsi sostanza individuale che è l'ipostasi o la sostanza prima; così come né la mano, né qualunque altra parte dell'uomo. E così non compete ad essa né la definizione, né il nome di persona».

[117] La sostanza «prima», definita anche ipostasi, è autonoma, (aseitas) ed incomunicabile e non può essere assunta da un'altra sostanza. Circa l'attribuzione di «sostanza» a Dio, Tommaso afferma che: «Dio può essere detto di natura razionale, in quanto la ragione comunemente comporta non la discorsività, ma la natura intellettuale. L'individualità, poi, non può competere a Dio per via del principio di individuazione che è la materia, ma solo perché comporta incomunicabilità. La sostanza, però, conviene a Dio nel senso che significa esistere per sé. Alcuni tuttavia dicono che la definizione data da Boezio, non è definizione di persona riferibile alle persone divine. Perciò Riccardo di S. Vittore, volendo correggere questa definizione asserì che la persona, per quanto si riferisce a Dio, è esistenza di una natura divina incomunicabile» (ibidem, I, q. 29, a. 3, ra 4).

[118] Cf. ibidem, I, q. 29, a. 1, ra 2.

[119] Cf. ibidem, q. 90, a. 2. Tommaso non si esprime mai sul costitutivo formale della persona, ma tale questione sarà posta dai suoi commentatori. Per esempio il Capreolo la porrà nell'«atto attuale di esistenza» (atto di essere), mentre il Gaetano in un atto che completa la natura, personalizzandola, e rende tale natura adatta a ricevere l'essere (cf. DEGL'INNOCENTI U., Il problema della persona nel pensiero di san Tommaso, Editrice Università Lateranense, Roma 1967).

alcuna limitazione (per cui egli è lo stesso Essere Sussistente[120]), nelle creature viene a trovarsi di fronte ad una tensione metafisica e ad una limitazione: sebbene queste partecipino dell'Essere di Dio, la loro natura può avere
solo un modo di essere (essenza) e non tutto l'essere. La sostanza[121] è così
costituita intrinsecamente da due elementi: da un'essenza (modo di essere) o
natura[122] e da un atto di essere che la attua[123], formalissimo[124], uno ed unico
per ogni ente perché fa sussistere, e sussistere separatamente, in maniera
completa e personale (nel caso di enti razionali)[125].

Tommaso, inoltre, seguendo Aristotele, indica la sostanza in vari modi:
«quiddità della cosa» (indica la definizione che va alla sostanza della cosa e
corrisponde all'*ousía* dei greci e al termine latino *essentia*), «soggetto» (*subiectum*) e «supposito» (che significa l'intenzione e sussiste nel genere della
sostanza)[126].

1.3 *La definizione tommasiana di persona*

Illustrata la posizione della persona nella metafisica di Tommaso come
«sostanza», può essere meglio compresa la definizione «subsistens distinctum in natura intellectuali»[127] che egli offre e così chiosa:

«Il nome di persona comunemente inteso non significa nient'altro che sostanza individuale
di natura razionale. E poiché sotto la sostanza individuale di natura razionale è contenuta
la sostanza individua, cioè incomunicabile e distinta da altri, tanto di Dio, che degli uomini
e degli angeli, bisogna che la persona divina significhi "sussistente divino in natura divina"
così come persona umana significa "sussistente distinto in natura umana". E questa è il
significato formale sia della persona divina che di quella umana. Ma poiché il distinto

---

[120] Cf. *Summa Theologiae*, I, q. 13, a. 11 (è questo il luogo dove Tommaso sviluppa la co-
siddetta «metafisica dell'Esodo»).
[121] Cf. *De ente et essentia*, 4. Dio è invece identico al suo stesso atto di essere (cf. *ibidem*,
I., q. 13, a. 11, co).
[122] Essenza è il modo di essere, la natura è l'essenza in quanto principio di operazione (cf.
Summa Theologiae, I, q. 2, a. 1, co).
[123] Cf. *Quaestiones disputatae de Veritate*, q. 23, a. 4, ra 7; *Compendium Theologiae*, c. 11.
[124] Cf. *De Anima*, q. 1, ad 17; *Quaestiones disputatae di Potentia*, q. 7, a. 2, ra 9.
[125] «L'unità della persona richiede l'unità dello stesso essere completo e personale» (*Summa Theologiae*, I, q. 19, a. 1, ra 4) infatti «unico è l'essere dell'unico supposito».
[126] Cf. *ibidem*, I, q. 29, ar. 2, co. La sostanza è indicata con altri nomi: 1) «sussistenza», vale a dire esiste per sé e non in altro; 2) «realtà di una natura» («res naturae»), se sottoposta
ad una natura comune (quest'uomo è una realtà di natura umana); 3) «ipostasi» o «sostanza» per il fatto di essere sottoposta agli accidenti. L'Aquinate conclude affermando questi
tre termini, comunemente presi, hanno un significato nell'ambito di tutto il genere delle sostanze, mentre il nome di «persona» è ristretto al solo genere delle sostanze razionali.
[127] *Quaestiones disputatae de Potentia*, q. 9, a. 4.

sussistente nella natura umana non è se non qualcosa individuato grazie alla materia individuale e diverso da altri, occorre pertanto che questo sia significato in maniera materiale, quando si tratta della persona umana. Ciò che invece è distinto incomunicabile nella natura divina non può essere se non la relazione, poiché ogni assoluto è comune e indistinto in Dio»[128].

Analizzando gli elementi della definizione si evince che il «subsistens» indica l'esistere «in sé» e «per sé», il «distinctum» è la caratteristica dell'aseità e «in natura intellectuali» è la proprietà peculiare di Dio e degli enti fatti a sua immagine e somiglianza. La sussistenza, presente nella definizione di Tommaso, non va intesa nella sua concretezza, ma assume un significato astratto[129], mentre l'uso di «natura intellettuale»[130] invece che «razionale» si confà meglio a Dio e agli angeli. Con la sua definizione Tommaso pone la persona come ciò che è più perfetto nell'orizzonte dell'essere.

1.3.1 *Hypóstasis, persona e supposito*

Hypóstasis e *suppositum* e *persona* sono termini molto vicini nel significato, tuttavia in Tommaso hanno un contenuto molto preciso. Per quanto riguarda il rapporto tra *hypóstasis* e *persona* egli afferma:

«Poiché Dio può essere indicato in quanto dà l'essere ad ogni cosa, così è detto essenza; o in quanto ha un essere sufficiente mancante di nulla, e così è detto sussistenza. In quanto distinto allo stesso modo può essere indicato in concreto, e così ha il nome di persona, o in astratto ed ha il nome di ipostasi. Oppure in quanto distinguibile è indicato con il nome di ipostasi, in quanto distinto con quello di persona. O ancora poiché è indicato come distinto con una proprietà determinata conveniente alla sua dignità, ha nome di persona; in quanto distinto in maniera assoluta avente una qualsivoglia proprietà, ha il nome di ipostasi»[131].

Inoltre, per Tommaso, la persona è una «ipostasi di natura razionale»[132], mentre la stessa ipostasi è una «sostanza prima», che non è né qualcosa di

---

[128] *Ibidem*, q. 9, ar. 4, co. Vedi anche *In I Sententiarum*, ds. 23, q. 1, a. 1, co 1.

[129] Cf. *Summa Theologiae*, III, q. 6, a. 3.

[130] Riccardo di S. Vittore parla della persona come: «naturae intellectualis incommunicabilis existentia» (cf. *De Trinitate*, 4, 22, 24: PL 196, coll. 945-947).

[131] *In I Sententiarum*, ds. 23, q. 1, a. 1, co 1. Ancora egli distingue: «La sostanza che è ipostasi, è più vicina al concetto di persona, che non a quello di sussistenza; esprimendo tuttavia la persona un qualche soggetto, così come la sostanza prima, e non solo come sussistente esprime sussistenza. Ma poiché il nome di sussistenza si riferisce anche presso i latini al significato di essenza, perciò per evitare l'errore non diciamo tre sostanze, così come tre sussistenze. I greci invece presso i quali il nome di ipostasi è distinto dal nome di ousía confessano senza dubbio che in Dio ci sono tre ipostasi» (*Quaestiones disputatae de Potentia*, q. 9, a. 2, ra 8).

[132] *Summa Theologiae*, III, q. 40, a. 3, co.

universale (l'umanità, e. g.), né una parte di altro (una mano e. g.), ma è individuale[133].

Il «supposito» è, invece, la *hypóstasis* in quanto soggetto di attribuzione delle operazioni e delle proprietà della natura. Nel concreto «diciamo infatti che quest'uomo pensa, ride, è animale razionale. E per questo motivo *questo uomo* può essere detto supposito: perché cioè è sottoposto a quelle cose che convengono all'uomo, ricevendone la loro attribuzione»[134].

2. Personalità del Verbo Incarnato

Il caso dell'Incarnazione vede un'applicazione particolare del concetto di persona, giacché ci si trova di fronte ad una natura umana, ma non personale. L'Aquinate, fedele a Calcedonia che aveva sancito l'unicità della persona e la dualità delle nature in Cristo, costruisce la sua riflessione coerentemente con la sua concezione di persona. Sarà fondamentale approfondire i luoghi dove Tommaso parla dell'unione ipostatica, come nel seguente tratto dalla *Summa contra Gentiles*:

«Bisogna ritenere che l'unione del Verbo e dell'uomo era tale che né venne fusa una natura da due nature, né l'unione del Verbo con la natura umana fu tale come di qualche sostanza, come nel caso dell'uomo, a ciò che è esteriore che accidentalmente si rapporta ad esso, come la casa o il vestito; ma si ritiene che il Verbo sussiste nella natura umana come nella sua, fatta propria grazie all'Incarnazione (*Verbum in humana natura sicut in sibi propria facta per incarnationem, subsistere ponatur*) tanto ché quel corpo era veramente il corpo del Verbo di Dio e allo stesso modo lo era l'anima; e che il Verbo di Dio era veramente uomo»[135].

Il Verbo sussiste nella natura umana e questa natura è *sua propria* come lo è ogni natura rispetto al proprio supposito, e pertanto Egli è vero uomo. Questo testo può già rappresentare una sintesi della cristologia di Tommaso, tuttavia ci si riferirà alla *tertia pars* della *Summa Theologiae*, che offre il pensiero cristologico più maturo di Tommaso.

Qui, innanzitutto, egli afferma che l'unione ipostatica avvenne non nella natura[136] (altrimenti o sarebbe stata un'unione accidentale o si sarebbe caduti nell'errore monofisita), ma nella persona divina (ipostasi, supposito)[137], che garantisce l'unione delle nature nella loro integrità. A chi obietta che la natura umana è priva di personalità, egli risponde che «è più degno per

---

[133] Cf. *ibidem*, I, q. 29, a. 1. ra 2.
[134] *Ibidem*, III, q. 2, a. 3, co.
[135] *Summa contra Gentiles*, lb 4, cap 41, 8.
[136] Cf. *Summa Theologiae*, III, q. 2, a. 1.
[137] Cf. *ibidem*, q. 2, a. 2.

qualcuno esistere in qualcosa di più degno di sé, che esistere per se stesso»[138]. Questa unione personale (o ipostatica), implica che la persona del Verbo si rapporta alle nature in maniera singolare, «sussiste nelle due nature»[139]. Nell'incarnarsi, egli assunse una «natura umana», e non un «uomo», altrimenti si sarebbe avuta un'unione accidentale tra due sostanze complete, dal momento che, per ogni uomo, dall'unione dell'anima con il corpo[140] sorge l'*homo*, che è una persona[141].

In Cristo vi è un unico soggetto di attribuzione, sebbene le azioni si distinguano in azioni umane (secondo la natura umana) e divine (secondo la natura divina)[142] anche se ciò che è pertinente alla natura umana non si predica di quella divina[143]. Non si può dire che «Cristo cominciò ad essere»,

---

[138] *Ibidem*, q. 2, a. 2, ra 2.

[139] *Ibidem*, q. 2, a. 4, co.

[140] A questo punto però occorre fare un'ulteriore precisazione tra la definizione di *persona* e quella di *homo*. Essi sono due concetti differenti e se *persona* indica un ente individuale concreto, *homo* è qualcosa di diverso, «significat aliquid compositum ex corpore et anima rationali» (*Quaestiones disputatae de Potentia*, q. 9, ar. 4, co). Ciò che definisce l'uomo è dunque l'unione tra l'unica forma dell'anima con la materia del corpo (cf. *Summa Theologiae*, I, qq. 75 e 76).

[141] Infatti l'uomo formato non è ipostasi: «Negli uomini dall'unione dell'anima con il corpo si costituisce la persona. Ma ciò accade nei puri uomini perché l'anima e il corpo si congiungono perché esistano per sé. Ma in Cristo si uniscono a vicenda perché aggiunti a qualcosa di più principale che sussiste nella natura composta de essi. E perciò dall'unione di anima e di corpo in Cristo non viene costituita una nuova ipostasi o persona: ma la stessa natura composta (umana) viene congiunta ad una persona o ipostasi preesistente» (*ibidem*, III, q. 2, a. 5, ra 1). Tommaso, obiettando a chi dice che la persona divina assunse un uomo, risponde che «ciò che si assume non è il termine dell'assunzione, ma è alla stessa assunzione presupposto. L'individuo, nel quale è assunta la natura umana, non è altro che la persona divina, che è il termine dell'assunzione. Infatti il nome di uomo significa la natura umana in quanto nata per essere nel supposito: perché, come dice Damasceno, così come il nome "Dio" significa colui che ha la natura divina, così il nome "uomo" indica colui che ha la natura umana. E perciò non è appropriato dire che il Figlio di Dio assunse un uomo, mentre si ritiene, nella verità della cosa, che in Cristo c'è un solo supposito ed una sola persona. Invece, secondo quelli, che pongono in Cristo due ipostasi o due suppositi, convenientemente e propriamente s i può dire che il Figlio di Dio assunse un uomo» (*ibidem*, q. 4, a. 3, co.). Altrove egli ancora chiarisce che «"homo" suppone la persona del Figlio, non da sola, ma in quanto sussiste nella natura umana» (*ibidem*, q. 16, a. 6, ra 3), e ancora: «[..]La vera natura divina fu unita con una vera natura umana, non solo nella persona, ma anche nel supposito o ipostasi. [...] Poiché la persona del Figlio di Dio, per la quale si intende "Dio", è il supposito della natura umana, in maniera veritiera e propria il nome "uomo" può attribuirsi al nome "Dio", secondo che questi significa la persona del Figlio» (*ibidem*, q. 16, a. 1, co).

[142] Cf. *ibidem*, q. 16, a. 4, co.

[143] Cf. *ibidem*, q. 16, a. 5, co.

perché per «Cristo» si intende il supposito (eterno), mentre è corretto affermare che «cominciò ad essere la natura umana»[144].

In quanto uomo egli non è né ipostasi né persona, anche se la sua natura umana può essere detta una «individua substantia rationalis naturae». Sebbene tale natura non esisterebbe al di fuori dell'unione ipostatica[145], tuttavia la si può definire come «un qualcosa di singolare ed individuale»[146], mentre una persona deve essere per sé sussistente. Non esiste una natura umana che non sia ipostatizzata, cioè persona umana, ma il caso dell'Incarnazione mostra che natura e persona non si identificano[147]. L'essere di Cristo è uno, come il supposito[148], e soltanto uno: esso, infatti, si rapporta alla natura, non come se questa avesse l'essere, ma perché per essa qualcosa ha l'essere. Solo l'ipostasi e la persona hanno l'essere[149], anzi Tommaso precisa che l'ipostasi «ha l'essere» («id quod habet esse»), mentre la natura «è ciò per cui qualcosa ha l'essere» («id quo aliquid habet esse»)[150].

In Cristo le due nature, quella umana e quella divina, sono distinte ed in esse sono rinvenibili tutte le proprietà loro convenienti: la natura umana, come quella divina, hanno la caratteristica di «razionalità» (intellettualità), di coscienza e di libertà. L'Aquinate, in linea con la tradizione, ribadisce che le diverse proprietà, che coesistono nell'unico soggetto senza confusione ed interferenze, sono manifestate dalla duplicità delle operazioni e delle volontà (secondo le nature)[151].

---

[144] *Ibidem*, q. 16, a. 9, co.

[145] Cf. *ibidem*, q. 16, a. 12, co.

[146] *Ibidem*, q. 16, a. 12, ra 2.

[147] Cf. *ibidem*, q. 16, aa. 4-5.

[148] Cf. *ibidem*, q. 17, a. 1, co.

[149] Cf. *ibidem*, q. 17, a. 2, ra 2.

[150] *Ibidem*, q. 17, a. 2, co.

[151] Cf. *ibidem*, qq. 18-19. Varie sono state le proposte, alcune delle quali superate, per comprendere la coscienza umana di Gesù. *Paul Galtier* che, pur non ammettendo un Io umano in Cristo, afferma che questi non attribuisce i suoi atti ad una personalità umana, espressione di un Io umano, ma alla Persona divina grazie alla visione beatifica che fa sì che al *me* psicologico umano non corrisponda un *io* ontologico umano, in questo caso ad un atto di coscienza viene sostituito un atto di conoscenza. (cf. GALTIER P., *L'unité du Christ. Etre-Personne-conscience*, Paris, 1939; IDEM, *La conscience humaine du Christ. À propos de quelques publications récentes*, in *Greg* 32 [1951], 525-568; IDEM, *La conscience humaine du Christ. Épilogue*, in *Greg* 35 [1954], 225-246). *Pietro Parente*, in virtù dell'unione ipostatica, pone un unico Io in Cristo, quello divino, che esercita il suo influsso personale (*egemonia*) sulla natura umana, rispettandone l'integrità. Cristo è cosciente di essere Dio, direttamente e immediatamente, perché non c'è distinzione tra l'Io ontologico e l'Io psicologico. La persona divina assolve così le funzioni della persona umana (cf. PARENTE P., *L'egemonia dinamica della persona* in *Acta Pontificiae Accademiae Romanae S. Thomae*, VIII, 1943; IDEM, *L'Io di Cristo*, Morcelliana, Brescia 1955²; IDEM, *Teologia Viva I. Nel*

L'unione delle due nature comporta che la natura umana sia per il supposito «ragione di sussistenza» e, fermo restando che le due nature in Cristo sono integre e complete, bisogna che il Verbo sussista in esse come in una natura propria. Su tale punto Tommaso è chiaro e parlando del Verbo «che estende il suo atto di sussistenza alla natura e quindi sussiste in senso proprio in essa come natura sua»[152], mostra la condiscendenza divina portata all'estremo. Di Cristo dunque si può affermare che è persona, ben inteso che la persona, supposito della natura umana, è la stessa persona del Verbo.

L'unità in Cristo è pertanto ricondotta alla persona del Verbo, cui corrisponde un unico atto di essere, perché, nel caso dell'Incarnazione, solo al Verbo può convenire la definizione boeziana di persona, ritoccata da Tommaso, in «distinctum subsistens in natura intellectuali».

---

mistero di Cristo, Angelo Belardetti Editore, Roma 1954). *Antonio Piolanti*, seguendo *in toto* la cristologia di Tommaso, afferma che l'unica persona del Verbo, sussistente e agente nelle due nature, garantisce l'unità ontologica e personale. Tale presenza di sé, in Dio si identifica con la scienza, nella natura umana necessita della «triplice scienza» e di altri doni straordinari che manifestano l'attuale esaltazione della natura personalizzata nella maniera più alta, cioè dal Verbo divino. Questa condizione può essere espressa anche umanamente, in quanto è l'Io divino che unifica. Il Verbo è così soggettivamente presente a se stesso, sia sul piano divino che umano (cf. PIOLANTI A., *Dio Uomo*, Desclée &C, Roma 1964, pp. 219-258). *Jean Galot*, affermando anche egli un unico Io in Cristo, sostiene che questo venga conosciuto non solo attraverso l'unione ipostatica, ma anche attraverso una peculiare esperienza mistica che fa nota alla «coscienza integralmente umana» di Cristo di essere unita personalmente a Dio. In tali momenti la coscienza umana si risveglia poco a poco dallo stato di incoscienza e, grazie ai contatti mistici, viene aiutata ad esprimere nel modo più adeguato l'Io, la sua relazione con il Padre e la sua identità di Figlio (cf. GALOT J., *La coscienza di Gesù*, Cittadella Editrice, Assisi 1971).

[152] *In III Sententiarium*, ds 6, q. 1: «La persona divina che prima dell'Incarnazione sussisteva in una sola natura, dopo sussiste in due nature».

CAPITOLO III

La cristologia tra «anipostasia» ed «enipostasia» di Cristo. Interpretazioni teologiche moderno-contemporanee del dogma calcedonense e di Tommaso

La cristologia, che fino alla metà degli anni Cinquanta del XX secolo era fondamentalmente ispirata alle posizioni di Tommaso, negli ultimi decenni è stata interessata da un profondo rinnovamento che ne ha messo in discussione non solo il metodo, ma anche le categorie, soprattutto metafisiche, sulle quali essa riposava. Tali categorie sono state ripensate per poter essere più comprensibili all'uomo di oggi e permettere un più proficuo dialogo con il pensiero moderno. Lo stesso concetto di «persona», che in Tommaso e nella teologia classica (e manualistica) era costruito sul fondamento dell'essere, è stato riformulato sottolineando maggiormente le dimensioni di coscienza e di libertà, proprie dell'antropologia moderna. Ciò ha portato in alcuni casi anche ad una rilettura del dogma cristologico, e dello stesso Tommaso, che non sempre è stata rispettosa del contenuto essenziale del *depositum fidei*.

Il confronto creatosi tra la cristologia di impostazione classica e i nuovi modelli cristologici è stato, nei primi anni, molto serrato e non povero di critiche reciproche[153]. La stessa figura di Cristo, così come era presentata tradizionalmente, sembrava per alcuni troppo ambigua per il mondo contemporaneo: non essendo «persona umana», essa appare lontana dall'uomo[154].

Quello che nell'epoca moderna viene messo in discussione è la «anipostasia» (mancanza di personalità) della natura umana, più che la sua «enipo-

---

[153] Rahner criticava l'impostazione classica che faceva dell'umanità di Cristo, il mero strumento della divinità (cf. OLS D., *Le Cristologie contemporanee e le loro posizioni fondamentali al vaglio della dottrina di S. Tommaso*, Libreria Editrice Vaticana, Città del Vaticano 1991). In schemi più generali la questione si inquadra nel più ampio dibattito tra «cristologia dall'alto» e «cristologia dal basso»: alla prima si imputa un monofisismo, alla seconda l'adozionismo.

[154] «Il problema fondamentale che pone, agli occhi dei moderni, la cristologia tradizionale va individuato, senza dubbio, nella dottrina secondo la quale Cristo non è una persona umana, poiché la sua natura umana sussiste nella persona divina del Verbo stesso» (OLS D., *op. cit.*, p. 180). Secondo alcuni autori moderni, Calcedonia non avrebbe negato al Cristo una «personalità» umana (Schillebeeckx), altri mettono sottolineano l'evoluzione semantica che concetto di persona ha subito in epoca moderna (Rahner): in definitiva «rifiutare a Gesù di essere persona umana è rifiutargli di essere veramente uomo» (*ibidem*, p. 181, si riporta anche il pensiero di P. Schoonenberg a riguardo).

stasia» (l'essere nella persona divina)[155]. Viene persino invocato il cosiddetto «principio soteriologico», formulato da molti Padri, che asserisce «quod non est assumptum non est sanatum», vale a dire «se il Verbo non ha assunto una persona umana, non può salvare le persone umane e, quindi, non può salvare gli uomini»[156].

Vi è però un'altra ragione che costituisce per molti una difficoltà ad accettare la mancanza di personalità umana da parte del Verbo Incarnato. È la moderna concezione di persona, originata dalla riflessione antropologica cartesiana incentrata sulla soggettività, che pone una relazione stretta tra persona e coscienza: negare a Cristo una personalità umana significherebbe negargli in definitiva anche una libertà, una responsabilità[157], un'umanità.

Tale problema nella cristologia «classica» non esisteva, perché per essa la natura concreta umana, in Cristo, costituisce un vero uomo con tutte le

---

[155] Con San Tommaso potremmo dire in sintesi scultorea che «humana natura dignior est in Christo quam in nobis, quia in nobis quasi per se existens propriam personalitatem habet, in Christo autem exsistit in persona Verbi» (*Summa Theologiae*, III, q. 2. a. 2, ra 2): è l'intuizione di Leonzio di Bisanzio che parlava di «enhypóstasis». Sul significato di anipostasia ed enipostasia è illuminante ciò che già scrive il Damasceno: «La parola *hypóstasis* ha un duplice significato. Infatti presa in senso assoluto significa "ciò che esiste in senso assoluto" (ἁπλῶς οὐσία). La *hypóstasis* per sé significa *individuo* e anche una persona (πρόσωπον) particolare. Nello stesso modo anche la voce *enhypóstasis* significa due cose: significa, infatti, ciò che è in senso assoluto (τὸ ἁπλῶς ὄν): secondo questo significato, non è solo sostanza (οὐσία) in senso assoluto, ma anche accidente, che chiamiamo enipostatizzato (ἐνυπόστατον). Designa anche l'ipostasi che è per sé, e questo è l'individuo. Anche anipostasia (ἀνυπόστατον) significa due cose: è detto anipostatizzato, infatti, ciò che non è in alcun modo (τὸ μηδαμῆ μηδαμῶς ὄν): ancora anipostatizzato è detto l'accidente, perché l'accidente non ha una propria e peculiare esistenza, ma esiste in una sostanza (ἐν τῇ οὐσίᾳ ὑφέστηκεν)» (*Dialectica*, 29: PG 94, col. 590).

[156] OLS D., *op. cit.*, p. 182. A tali obbiezioni lo stesso Tommaso aveva già risposto e nella sua prospettiva antropologica poteva affermare che «è alla sua natura e non alla sua persona che l'uomo deve di essere uomo» (*ibidem*, p. 183). «Si vero quaeris quomodo verbum est homo, dicendum quod eo modo est homo quo quicumque alius est homo, scilicet habens humanam naturam. Non quod verbum sit ipsa humana natura, sed est divinum suppositum unitum humanae naturae» (*Lectura super Ioannem*, c. 1, l. 7). Tutto è detto qui. Gesù non è né più né meno uomo di me: è uomo come io lo sono, perché, come me, ha una natura umana. Ciò che fa, infatti, che un uomo sia uomo, è la sua natura. È vero, tuttavia, che una differenza c'è fra Cristo e me, ed essa sta nel fatto che mentre la mia persona risulta dall'attuazione della mia natura (dall'unione, cioè, della mia anima e del mio corpo), nel caso di Cristo, da questa unione dell'anima e del corpo non risulta una persona (una sussistenza umana), ma una natura umana singolare e concreta la quale è assunta dall'ipostasi divina del Verbo» (*ibidem*).

[157] Cf. *ibidem*, p. 185.

sue componenti di coscienza e libertà[158]. Esamineremo ora alcune riletture recenti del mistero della Persona di Cristo e di Tommaso.

1. Eduard Schillebeeckx

Schillebeeckx, teologo olandese, ha proposto un modello interpretativo, nella linea del rinnovamento cristologico del suo tempo, che in alcuni tratti ha destato non poche perplessità, anche a livello del magistero ufficiale della Sede Apostolica. Egli è stato tra i primi ad invocare Tommaso per rileggere il dogma calcedonense in una maniera più attuale. Uno dei suoi iniziali contributi, in tal senso, apparve in un ampio articolo del 1966 nella rivista olandese di teologia *Tijdschrift voor Theologie*[159], scritto a tre mani, insieme ad A. Hulsbosch e a P. Schoonenberg. Esso voleva essere, nell'intenzione degli autori, un «dialogo sopra il mistero di Cristo»[160].

In tale articolo, Hulsbosch ripercorre alcune tappe del dogma cristologico[161] circa l'unione delle due nature nell'unica persona divina ed interpreta, in maniera originale, il dato di Calcedonia evitandone una spiegazione sistematica e concettuale. Egli si promette di cogliere il vero senso della definizione di fede che altro non vorrebbe esprimere se non il fatto che in Cristo si rivela il Padre per l'azione dello Spirito Santo. Il mistero cristologico è così la cifra della rivelazione del Padre per l'uomo[162]. Secondo Hulsbosch l'evento Cristo non va visto in sé, ma nella dimensione economica, vale a dire che in Cristo il Padre rivela se stesso in maniera umana in modo tale che tutto l'umano va considerato come luogo della rivelazione del Padre[163].

All'articolo di Hulsbosch segue quello di Schillebeeckx che accoglie il nuovo modo di intendere l'unione ipostatica e l'unicità di Cristo. Riflettendo

---

[158] La persona non è dunque altro dalla «sussistenza», quasi fossero due enti. È la natura che sussiste in una persona, e non della persona in sé stessa, quasi fosse semplice sussistenza (cf. *ibidem*, p. 187). Il concetto di persona in Cristo in relazione alle sue nature, non è una perfezione astratta, distinta, ma in essa sussiste la natura, sia essa divina, umana o angelica. Dunque la natura umana di Cristo per il fatto di sussistere in una persona divina, non è privata di una «perfezione», ma, paradossalmente, sussiste in un modo eccellentissimo rispetto alle altre nature, rimanendo con tutte le caratteristiche proprie della natura umana razionale (intelligenza, volontà, libertà) (cf. *ibidem*, pp. 189ss).

[159] Cf. AA. VV., *Gods heilspresentie in de mens Jesuz Christus*, in *TvT* 6 (1966), pp. 249-288.

[160] Cf. HULSBOSCH A., *Jezus Christus, gekend als mens, beleden als zoon Gods*, in *TvT* 6 (1966) 249.

[161] *Ibidem*, pp. 250ss.

[162] *Ibidem*, p. 265.

[163] Cf. *ibidem*, p. 272.

sulle questioni e sui «tentativi»[164] dell'autore precedente, presenta la sua proposta sulla peculiare presenza di Dio in Gesù Cristo, sostenendola con l'autorità di Tommaso. Con tale tesi, già enunciata nel 1953, afferma che «Cristo è Dio nell'uomo e l'uomo Gesù è Dio e Gesù il Cristo è il Figlio di Dio nella sua umanità»[165], citando anche Tommaso: «Et ideo haec est vera: Christus, secundum quod homo, habet gratiam unionis; non tamen ista: Christus, secundum quod homo, est Deus»[166].

Giacché il problema nasce quando si affronta il «come» parlare dell'unione, Schillebeeckx, non mettendo in questione il linguaggio della distinzione delle nature, sente l'esigenza di sottolineare di più il modo dell'unione del divino e dell'umano in Cristo come luogo personale della rivelazione del Padre nello Spirito Santo. Non si deve, secondo lui, parlare della mancanza di persona umana in Cristo, ma sostenere, piuttosto, che la persona divina è identica a quella umana[167]. Egli preferisce, inoltre, l'espressione «unità ipostatica» (*hypostatische eenheid*)[168], abbandonando l'idea di «preesistenza», in cristologia, che porterebbe ad una concezione troppo distintiva delle nature.

Nel suo saggio *Gesù la storia di un vivente* è presente, in maniera più sistematica e matura, la sua riflessione. Qui esamina la definizione di Calcedonia che viene considerata necessaria in un momento in cui i cristiani dovevano trovare delle basi comuni e filosoficamente solide, grazie alle quali potessero confessare la propria fede contro gli attacchi degli eretici[169], ma anche dialogare con la cultura del tempo che era per lo più ellenica. Calcedonia aveva affermato un'unica persona divina in Cristo e, conseguentemente, la mancanza di una personalità umana, ma nel Medioevo non era possibile accedere a tutte le fonti patristiche. Infatti:

«Il medio evo, che disponeva soltanto di frammenti di questi documenti patristico-conciliari, dovette di fatto rifare daccapo – a suo modo – il cammino dell'evoluzione cristologica patristica, con vicissitudini pressoché identiche e un doppio risultato quasi uguale da una parte nella direzione dell' *"unio secundum hypostasin"* (unione ipostatica:

---

[164] SCHILLEBEECKX E., *Persoonlijke openbaringsgestalte van de Vater*, in *TvT* 6 (1966), p. 275.
[165] *Ibidem*, p. 276.
[166] *Summa Theologiae*, III, q. 16, a. 11, ra 1.
[167] «Jesus heeft dan ook niet menselijke natuur *min* de menselijke persoon, doch de menselijke persoon is *identiek* de person van het goddelijk Woord» (SCHILLEBEECKX E., *art. cit.*, p. 278). Invoca la testimonianza di Tommaso, (che sarà esaminata in seguito).
[168] *Ibidem*, p. 282. Così chiarisce nella nota 14 alla medesima pagina: «Ik spreek liever van hypostatische *eenheid* (unitas) dan van verening (unio), want déze mens is slechts mens in en door de "unitas hypostatica": "unio" duidt te zeer op voorafbestaande "componenten"».
[169] SCHILLEBEECKX E., *Gesù la storia di un vivente*, Queriniana, Brescia 1980, pp. 593ss.

una sola persona che è *Lógos*, Dio e uomo), d'altra parte nella direzione della teoria dell' "*homo assumptus*". Rispetto alla posizione neocalcedonese, i medievali – almeno le scuole di Bonaventura e Tommaso – presentano il vantaggio che nella loro teoria – sebbene estremamente astratta – l' "essere persona" è riferito alla *totalità* dell'unica persona, in altri termini, che uno non può essere *contemporaneamente* due persone. Perciò Tommaso d'Aquino poté dire che Gesù Cristo, proprio a causa della sua figliolanza divina trinitaria è "personalmente Dio *Figlio*" e insieme "personalmente uomo". In termini medievali – per noi nondimeno problematici – ciò implica il rifiuto di Tommaso di negare la presenza, in Cristo, di qualunque elemento costitutivo dell'uomo»[170].

Schillebeeckx giustifica la diffidenza circa il concetto di «unione ipostatica» dichiarando che se «Dio» è pura ipostasi e l'essere creatura una «unione ipostatica», allora ciò «significa, né più né meno, che le cose e gli uomini sono stati creati da Dio e che, in particolare, l'uomo può diventare cosciente dell'inabitazione di Dio. Pertanto è meglio che lasciamo da parte l'uso della terminologia "unione ipostatica" a questo proposito»[171].

Stando così le cose va approfondito il tema dell'apertura dell'uomo a Dio dal punto di vista della libertà umana, libertà fondata su quella assoluta di Dio e che permette all'uomo di essere centrato in Dio. In quest'ottica:

«L'unione suprema di un uomo con Dio (in e per se stesso) non può mai risultare in una perdita di umanità, in quanto l'attività creatrice di Dio costituisce l'uomo precisamente nella sua autonomia – sia pure finita – nondimeno propria e nella piena umanità. Inoltre, per quanto intima tale unione con Dio possa apparire in un uomo storico, mai potremmo parlare di due *componenti*: umanità e divinità, bensì soltanto di due "aspetti" totali: umanità reale *nella quale* si realizza l'"essere da Dio", in questo caso l'"essere dal Padre". Pertanto si farebbe un'affermazione fuorviante se si dicesse che Gesù, che è *in se stesso* persona umana, sia "assunto" nel *Logos*, approfondendo e completando questo essere-persona umana. [...] Fuorviante è solo la combinazione ingenua dei due, perché sembra "presupporre" Gesù come in sé già costituito "precedentemente" persona umana, la quale persona "poi", secondo il linguaggio di fede, è "assunta nel *Logos*"»[172].

Per Schillebeeckx, infatti, ogni uomo, nella sua relazione con il Padre, di cui è figlio, è persona, e tale affermazione vale anche per Cristo in quanto uomo. In tale relazione tutto ciò che è umano, quindi anche la personalità, viene portato a perfezione. Va negata, allora, ogni «anipostasia» (mancanza di personalità umana) per Cristo, «ma tale negazione di qualsiasi perdita non è, alla fin fine, una determinazione positiva di quanto comprende esattamen-

---

[170] *Ibidem*, pp. 603-604. Come si può intuire, l'ultima frase si riferisce, ovviamente, al passo di Tommaso del *De unione Verbi incarnati*.
[171] *Ibidem*, p. 692.
[172] *Ibidem*, pp. 694-695.

te il modo di essere umano-personale di Gesù nella sua relazione col Padre»[173].

Tutto ciò è ulteriormente chiarito da un principio fondamentale, nel pensiero cristologico di Schillebeeckx, che ruota attorno all'idea della presenza divina nell'uomo. Questa, in Cristo, acquista una sua singolarità ed una portata soteriologica, poiché egli sta di fronte a Dio, come chi è di fronte all'*Abba*, in maniera personale. Tuttavia tale relazione personale, nella concretezza storica della persona di Cristo, in teologia «è rimasta ancora alquanto nel vago»[174]. A conferma della sua concezione Schillebeeckx afferma che la testimonianza evangelica e protopatristica non usa il concetto filosofico di persona, mutuato dall'ellenismo. Nell'evoluzione di tale concetto, comunque, alla caratteristica dell'autonomia si è affiancata quella della relazione, di ciò che denota il termine, per cui quando si dice «persona» si intende, necessariamente, anche relazione, aspetto questo che già nel Medioevo era stato accennato sia da Boezio che da Riccardo di San Vittore[175].

Ora, però, Schillebeeckx si pone un cogente interrogativo:

«È possibile che Gesù di Nazareth entro i *limiti* di un modo di essere umano-personale realizzi l'essenza di una "persona divina" che è l'essere se stesso nel dono radicale di sé all'altro, il che nella divinità non implica alcun elemento di alienazione o di limitazione? Questo dono divino di sé può essere vissuto anche nella *limitatezza* di un modo umano di essere persona, donandosi e identificandosi col Padre e con gli altri, col prossimo e perfino con gli altri che lo rifiutano?»[176].

A tale questione viene data una risposta, che a partire dall'esperienza di Cristo, viene così formulata:

«Più profondo dell'esperienza dell'*Abba*, e fondamento di essa, è dunque il Verbo di Dio, autocomunicazione del Padre. Effettivamente questo significa come un'"identificazione ipostatica" senza *anipostasi*: quest'uomo, Gesù, entro i limiti umani di un modo di essere (psicologicamente e ontologicamente) umano-personale, si identifica col Figlio, cioè "il secondo" della pienezza trinitaria di unità divina, "il secondo" che in Gesù giunge a coscienza umana e umanità condivisa. Un'identità tra due entità personali *finite* (due persone in una) è effettivamente contraddizione interna, ma l'identità di un essere personale umano finito e un modo divino, infinito (e quindi analogo) di essere persona, non è una contraddizione, perché il motivo della distinzione tra creatura e Dio non sta nella perfezione creaturale, ma nella sua finitezza, mentre quanto vi sia di positivo è già totalmente "derivato" da Dio. Creatura e Dio non possono mai essere assommati»[177].

---

[173] *Ibidem*, p. 695.

[174] *Ibidem*, p. 700.

[175] Cf. *ibidem*, pp. 702-704.

[176] Cf. *ibidem*, pp. 705-706.

[177] *Ibidem*, pp. 706-707.

Questa soluzione porta, come già si diceva, a parlare di «identificazione delle persone» e di «unità ipostatica» in Cristo, anziché di «unione ipostatica», e adesso ciò è spiegato con la motivazione che in Dio, virtualmente, è già contenuto tutto il positivo creaturale che non contraddirebbe l'esistenza e la vicinanza di una personalità umana con una divina (nella quale già è in un certo modo). Il vantaggio di questa teoria è che essa spiegherebbe meglio, secondo Schillebeeckx, la partecipazione di Gesù, evento personale, alla vita trinitaria[178].

1.1 *Interpretazione di «quasi ipsum Verbum personaliter sit homo»*

Schillebeeckx, a sostegno della tesi della presenza della persona umana in Cristo, che si identifica con quella divina, cita un testo di Tommaso, che chiama a testimone di tale tradizione di pensiero. Così egli scrive: «"Verbum caro factum est, i. e., homo, quasi ipsum Verbum *personaliter* sit *homo*" (*Quaestio de unione Verbi Incarnati*, a. 1). N.B.: "quasi" con il congiuntivo è letto da Tommaso non "come se", ma "così che"»[179]. Altrove, sempre sullo stesso argomento, dice:

«Storicamente non si tratta puramente di un «*unio in hypostasi*», ma anche, e formalmente, di un «*unio secundum hypostasin*», ossia, come Tommaso esprime bene questa tradizione

---

[178] Sulla posizione di Schillebeeckx intervenne la Congregazione per la Dottrina della fede nel 1980. Essa non solo richiese al teologo chiarimenti a riguardo della sua opinione, ma anche lo invitò ad accettare il dogma dell'unione ipostatica, come si evince dalla lettera inviatagli: «1) En ce qui concerne le mystère de l'incarnation: l'expression "identification hypostatique" du Verbe et de l'humanité de Jésus, expression que l'A. déclare préférer à celle d'union hypostatique (Jezus. Het verhaal van een levende, 543, l. 7 avant la fin), n'exclut pas pour lui la réalité de l'union hypostatique (Colloque, 7, l. 11 : "J'admets l'union hypostatique") ; l'A. s'est dit convaincu de rejoindre vraiment le contenu de celle-ci (Lettre, 14, l. 8 : "à mon avis c'est là l'union hypostatique dans sa pure forme"), et d'être en d'accord avec Chalcédoine quand celui-ci parle de "unus et idem" qui est à la fois vrai Dieu et vrai homme. - l'expression "manière d'être personnellement-humaine" ou "humanité personaliste" ou encore : "Jésus est *humainement personne*", ne signifie pas pour lui que l'homme Jésus a une personne humaine (Colloque, 7, l. 6-9). En tant que théologien dogmatique il ne dit jamais que Jésus est une personne humaine (Colloque, 6, deux dernières lignes – nb. c'est dit beaucoup mieux en Lettre, 13, l. 22, 30-31, etc.)» (cf. SACRA CONGREGAZIONE PER LA DOTTRINA DELLA FEDE, I. Lettre Depuis un certain temps déjà, au r. p. E. Schillebeeckx, 20 novembre 1980: OR 26 giugno 1981, 1. – II. Note annexe. La presente note, 20 novembre 1981: OR 26 giugno 1981, 1-2).
[179] «"Verbum caro factum est, i. e., homo, quasi ipsum Verbum *personaliter* sit *homo*" (*Quaestio de unione Verbi Incarnati*, a. 1). N.B.: "quasi" met conjuntief betekent bij Thomas niet "alsof" maar "ita ut...": "zó dat Hij metterdaad is..."» (SCHILLEBEECKX E., «Persoonlijke openbaringsgestalte van de Vater», p. 278, nota 11).

«*unio in persona secundum rationem personae*» (*Quaestio de unione Verbi Incarnati*, a. 1, ad 8), cioè tale che la persona divina in effetti esercita la funzione di persona dell'uomo Gesù»[180].

Schillebeeckx, la cui proposta è già di per sé problematica, richiamandosi a Tommaso, ne propone una lettura inedita che non sarebbe coerente con tutta la cristologia del teologo domenicano, specie della *Summa*. Il metodo ermeneutico-computazionale offrirà indicazioni utili per vedere se in tale luogo l'Aquinate può essere davvero preso a testimone di tale presunta tradizione cristologica.

1.2 *Una critica al rifiuto dell'anipostasia di Schillebeeckx*

In tempi a noi più vicini è apparso un articolo di Cavalcoli[181] che analizza e critica le posizioni di Schillebeeckx, a partire dall'insieme della dottrina dell'Aquinate. Se ne accenna, in questa sede, non solo per un «dovere di cronaca», essendo esso un lavoro recente, ma anche per mettere in risalto il fatto che la critica alla cristologia del teologo olandese è stata spesso fatta secondo il pensiero globale dell'Aquinate e mai da un'analisi peculiare come quella del metodo ermeneutico-computazionale.

Il Cavalcoli non è d'accordo con il teologo di Nijmegen sul suo tentativo di salvare il dato dogmatico proponendo la tesi della «identificazione ipostatica», invece della più tradizionale «unione ipostatica», per evitare il sospetto di nestorianesimo, anche se «è vero che lo Schillebeeckx in questo contesto non tira in ballo le due nature; ma ciò resta presupposto parlando di due Persone, che suppongono evidentemente le due nature: natura divina e natura umana nella persona umana»[182].

Se per la Trinità Schillebeeckx ha difficoltà ad applicare la nozione di «identità ipostatica», egli non trova alcun problema per il caso dell'Incarnazione, dove coesisterebbero una persona umana ed una divina, perché – come anche dice Tommaso - il «positivo esistente nella creatura è già presente in Dio, sua causa, dalla quale essa deriva; la creatura, pertanto, non ha una sua perfezione distinta da quella divina, così da aggiungersi a questa, poiché Dio è perfezione infinita e nulla gli si può aggiungere». Se ciò è vero questo «non toglie che la creatura, proprio in quanto creatura, sia

---

[180] SCHILLEBEECKX E., *Gesù la storia di un vivente*, p. 692, nota 56.
[181] Cf. l'intera monografia *Il mistero dell'Incarnazione del Verbo*, in *Sacra Doctrina* 3-4 (2003).
[182] *Ibidem*, p. 145.

distinta da Dio, per cui si possa legittimamente parlare di "due nature", umana e divina, e quindi anche di due persone, umana e divina»[183].

A questo ragionamento Cavalcoli, obiettando che l'identificazione ipostatica non chiarisce chi è Cristo, se una o due persone[184], propone di spostare i termini del problema non tanto sulla «persona», ma sul concetto di «sussistenza». Se in ogni ente finito questa si esaurisce nella sua propria ipostasi, nel caso del Verbo Incarnato l'unica sussistenza del Verbo «quella divina, svolge due funzioni e quindi, in certo senso, si sdoppia: sostiene la natura divina e sostiene la natura umana»[185]. D'altra parte bisogna concedere alla Persona del Verbo la capacità di «estendere» la propria sussistenza anche all'umanità del Cristo, ma è proprio ciò che la cristologia classica, e quella tommasiana, ha fatto[186].

2. Jean Galot

Galot è un teologo che è intervenuto con contributi puntuali e di interessante spessore teologico nel dibattito sulla persona di Cristo e l'interpretazione del brano di Tommaso. In uno dei suoi contributi più specifici, egli propone una propria definizione di persona, con la relativa applicazione cristologica, partendo dall'analisi e dalla critica di moderne formulazioni, in particolare quelle di Karl Barth e di Karl Rahner.

Il primo, suggerendo di sostituire «persona» con «maniera di essere»[187], soprattutto per quanto riguarda la Trinità, vuole evitare un triteismo in Dio[188], soprattutto per la mutata concezione moderna della persona[189]. Dio sarebbe così «in tre modi di essere, il Padre, il Figlio e lo Spirito»[190], ma tali modi si radicano nel concetto di ipostasi o di sussistenza, secondo la classica definizione teologica, per cui le tre persone divine indicano un diverso modo

---

[183] *Ibidem*, p. 147. La questione di fondo riguarda si concentra sulla questione di una natura concreta (in questo caso una natura razionale) che sussista solo se personificata o personalizzata. Nel caso di Cristo o sussiste per sé o sussiste grazie al Verbo: nel primo caso avremmo due persone, nel secondo, una sola (cf. *ibidem*, p. 148).

[184] *Ibidem*, p. 149.

[185] *Ibidem*, p. 151.

[186] Cf. *ibidem*, pp. 151-152.

[187] GALOT J., *Valeur de la notion de personne*, in *Greg* 55 (1974), p. 69.

[188] «Parler de trois personnes en Dieu, c'est courir le risque de suggérer une pluralité d'essences divines, et s'exposer au danger du trithéisme» (*ibidem*, pp. 69-70).

[189] D'altro canto «contre le mot "personne" (Barth invoque) le changement de langage qui au XIX siècle donne au concept de "personnalité" un sens différent de la "personne" de l'ancienne Église et du moyen âge: ce qui caractérise la personnalité est la conscience de soi» (*ibidem*, p. 70).

[190] *Ibidem*, p. 70 (ove cita la *Dommatica* di K. Barth).

di possedere l'essenza divina: è questa la proprietà incomunicabile, che definisce la persona *in divinis*.

Rahner, invece, ritiene che l'attuale concezione di persona includa la nozione di «soggetto di coscienza» più che di «sussistenza»[191], ma nella Trinità non vi possono essere tre coscienze. Parlare di «relazione» significa, infatti, introdurre un concetto logico per una realtà ontologica e, d'altro canto, persona indica un concreto, rischiando di alludere a tre individui nella Trinità[192]. Meglio, allora, parlare di «tre modi distinti di sussistenza»[193], dove per «sussistenza» s'intende «un punto concreto, irriducibile, non intercambiabile, insostituibile del campo della nostra esperienza interiore da dove parte e dove si compie tutto ciò che passa in noi»[194]. Tale espressione, specie in Trinitaria, aiuterebbe ad intravedere la tripersonalità di Dio nell'unità delle persone. Il termine «modo» va comunque precisato in maniera che non sia inteso «modalisticamente», come facevano i sabelliani.

Pur apprezzando tali tentativi, che cercano di presentare il dogma cristiano ad una sensibilità moderna, Galot rileva che essi divengono problematici quando si considera il momento economico della Trinità e, più specificamente, l'Incarnazione. È difficile parlare di «un modo distinto di sussistenza in Dio, per indicare il Verbo fatto carne»[195] ed inoltre i suggerimenti proposti da Barth e Rahner «comportano il pericolo di un'interpretazione modalista»[196] della Trinità.

Restando al *cas* dell'Incarnazione, del quale la sensibilità moderna percepisce la mancanza di personalità umana come un difetto, giacché dire oggi persona è dire coscienza e libertà[197], che sono caratteristiche della «personalità», Galot critica l'idea di Rahner dell'apertura atematica e fondamentale della creatura rispetto all'Assoluto, secondo la quale Cristo rappresenterebbe le *cas idéal* della realizzazione di personalità umana[198], dove la creatura esce fuori di sé (momento anipostatico) per ritrovarsi tutta in Dio (momento enipostatico). In tal caso però, secondo Galot, «sembrerebbe che l'umanità di Gesù si riduca da allora ad esprimere che il Verbo si dona a se stesso,

---

[191] «Le concept de personne a évolué: jadis il n'évoquait directement que la condition d'un être subsistant de façon distincte, mais depuis le tournant anthropocentrique des temps modernes, "personne" désigne plus directement un sujet de consciences» (*ibidem*, p. 72).

[192] Cf. *ibidem*, pp. 73ss.

[193] Cf. *ibidem*, p.74.

[194] RAHNER K., *Dieu Trinité, fondement trenscendant de l'histoire du salut*, dans *Mysterium Salutis,* traduzione francese, vol. 6, Parigi 1971, 124 riportato da GALOT J., *art. cit.*, p. 74.

[195] GALOT J., *art. cit.*, p. 75.

[196] *Ibidem*, p. 77.

[197] Cf. *ibidem*, p. 78.

[198] Cf. *ibidem*, p. 79.

come comunicazione di Dio al di fuori»[199]. Si avrebbe a che fare con un soggetto che è psicologicamente di fronte a Dio, mentre in realtà è l'unica ipostasi del Verbo.

Proseguendo la sua indagine, il teologo francese richiama, riguardo all'attuale polemica circa la «persona di Cristo», l'interessante posizione di Apollinare di Laodicea, che negava a Cristo un'anima umana, pur affermando in lui l'esistenza di una persona umana (secondo lo scrittore asiatico all'anima, in Cristo, corrispondeva la persona[200]). Calcedonia, però, stabilì che in Cristo ci fosse una ipostasi o persona in due nature, umana e divina, cosa che oggi riesce difficile di comprendere perché ad una vera umanità, libera e cosciente, si reputa debba corrispondervi anche una persona umana. La difficoltà è causata dall'identificazione che si fa, attualmente, dell'anima con la persona, mentre Calcedonia, pur affermando un'anima razionale in Cristo, non necessariamente doveva parlare di una persona umana: l'anima razionale infatti appartiene alla natura razionale[201].

Su tale linea Galot scrive che in Cristo «la coscienza e la libertà sono umane, mentre il soggetto è divino»[202]. Esso non è un mero soggetto logico di attribuzione, ma è «principio ontologico di tutta l'attività spirituale umana»[203] cosicché «l'unica ipostasi si esprime nell'attività cosciente e libera»[204]: è il Figlio di Dio, e non un centro umano di attività, che mette l'uomo Gesù di fronte a Dio. Anche «il dramma del Gethsemani è un dramma filiale più che quello di una creatura alle prese con il suo Creatore»[205]. L'apersonalismo dell'uomo Gesù, non è un mistico svuotamento del Nazareno nei confronti di Dio, essendo l'unico soggetto di donazione e azione il solo Verbo Incarnato, anche se si può dire che la personalità umana di Gesù si esprime in azioni umane, che però sono fatte da una persona divina.

Galot sostiene che il termine «persona» deve essere usato in maniera differente in trinitaria e in cristologia: nella prima esprimerebbe distinzione, nella seconda unità, ma in entrambi i casi ci si troverebbe di fronte a «soggettività». La teologia ha cercato di penetrare il mistero personale trinitario con la categoria di «relazione» secondo la quale le tre persone divine sono tali perché sono in rapporto reciproco tra di loro e tutte hanno la piena conoscenza divina e tutto l'amore. Esse possono poi essere definite, fatte le opportune precisazioni, soggetti di coscienza e libertà. Così l'Incarnazione, che

---

[199] *Ibidem*, p. 81.
[200] Cf. *ibidem*, pp. 88ss.
[201] Cf. *ibidem*, p. 89ss.
[202] *Ibidem*, p. 90.
[203] *Ibidem*, p. 91.
[204] *Ibidem*, p. 92.
[205] *Ibidem*, p. 93.

è incarnazione del Figlio di Dio, farà sì che anche il Dio uomo esprima una personalità essenzialmente filiale, cosa che non avverrebbe se ad incarnarsi fosse stata un'altra persona[206].

In tal senso la definizione di Calcedonia[207], che sarebbe fondamentale nella ripresentazione odierna della «persona di Cristo», sottolinea la dimensione di «relazione», che sottostarebbe all'idea che i Padri conciliari avevano della persona. Essi furono indotti ad usare un termine indicante una caratteristica propria del mondo delle persone, che non manifestano solo «autonomia» ma anche «essere per gli altri» e con la dottrina dell'unicità della persona e della duplicità delle nature escludevano ogni monofisismo, sebbene non il «monosoggettivismo»[208].

Sempre a proposito di Cristo, Galot sostiene che lo spirito, garante della coscienza e della libertà, va distinto dalla persona in quanto «l'anima razionale appartiene alla natura umana; essa non è dunque ciò che costituisce la personalità»[209], anche se è proprio il concetto di persona, definito a partire dalla coscienza e dalla libertà, che costituisce il punto di non ritorno di tante cristologie non calcedoniane. Se è vero che il centro di attività umana in Cristo è in certo modo la natura (quale principio di operazione), tuttavia vi è «un principio d'attività che comanda e domina la natura stessa, ed in questo senso il primo centro d'attività cosciente e libera è la persona «il Figlio di Dio»[210].

Di fronte a chi accusava la cristologia classica di aver «cosificato» il suo oggetto[211], viene replicato che paradossalmente Calcedonia avrebbe orientato tutta la cristologia verso il personalismo, invitando a «discernere in Gesù una personalizzazione della natura umana con la persona del Figlio di Dio senza che questa natura sia minimamente diminuita»[212]. Così «tutte le azioni di Gesù assumono il loro significato più alto nella qualità filiale che conferisce loro la personalità del Figlio»[213].

---

[206] Cf. *ibidem*, pp. 95ss.
[207] Cf. GALOT J., *Il Cristo contestato. Le cristologie non calcedoniane e la fede cristologica*, LEF, Firenze 1979, pp. 183ss.
[208] Cf. *ibidem*, pp. 184ss.
[209] *Ibidem*, pp. 188. Interessante la riflessione che viene fatta sulla negazione dello «spirito» (*noûs*) di Cristo, che non è solo un errore antico (Apollinare di Laodicea), ma anche moderno. Vi sarebbe infatti un scorretta identificazione tra «spirito» e «persona» per cui affermando il primo si ammetterebbe anche un'esistenza di una persona umana.
[210] *Ibidem*, p. 191.
[211] *Ibidem*, p. 238.
[212] *Ibidem*, p. 239.
[213] *Ibidem*, p. 240.

2.1 *Interpretazione del «quasi ipsum Verbum personaliter sit homo»*

Galot, a questo punto, dà anche la sua interpretazione di Tommaso, che ben si adatta alla sua formulazione di persona, quando, tra le cristologie «non calcedoniane» che critica, tratta della proposta di Schillebeeckx. Così scrive:

«Il termine di "anipostasia" non esprime che l'aspetto negativo dell'unità di persona e non deve respingere nell'ombra il senso positivo di questa unità. Il Cristo uomo non è sprovvisto di personalità; non ha persona umana, ma la sua persona divina personalizza nel modo più completo e più alto la sua natura umana. Da questo punto di vista si deve affermare una vera personalizzazione umana nel Cristo. La persona è unicamente, esclusivamente divina, ma essa agisce nella natura umana, per essa e attraverso essa; è così che la personalizza. Essa dà all'uomo Gesù un volto personale di Figlio di Dio e di Verbo di Dio. Quest'uomo non è meno personale di un altro. I testi evangelici mostrano come in tutto il suo comportamento umano Gesù manifesti la sua personalità di Figlio di Dio e Rivelatore del Padre.

Questa personalizzazione umana dovuta al Verbo giustifica l'affermazione di Tommaso d'Aquino: "il Verbo stesso è personalmente uomo". Non si potrebbe interpretare questa frase nel senso di una soggettività o persona umana che diverrebbe la persona del Verbo divino. Essa vuol dire il contrario: non è un uomo che personalmente diventa il Verbo, ma il Verbo che diventa personalmente uomo. Quando san Tommaso dice che nel Cristo la natura umana è persona del Figlio di Dio, precisa anzitutto che essa è stata assunta: "La natura umana è stata assunta in modo tale da essere persona del Figlio di Dio" (*Summa Theologiae*, III, q. 2, a. 10 *corpus*)»[214].

3. Walter Kasper

Di Walter Kasper, esponente della scuola cattolica di Tübingen e fedele agli schemi cristologici di Karl Adam e Josef Ruprecht Geiselmann, si farà riferimento al noto manuale di cristologia *Gesù il Cristo*, in cui egli affronta il problema della persona di Cristo a proposito della questione sul rapporto tra Incarnazione, come cifra dell'abbassamento e della *kénosis* del Verbo, e la situazione esistenziale di peccato dell'umanità. In questo trattato egli offre una dettagliata riflessione sullo sviluppo del dogma cristologico con una panoramica sulle principali posizioni ortodosse ed eterodosse che, di volta in volta, hanno negato l'integrale umanità o la perfetta divinità di Gesù Cristo[215].

Il *leitmotiv* che sostiene la sua analisi è rappresentato dal cosiddetto «principio soteriologico», per cui solo chi è veramente solidale con l'uomo e con Dio può dare la salvezza integrale. Ciò che però a noi più interessa è il

---

[214] *Ibidem*, pp. 199-200.
[215] Cf. KASPER W., *Gesù il Cristo*, Queriniana, Brescia 1972², pp. 271ss.

suo pensiero sulla persona di Cristo, che egli spiega parlando a proposito della «persona del mediatore»[216].

Il nostro autore dapprima giustifica, a partire sia dalla Bibbia sia dagli scritti dei Padri della Chiesa, la formula di Calcedonia, che proclama Gesù Cristo vero Dio e vero uomo, anche se «non sembra scaturire immediatamente dalla nostra fede, quanto piuttosto da una certa problematica teologica»[217]; in un secondo momento offre la sua riflessione sul concetto di persona in Cristo percorrendone brevemente l'evoluzione linguistica e semantica[218].

Nello spiegare la sua proposta, Kasper, che sempre si muove avendo come prospettiva il «principio soteriologico» e il *pro nobis* dell'evento Cristo, non si preoccupa tanto di disquisire su formule o concetti astratti, ma piuttosto di «cogliere anche sul piano esistenziale *la* verità della nostra salvezza, la verità di fede secondo cui Dio è diventato uomo assumendo, nell'essere personale del *Lògos*, senza mescolanza e senza divisione, la nostra natura umana»[219]. In questo modo egli prepara la sua originale formulazione scrivendo che in Cristo

«vengono presentate una nuova possibilità ed una nuova realtà dell'essere umano: esseruomo per Dio e per gli altri. Nel corso della storia questa nuova esperienza è stata riassunta in un concetto ed interpretata come esperienza personale. Nel concetto di persona si condensano due esperienze fondamentali dell'uomo: da una parte l'uomo si sperimenta come Io insostituibile e impermutabile, come questo-qui, come essere assolutamente singolare, responsabile di fronte a se stesso e riferito al proprio essere; dall'altra egli si scopre inserito in un ambiente, circondato da altri esseri; non è chiuso in se stesso ma è determinato dalla realtà ed aperto ad ogni realtà; è una natura spirituale, che per sua stessa essenza può essere *"quodammodo omnia"*. Se compendiamo queste due esperienze in un concetto, ci avviciniamo al concetto classico di persona. [...] La persona è il modo in cui l'universale, l'essere come orizzonte dello spirito, è questo concreto; è il luogo in cui l'essere è presso di sé, è l'esser-ci (*da-sein*)»[220]

Questo concetto di persona rimane, però, ancora astratto fintanto non si presta attenzione alla dimensione della «relazione», che è il luogo nel quale la persona si realizza concretamente e dove, uscendo da se stessa, si ritrova

---

[216] Cf. *ibidem*, p. 318ss.

[217] *Ivi.*

[218] Contestualmente alla questione del concetto di persona viene trattato il problema della coscienza di Cristo e del dibattito, da esso scaturitone nel secolo XX, ad opera di Galtier, Parente. L'autore si sofferma anche sul tema della «anipostasia» del Verbo Incarnato così come è affrontato da Schoonenberg (cf. *ibidem*, p. 335).

[219] *Ibidem*, p. 343.

[220] *Ibidem*, p. 344.

nell'altro[221]. Tale relazione è duplice: verticale (verso Dio) e orizzontale (verso gli uomini) e rispecchia in qualche modo l'essere di Dio che è unico, ma anche partecipa di sé ad altri[222].

Se la relazione è componente indispensabile della persona, questa sarà:

«essenzialmente mediazione. In forza della sua personalità l'uomo è il punto d'intersezione fra la direttrice orizzontale e quella verticale; è l'essenza del centro. Ma questo centro non è un punto immobile; il suo dinamismo lo costringe a porsi in relazione con ciò che sta al di fuori di lui, un movimento che non conosce pace. Se da un lato è aperto a tutto, proteso verso la comunione, dall'altro è rinviato continuamente a se stesso; se non può far a meno di tendere verso l'infinito mistero di Dio, è anche lui pur sempre dolorosamente immerso nella sua finitezza e nella banalità del quotidiano»[223].

Secondo Kasper la persona, in continua tensione, è interrogativo e speranza, pura possibilità di realizzazione, e, in definitiva, una mediazione tra due opposti. Applicata al caso dell'Incarnazione, tale nozione trova la sua attuazione più piena, perché se l'uomo è «mediazione indeterminata tra Dio e l'uomo», tale mediazione «acquista la sua determinazione, pienezza e compimento in Gesù Cristo. Cristo è dunque in persona la salvezza dell'uomo»[224].

La prospettiva di fondo non usa soltanto i dati di una cristologia «dal basso», che potrebbe essere destinata al fallimento, ma tiene conto della novità che Cristo ha portato, anzi ha rivelato, e ruota attorno all'annunzio della signoria del Padre e della suo amore misericordioso per l'uomo, in quell'autocomunicazione personale di Dio verso chi è il destinatario unico, già strutturalmente aperto a tale evento. La rivelazione gratuita ed amorosa di Dio e l'uomo, che è in attesa di essa, si ritrovano in Gesù e vengono

«attestate dall'obbedienza personale che egli dimostra nei confronti del Padre. Nella sua obbedienza Gesù si presenta come la differenziazione più radicale dal "Padre suo" e l'attuazione più decisa del primo comandamento; in lui la signoria di Dio si concreta in una persona»[225].

Kasper radicalizzando sempre più il rapporto tra Gesù e il Padre, sotto il segno dell'amore, propone di parlare di Gesù come il luogo dove si realizza l'autocomunicazione di Dio e, dal momento che l'autonomia umana è costituita dall'amore di Dio e l'unione ipostatica garantisce tutto ciò che è umano

---

[221] Cf. *ibidem*, pp. 344-345.
[222] Cf. *ibidem*, p. 345.
[223] *Ivi*.
[224] *Ibidem*, p. 346.
[225] *Ibidem*, pp. 347-348.

(la libertà, l'autocoscienza), allora nel *Lógos*, e per mezzo di lui, Gesù è persona umana ed anche il *Lógos* è persona umana[226]. La partecipazione della natura umana all'essere personale del Verbo diviene espressione della filialità divina e la mancanza di personalità umana non rappresenta un ostacolo perché non solo Gesù è «persona umana» grazie al *Lógos*, ma si può dire anche che:

«Ciò che in sé è ancora indeterminato e aperto, ciò che è costitutivo della persona umana, viene determinato definitivamente dall'unità personale con il *Lógos*, per cui in Gesù la personalità umana, in virtù di questa unità personale con il *Lógos*, giunge alla sua attuazione assolutamente singolare e indeducibile»[227].

Non si può affermare, dunque, un'assenza della persona umana in Cristo, anche se si può parlare della dimensione umana del Cristo in termini di persona umana nel senso che questa è tale «nel» e «per mezzo» del *Lógos*.

La cristologia del teologo tedesco, lontana da formule concettuali e classiche da lui ritenute troppo astratte per esprimere il mistero dell'unione ipostatica, è sviluppata sul delicato rapporto tra autonomia e relazione, due dimensioni che richiamano concetti propri del pensiero teologico classico e della filosofia e della cultura personalista moderna[228].

3.1 *Interpretazione del «quasi ipsum Verbum personaliter sit homo»*

Kasper, a sostegno della tesi che difende una personalità umana di Gesù, grazie al *Lógos*, interpreta il passo di Tommaso nei seguenti termini:

«È l'amore di Dio che si comunica in ciò che lo costituisce nella sua autonomia umana. Agostino ha coniato a tale proposito la celebre formula: *"ipsa assumptione creatur"*

---

[226] Cf. *ibidem*, p. 348.

[227] *Ibidem*, pp. 348-349.

[228] Affrontando il delicato discorso della psicologia e della coscienza di Cristo, da sempre un «problema» per la cristologia, Kasper è sicuro che la difficile relazione tra il dato ontologico e metafisico del dogma e quello psicologico del mistero, alla luce della formulazione del concetto di persona, quale mediazione e autonomia aperta liberamente all'amorevole e gratuita comunicazione di Dio, può essere riletta in una maniera meno difficoltosa. «Dio si è manifestato in Gesù Cristo come amore (Cf. *Gv* 4,8.16). Ciò si è verificato in modo escatologico-definitivo in Gesù Cristo, per cui l'autocomunicazione amorosa di Gesù e di Dio in lui rientra nella sfera dell'essenza di Dio stesso. In ultima analisi la mediazione fra Dio e uomo in Gesù Cristo può essere compresa soltanto in modo teologico-trinitario» (*ibidem*, p. 350). Stando così le cose Gesù il Cristo non rappresenta solo la realizzazione dell'incontro tra Dio e l'uomo a livello storico, ma anche a livello di due libertà, quella divina e quella umana, dove il *partner* umano appunto rappresenta la risposta fedele, piena e radicale a Dio per l'uomo (cf. *ibidem*, p. 354).

(*Contra sermonem Arianorum*, PL 42,688). L'assunzione dell'umanità di Gesù, quindi l'atto di unificazione massima, costituisce questa natura nella sua autonomia creaturale. In modo umano, cioè in modo che garantisce la libertà umana e l'autocoscienza umana, l'umanità di Gesù è dunque congiunta ipostaticamente al *Lógos*. Proprio perché Gesù altri non è che il *Lógos*, egli è nel *Lógos* e per mezzo di lui anche una persona umana. Vale anche l'affermazione inversa: la persona del *Lógos* è la persona umana. *Questa dialettica è stata lucidamente affermata da Tommaso d'Aquino: "In Christo humana natura assumpta est ad hoc quod sit persona Filii Dei" (Summa Theologiae, III, q. 2, a. 10); "Verbum caro factum est, id est homo; quasi ipsum Verbum personaliter sit homo".* Anche M. J. Scheeben poteva dunque affermare che l'umanità di Gesù partecipa dell' "essere personale del *Lógos*", "in quanto essa costituisce in lui e per mezzo di lui, non per se stessa, sussiste" (*Handbuch der katholischen Dogmatik* V/I, *Ges Schriften* VI/I, Freiburg 1954, 202)»[229].

Egli vede, nella testimonianza di Tommaso, un'attestazione della tradizione che non esclude del tutto in Cristo la possibilità di una personalità umana che lo renderebbe vera espressione dell'umanità perfetta.

4. Marcello Bordoni

Non si poteva, a questo punto, tralasciare l'analisi del pensiero di Bordoni, tra i maggiori innovatori della cristologia nell'orizzonte italico, specialmente nel suo rapporto con la pneumatologia e l'escatologia. La sua opera più nota, una poderosa trilogia intitolata *Gesù di Nazaret, Signore e Cristo*, che tratta del metodo in cristologia, dell'evento Cristo e della riflessione cristologica della Chiesa, può essere considerata una pietra miliare nella teologia degli ultimi decenni[230].

Bordoni approfondisce il tema della «persona di Cristo» nell'esporre lo sviluppo del dogma cristologico, segnatamente nel dettato dei concili di Calcedonia e del Costantinopolitano III[231] e tratta anche la questione della psicologia umana di Gesù[232]. Solo dopo aver presentato la dottrina del concilio di Calcedonia, del secondo concilio di Costantinopoli[233] e l'insegnamento del terzo concilio di Costantinopoli, che afferma la duplice libertà del Verbo Incarnato, Bordoni può occuparsi della questione della li-

---

[229] *Ibidem*, p. 348.

[230] *Gesù di Nazaret, Signore e Cristo*, Herder-Università Lateranense, Roma 1986, voll. I-III. La trilogia è stata poi compendiata in un agile manuale *Gesù di Nazaret, presenza, memoria, attesa*, Queriniana, Brescia 1988.

[231] Cf. BORDONI M., *Gesù di Nazaret, Signore e Cristo*, vol. III, pp. 831-856.

[232] Cf. *ibidem*, pp. 901ss.

[233] Della formula di Calcedonia fa un'analisi del testo ed una sua difesa contro le critiche di «ellenizzazione» che esso avrebbe fatto del genuino *kèrygma* cristiano (cf. *ibidem*, pp. 831-846). Egli passa alle questioni che portarono al Concilio Costantinopolitano II del 553 che riconferma le definizioni precedenti condannando origenismo, nestorianesimo, cercando di dare più consistenza all'esposizione concettuale di Calcedonia (cf. *ibidem*, pp. 846-849).

bertà e della coscienza di Cristo[234]. Egli rileva che sebbene la paura del nestorianesimo aveva portato frange del cristianesimo ad accentuare la divinità
di Gesù fino ad assorbire la componente umana[235], la soluzione del Costantinopolitano III consistette nell'applicare:

«alle volontà ed operazioni di Cristo i quattro avverbi di Calcedonia per ribadire la loro
unità e distinzione: "annunciamo in lui due naturali volontà (*physikàs thelémata*), due
naturali operazioni (*physikàs enérgheias*), senza divisione, senza mutazione, senza
separazione, senza confusione... e due naturali volontà non contrarie... ma essendo la sua
volontà umana, seguente, non resistente o riluttante, bensì soggetta alla sua divina ed
onnipotente volontà" (*Mansi XI*, 635 C). Il Concilio osserva che nello stesso modo in cui
per l'unione personale (ipostatica) la natura umana è stata non soppressa ma conservata nel
suo proprio stato, così la volontà umana non è stata soppressa ma salvaguardata. Pur
affermando, quindi l'autonomia umana del volere di Cristo, il Concilio non afferma alcun
parallelismo di tale agire umano rispetto al volere divino, bensì in soggetta ed in perfetta
comunione con questo volere»[236].

A partire da tali dati, il teologo romano tiene a salvaguardare anzitutto
l'aspetto di libertà di Gesù che è «autenticamente e perfettamente umana in
quanto umanizzazione della sua libertà filiale»[237] e su tale linea affronta la
questione della coscienza umana e della libertà in Cristo, e quindi della persona in Cristo. Bordoni si concentra sul rapporto tra libertà, coscienza umana e unicità del soggetto divino, soprattutto per quanto riguarda l'aspetto
dell'Io di Cristo. In particolare analizza come l'Io divino si rapporti alla natura umana, grazie all'unione ipostatica, garantendo una maturazione della
coscienza umana di Gesù. In questo contesto egli presenta il suo concetto di
persona e, svolgendo un *excursus* storico sulle varie posizioni teologiche e
magisteriali, si sofferma sul contributo di Tommaso, incentrato su una metafisica dell'essere e sulle posizioni più moderne che pongono l'accento sulla
psiche.

In maniera chiara e precisa, e riassumendo i dati della tradizione e delle
istanze proprie della filosofia e della cultura contemporanea, il nostro autore
può così esprimersi:

«Se l'umanità di Gesù esiste 'nel Verbo', essa non è indipendente né ontologicamente, né
psicologicamente: il Verbo, invece, è il vero principio autonomo d'azione, "per la sua
umanità", l'unico 'agente' di tutta l'attività umana di Cristo. Però, poiché tale umanità
esiste per 'l'essere' personale del Verbo, essa è uno strumento regolato da una sua perfetta

---

[234] Cf. *ibidem*, pp. 849-857.
[235] Eutyche e i monofisiti affermavano che «in Cristo c'è un solo principio divino di attività. Così l'umanità era svuotata dinamicamente e assorbita dal divino» (*ibidem*, p. 850).
[236] *Ibidem*, pp. 853-854.
[237] *Ibidem*, pp. 856.

'egemonia'. La comunicazione dell'essere del Verbo a tale umanità, determinerebbe quella attuazione che investe tutto l'agire e quindi la sfera stessa della coscienza. La coscienza umana di Cristo è pertanto 'aperta' e centrata non su un ipotetico 'io umano', ma sull'unico io psicologico divino. Non c'è iato, così tra ontologia e psicologia, né rottura tra coscienza e scienza. L'Io divino traspare in tutta la vita terrena di Gesù, nei suoi rapporti esteriori e nell'ambito della sua intimità in cui tale Io è come trapiantato nell'umano, divenendo il fuoco centrale della unità interiore della vita intima del Salvatore. Così Gesù aveva umanamente esperienza immediata della sua identità filiale divina, si 'sentiva', cioè, Figlio di Dio. Prendendo atto del significato moderno di 'coscienza', tale orientamento giunge a porre un armonico rapporto tra essere e coscienza per cui non appare necessaria la visione beatifica per fondare il sapere, da parte di Gesù, della sua identità filiale»[238].

Il problema della persona di Cristo, che deve tenere conto del delicato rapporto tra la coscienza umana ed un io, che, nel caso di Cristo, è divino, ha risentito, secondo Bordoni, del fatto che «troppo spesso la teologia dell'Incarnazione ha riflettuto sul mistero [dell'Incarnazione, *ndr*] a partire da una concezione individualistica della persona e da una concezione uni-personale di Dio»[239]. La preoccupazione principale è stata quella di

«esprimere la reale "unità ontologica" del Logos e della umanità; per indicare, quindi le unità di soggetto (divino) del Cristo, come quella dell'unico ed identico Figlio eterno di Dio. Ora: il dogma trinitario esige il completamento di questa prospettiva ontologico-cristologica, attraverso la dimensione della relazionalità della persona. È per questo aspetto che la riflessione teologica può dare rilievo al costante e fondamentale rapporto di Gesù con il Padre»[240].

Non stupisce che recentemente sia stato sollevato il problema della «ani-postasia» del Cristo da parte di taluni teologi (Hulsbosch, Schillebeeckx, Schoonenberg) la cui soluzione, con l'introduzione della personalità umana in Gesù, non convince Bordoni perché questa mette in crisi non solo l'aspetto di unità, ma anche quello di relazione trinitaria di Cristo. Salva-guardando la persona umana, infatti, non solo tali teologi sono contrari all'asserto dogmatico, «ma neppure sono in grado di far luce sull'aspetto trinitario della incarnazione per ciò che essa esprime come personale rela-zione, nel Verbo, tra Gesù uomo ed il Padre, relazione che supera, il rappor-to tra umanità e Dio»[241]. Anche per la posizione di Kasper vi sono delle ri-serve circa

«la pretesa di conoscere la realtà dell'uomo e di Dio "solo" a partire dalla storia di Gesù. Non è questo un ignorare l'importanza di una precomprensione antropologico-culturale e

---

[238] *Ibidem*, pp. 903-904.
[239] *Ibidem*, p. 917.
[240] *Ibidem*, p. 918.
[241] *Ibidem*, p. 919.

di una precomprensione religiosa derivante dalla storia religiosa della umanità con cui la cristologia deve fare i conti? Così pure resta aperto il problema di una certa identificazione tra *persona* e *personalizzazione*, che Kasper sembra dare per scontata, mentre invece richiederebbe una più attenta valutazione, onde non lasciare aperto l'adito a rischiose ambiguità che finirebbero con il compromettere aspetti molto validi della sua riflessione»[242].

Per Bordoni infatti «l'umanità di Gesù è ipostaticamente unita al *Lógos* in *maniera umana*, cioè in una maniera che include la libertà e la coscienza umana, e ciò consente di superare il rischio di diminuire il valore di concretezza storico-umana dell'evento della Persona dell'Incarnato»[243] tanto che «nell'evento per cui il Figlio di Dio si è fatto uomo, l'uomo ha raggiunto la pienezza della sua umanità, nella sua più perfetta unione e comunione con il mistero divino»[244].

Come si vede la riflessione del teologo rappresenta, nell'orizzonte moderno, un approfondimento della questione della persona di Gesù che tiene in equilibrio i dati della tradizione, della fede e della sensibilità moderna. Egli non si concentra principalmente sulla questione della personalità umana, ma sulle sue espressioni, tra le più eccellenti, vale a dire la libertà e la coscienza. Invece che formule astratte e concettuali, che potrebbero portare lontano ed in terre troppo aride per la sensibilità contemporanea, viene suggerito di fermarsi su ciò che distingue la persona nell'universo degli esseri, cioè la razionalità e la libertà, realtà, queste, che in Cristo divengono vere, reali, integre, divinizzate. In lui, infatti, non c'è una rottura tra il divino e l'umano, ma, in maniera iconica, vi è una piena e vera realizzazione del perfettamente umano, attuata in un'armoniosa unione e comunione con il perfettamente divino.

---

[242] *Ibidem*, pp. 920-921.
[243] *Ibidem*, p. 921.
[244] *Ibidem*, p. 922.

PARTE SECONDA

ERMENEUTICA DI *PERSONALITER* NEGLI SCRITTI DI TOMMASO D'AQUINO SECONDO IL METODO LESSICOGRAFICO DI P. ROBERTO BUSA, SJ»

CAPITOLO IV

Il metodo ermeneutico-computazionale

Tra le discipline che si propongono di indagare in modo scientifico il pensiero di un autore, la lessicografia occupa un posto di prim'ordine. Essa può essere definita come

«l'arte d'interpretare il vocabolario di una lingua o di un autore, ovvero è l'ermeneutica applicata alle parole. Ma il vocabolario si trova concretamente costruito nel discorso e in un testo, e così *l'ermeneutica verbale* è in funzione dell'ermeneutica *testuale* e l'ermeneutica testuale dà la riprova dell'ermeneutica verbale»[245].

Tale «arte» acquista una sua peculiarità se applicata agli scritti di Tommaso D'Aquino[246] per il fatto che essi sono stati riversati sul supporto informatico, grazie all'opera del padre Roberto Busa che, agli inizi degli anni quaranta del XX secolo, diede vita alla «linguistica computazionale».

La lessicografia, avvalendosi del metodo ermeneutico-computazionale e attraverso l'integrale censimento micro-elementare dei segni, procede alla ricostruzione dei concetti, per lo più singoli, di un autore. Si presenta come metodo «analitico filologico» contrapposto al più tradizionale «intuitivo globale», il quale mira ad una visione d'insieme piuttosto che soffermarsi su alcune voci in particolare.

Grazie all'ausilio del computer tale scienza consegue una precisione ed un'affidabilità elevata e può contribuire notevolmente alla ricostruzione rigorosa del pensiero di un autore, perché:

«L'analisi lessicografica si mostra preziosa già nell'opera di ridurre la distanza culturale con l'autore ed interpretarlo rettamente nel suo lessico (tracciandone con maggiore precisione la geografia semantica); ma le acquisizioni lessicografiche trovano la loro più efficace applicazione proprio nell'analisi del testo stesso: grazie alla lessicografia, l'*ermeneutica* dispone di potenti chiavi per aprire anche un testo *ermeneuticamente* chiuso.

---

[245] DI MAIO A., *Il concetto di comunicazione. Saggio di lessicografia filosofica e teologica*, Editrice Pontificia Università Gregoriana, Roma 1998, p. 331.

[246] Ci sono stati incoraggiamenti, anche autorevoli, a proseguire le ricerche in tale disciplina. Tra i tanti si ricordano quelli provenienti sia dall'attuale Pontefice che dai suoi immediati predecessori cf. GIOVANNI PAOLO II, *Discorso al comitato d'onore e alla presidenza del CAEL* in L'Osservatore Romano, 2-XII-2002; anche cf. RADIVO G., *Le significative tappe di un paziente lavoro di ricerca e di studio* in L'Osservatore Romano, 2-XII-2003.

L'ermeneutica testuale non può non tener conto della retorica letteraria (facendo come una filosofia della letteratura). In particolare non può non prendere sul serio la metafora, senza per questo cadere in un irrazionalismo»[247].

1. Procedura d'indagine

Per quanto riguarda il metodo di ricerca ci si atterrà alle indicazioni suggerite dalle opere del Di Maio e da quella del Sangalli[248], partendo da una parola chiave da indagare, adoperando «come *strumento* l'*Index Thomisticus* (e il corrispondente CDrom delle opere di san Tommaso) e come *metodo* quello lessicografico di padre Roberto Busa»[249]. Il lavoro lessicografico verrà così articolato secondo vari livelli (assi) prendendo il via dalla mera morfologia fino al significato più completo del lemma indagato. La maniera di portare avanti ogni ricerca lessicografica può essere così riassunta:

«Il sistema linguistico si sviluppa secondo i suoi assi, paradigmatico, sintagmatico e gerarchico: secondo l'asse paradigmatico, ogni parola è associata, in virtù della sua interna struttura morfologica e lessicale, a numerose altre parole in base ai diversi segmenti di fonemi o grafemi che ha in comune con esse; secondo l'asse sintagmatico, ogni parola si trova associata, o meglio costruita, mediante correlazioni grammaticali elementari dirette, per subordinazione o coordinazione, ad altre parole nel discorso; secondo l'asse gerarchico (tenendo conto che non è riducibile ad un sistema lineare), ogni parola (o meglio, ogni concetto espresso da parole) si trova disposta in relazione semantica di equivalenza (o mutua implicazione), implicazione semplice, compatibilità od esclusione rispetto alle altre. Nella struttura del segno linguistico, però, tali livelli, pur essendo distinti, interagiscono continuamente e non sono mai separabili»[250].

Grazie alla distinzione tra «significante» (la parola, il testo) e «significato» (il concetto, il pensiero), che ogni segno linguistico comporta, il metodo

---

[247] *Ibidem*, pp. 331-332.

[248] SANGALLI S., *«Familia» in s. Tommaso d'Aquino. Microanalisi lessicologica. saggio di metodo ermeneutico computazionale*, Editrice Pontificia Università Gregoriana, Roma 2003. Rispetto al testo del Di Maio, si presenta più «agile» ed «immediato». A don Samuele va tutta la mia riconoscenza dal momento che mi ha introdotto al metodo ermeneutico-computazionale (nel corso tenuto presso la Pontificia Università Lateranense durante l'anno accademico 2001/2002) e mi ha assistito pazientemente e con opportuni suggerimenti nell'elaborazione della presente ricerca. Un ringraziamento va anche al padre Roberto Busa, conosciuto durante lo stesso corso universitario. Alla riconoscenza va unita ammirazione per il lavoro dell'*IT* che ho apprezzato in misura sempre crescente man mano che ricercavo.

[249] *Ibidem*, p. 31. L'intera opera è quella di R. BUSA, *Index Thomisticus: Sancti Thomas Aquinatis operum omnium Indices et Concordantiæ*, 56 voll.; ID., *Sancti Thomae Aquinatis opera omnia cum hypertextibus in CD-ROM*.

[250] DI MAIO A., *op. cit.*, p. 71.

lessicografico può essere sviluppato secondo tre grandi assi che corrispondono a tre grandi ambiti del sistema linguistico:

1. L'*asse paradigmatico*: è il *sistema generativo verbale* (la morfologia ovvero la struttura interna dei significanti) che sovrintende alla formazione e al riconoscimento delle parole tra scrittore e lettore. Ogni parola in base alla sua struttura interna, morfologica e lessicale, è associata ad altre parole per i segmenti di fonemi o grafemi in comune.

2. L'*asse sintagmatico*: è il *sistema generativo trasformazionale* (la sintassi ovvero la struttura relazionale tra significanti). Ogni parola è correlata, con correlazioni grammaticali dirette, ad altre parole per subordinazione e coordinazione[251].

3. L'*asse (piano) gerarchico*: è il *sistema generativo concettuale* (la semantica ovvero la struttura relazionale dei significati). Ogni parola è in relazione di equivalenza, implicazione, compatibilità o esclusione rispetto ad altre.

Il presente lavoro seguirà, per quanto sarà possibile, tutte le tappe dell'indagine, anche se varie di esse non saranno fruibili per la natura stessa della parola investigata, che è un avverbio.

1.1 *Il nostro iter*

L'analisi comincia con la raccolta di tutti i contesti dell'*IT* nei quali compare l'avverbio *personaliter*[252]. Da tale materiale vengono separati i contesti appartenenti ad altri autori recensiti dall'*IT*, gli *Argumenta* (AG), i *Sed Contra* (SC, le *Auctoritates* a favore della dottrina di Tommaso) e le *Expositiones Textus* (EX, parafrasi del testo del *Magister Sententiarum* Pietro Lombardo), non riconducibili al pensiero genuino di Tommaso.

Questi contesti, insieme a quelli dei «florilegia» (*Catenae Aureae*), costituiscono tuttavia un capitolo speciale di ermeneutica testuale (capitolo IX). In questo capitolo confluiscono anche i contesti degli *Autographa deleta*, nei quali, però, non è stata riscontrata alcuna presenza dell'avverbio.

Per giungere ad un'accurata ermeneutica di *personaliter*, in Tommaso, è stato pertanto necessario dividere il lavoro nelle seguenti tappe[253]:

---

[251] Il piano sintattico prevede: significati (relazione grammaticale delle parole) e significanti (relazione statistica, di prossimità, di frequenza).

[252] Cf. SANGALLI S., *op. cit.*, pp. 62-66.

[253] Ogni capitolo contiene vari «documenti». Al fine di snellire la lettura dei vari documenti della ricerca si farà uso di abbreviazioni proprie dell'*Index Thomisticus*, rinvenibili in una sezione propria alle pagine dedicate alle sigle e alle abbreviazioni di tutto.

1. Una sintesi ermeneutica (capitolo V), che, sebbene sia posta tra i primi capitoli della ricerca, non è altro che il frutto di tutta la documentazione successiva: essa rappresenta il vero contributo di tutto il lavoro.

2. Nel capitolo VI ci si sofferma sul numero delle occorrenze, la famiglia tematica, i dati statistici (quando e in quali opere ricorre la parola e in che percentuale) e l'eventuale presenza di paronimi ed eponimi.

3. Nel capitolo VII è presente una «analisi di paternità» dei vari contesti (discorso proprio dell'Autore, AG, EX, SC, *Catenae Aureae, Autographa Deleta...*) e l'elencazione dei soli contesti contenenti una dottrina inizialmente propria dell'Aquinate. Di questi sono state analizzate le forme verbali modificate dall'avverbio e i nomi soggetti a tali forme verbali e in relazione ad esso.

4. Nel capitolo VIII vengono studiate le varie associazioni della parola con altre (casi di sinonimia, antonomia, tassonomia ecc.), utili per una comprensione più profonda dell'avverbio.

5. Il capitolo IX è il «capitolo speciale di ermeneutica testuale» dove vengono offerti i contesti AG, SC, EX e *Catenae Aureae*.

6. Il capitolo X rappresenta una prima sintesi tematica.

7. Nel capitolo XI sono racchiuse le «crestomazie», antologie di testi di Tommaso ad alta «concentrazione di pensiero»[254].

Sono state aggiunte, inoltre, due appendici: nella prima (Appendice A) si analizza l'uso del «quasi... sit» in Tommaso la cui interpretazione è fondamentale per comprendere il nostro passo controverso; nella seconda (Appendice B) è contenuto l'intero articolo primo della *Quaestio de unione Verbi incarnati*, corredato da un'introduzione ed una breve analisi .

1.2 *Fine e limiti dell'indagine*

Il primo vero limite di questa ricerca deriva dall'oggetto indagato, che non rapresenta in senso stretto una famiglia tematica, cosa per il quale il metodo può mostrare tutta la sua potenzialità. In verità si è preferito soffermarsi su una singola voce, o meglio un avverbio, e il suo uso in contesti cristologici, giacché un'analisi di un'intera famiglia tematica avrebbe ecceduto e superato l'intenzione della presente indagine. Tale limite, tuttavia, se non è pienamente superato è almeno compensato dalla presentazione del concetto di persona in Tommaso, fatta nella prima parte del nostro lavoro, nella quale abbiamo avuto la possibilità di conoscere a grandi linee la portata semantica e teologica del concetto di persona nel pensiero Tommaso.

---

[254] *Ibidem*, pp. 195.

CAPITOLO V

Sintesi ermeneutica:
personaliter negli scritti di s. Tommaso d'Aquino

La presente sintesi ermeneutica, sebbene preceda i «documenti» prodotti dall'indagine lessicografica, tuttavia ne rappresenta il frutto. Grazie ad essa è possibile verificare la validità delle interpretazioni della proposizione di Tommaso, «quasi ipsum Verbum personaliter sit homo», che non concordano con il suo pensiero cristologico altrove esposto. Infatti, oltre il ricorso al pensiero globale dell'autore (attraverso un metodo «intuitivo globale»), si può impiegare il metodo ermeneutico-computazionale («analitico filologico»), così da poter valutare il brano, confrontandolo non solo con l'insegnamento dell'Aquinate sull'argomento, ma anche partendo dal significato stesso delle singole parole, come sono state intese da lui. In questo caso si ottiene una «verifica incrociata» che si avvale sia del contesto che del testo stesso[255].

Nella presente ricerca ci si è concentrati sull'avverbio *personaliter*, la cui comprensione è fondamentale per stabilire se Tommaso, nel brano del *De unione*, parli solo della Persona divina del Verbo o ammetta anche l'esistenza di una personalità umana. Il risultato della microanalisi lessicografica dell'avverbio, che non è un termine filosoficamente o teologicamente rilevante come sostanza o essenza, per esempio, ha stupito non poco, dal momento che, mostrandone una peculiare e limitata presenza, concentrata soprattutto in alcuni scritti, ne ha fatto emergere tutto il «peso» che Tommaso le dava, tanto che si può circoscrivere in modo preciso il suo campo semantico e tradurla in maniera molto sicura («ad mentem Thomae»).

Si ricorda, infine, che verranno usate, da ora in poi, le abbreviazioni delle opere dell'Aquinate proprie dell'*IT* riportate nelle pagine iniziali di questo libro.

---

[255] Il metodo rappresenta uno strumento scientifico di altissima affidabilità, in quanto è esatto nella sua analisi (anzi microanalisi) e non si ferma solo a determinate opere, ma considera tutti gli scritti così da avere un quadro completo sull'uso della parola. Da tutta la documentazione prodotta (che in questo lavoro verrà offerta nei capitoli successivi) può così emergere la retta interpretazione del pensiero di Tommaso.

1. *Personaliter*: uso ed interpretazione in Tommaso

Il termine è presente in maniera notevole nelle opere teologiche, in particolare nelle sezioni riguardanti i trattati di trinitaria e cristologia[256], dove è utilizzato per ben 165 volte, mentre in totale esso compare nelle opere di Tommaso 217 volte[257]. Al di fuori di tali contesti sono pochi gli usi di *personaliter* in riferimento a persone «non divine»[258].

L'impiego, che Tommaso d'Aquino ne fa, è riconducibile a quello di tutte le parole appartenenti alla famiglia tematica di *persona/personare*. Di tale tema egli accoglie tutto il significato filologico, filosofico e teologico, appartenente alla tradizione a lui precedente e già analizzato nella prima parte di questa ricerca.

L'avverbio è utilizzato specialmente in contesti dove vengono espresse verità di fede riguardanti sia le persone divine (nella loro vita trinitaria *ad intra*), sia la persona divina del Verbo (nella sua dimensione economica, di incarnato). A livello di Trinità immanente *personaliter* indica la dimensione personale del Verbo e ha come nomi di riferimento non solo *Verbum*, ma anche *Imago, Veritas, Filius*, (anche se non manca lo Spirito Santo indicato con i nomi di *Donum* e *Amor* e il Padre, con le sue operazioni e processioni: c. 1, c. 81, c. 56, c. 15, c. 174 et alii). Quando è presente nella cristologia (dimensione economica), l'avverbio si riferisce ad *Anima Christi, Christus, Corpus Christi, natura divina, natura humana, Sapientia genita* (c. 95, c. 46, c. 100, c. 124 et alii).

Le forme verbali modificate da *personaliter* esprimono solitamente, nella teologia trinitaria, distinzione o designazione con l'uso dei verbi *dici, sumi, accipi*: c. 1, c. 82, c. 56, c. 22, c. 72 et alii. In ambito cristologico, invece, si ha a che fare con verbi che indicano un'unione come *uniri, coniugare, advenire*: c. 41, c. 95, c. 92, c. 180 et alii. Dunque queste due serie di verbi hanno tale costante[259]: quando l'Aquinate fa distinzioni in maniera persona-

---

[256] Vedi la sintesi tematica al capitolo IX. Le opere principali sono: QDV#, tra le quali interessano le questioni sulla verità (q. 1), la *scientia Dei*, q. 2, il Verbo, (q. 4) il Libro della Vita (q. 7); 1SN in cui si tratta della Trinità; 3SN dove si parla di Cristo; ST1 riguardante la Trinità; QDP in particolare la q. 9 (le persone divine) e la q. 10 (la processione delle persone divine); REI, a proposito del Padre e del Figlio e dello Spirito Santo, ma anche a proposito di Cristo; ST4# nella parte riguardante Cristo; QDI all'articolo 1, se l'unione avvenga nella persona o nella natura.

[257] I contesti indicati (c.) sono riportati nel capitolo VII.

[258] È molto presente anche nel Commento al vangelo di Giovanni, che rimane, comunque, un'opera nella quale abbonda l'esposizione del dogma trinitario e cristologico.

[259] I dati raccolti sono «esaustivi» e scientificamente esatti perché abbracciano tutti i suoi scritti. La «sistematicità» e la «costanza», sottintesa all'uso di *personaliter*, ne svela una peculiare comprensione da parte di Tommaso che illumina sul significato da conferirgli, dal

le, si riferisce o alla persona del Figlio o a quella dello Spirito Santo o alle relazioni divine; diversamente quando unisce realtà in maniera personale si trova sempre in ambito cristologico e sta trattando dell'unione della natura umana con il Verbo. In altre parole definire *personalmente* un'ipostasi trinitaria significa, per Tommaso, designarla per quello che ha di proprio e si distingue dalle altre, mentre l'unione ipostatica è espressa in termini di unione personale tra il Verbo o la natura divina con l'anima o il corpo (mai con la persona).

Un limitato uso dell'avverbio riguarda l'individuo in quanto singolarmente responsabile dei propri atti. In questo caso esso non indica un modo di essere personale, ma un agire imputabile ad un essere concreto, come sono i soggetti individuali (Paolo, Giovanni Battista, il re, il centurione, la grazia, ecc.) che compiono o subiscono azioni imputabili alla loro soggettività, vale a dire conoscono, vanno, vengono, conferiscono qualcosa personalmente. Anche le azioni attribuite a Cristo (predicare, insegnare, venire, essere Dio), compiute *personaliter* (i nomi utilizzati sono per lo più *Christus* e *Dominus*), non possono essere ambiguamente intese come un agire in maniera «personale» da parte di un soggetto con «personalità umana»: la ricerca e la statistica, infatti, mostrano che Tommaso usa *personaliter* sempre in riferimento alla personalità divina sia quando parla della Trinità che di Cristo.

Il significato dell'avverbio si arricchisce ulteriormente grazie agli elementi forniti dall'analisi dell'asse gerarchico che permettono di affermare che Tommaso, quando fa una distinzione personale, la intende reale. Inoltre *personaliter* è contrapposto fortemente a *essentialiter*, particolarmente in questioni di trinitaria, quando bisogna stabilire se una determinata realtà divina (il Verbo, l'Immagine, ecc.) debba intendersi essenziale, comune alla natura, o personale, propria di una sola persona (come il Verbo, c. 66, o la *operatio* in Dio o il *Liber Vitae*, c. 119, c. 150). I sinonimi più vicini a *personaliter* sono *hypostatice* (la persona è, infatti, una «*hypòstasis* razionale»[260]) e *substantialiter*, che indica il modo di unione del Verbo incarnato.

Il significato da attribuire a *personaliter* è, inoltre, ben illuminato anche dalla correlazione che esso ha con altri nomi (per lo più avverbi): vi sono alcune realtà che possono essere sia personali sia essenziali (specie in Dio) come l'*Amor* e il *Verbum* (c. 197), anche se, *stricto sensu*, il Verbo in Dio è solo personale e non essenziale (c. 158, c. 121, c. 125, c. 126).

---

momento che egli la usa sostanzialmente solo in determinati contesti e con peculiari accezioni.
[260] Vedere quanto Tommaso dice nel commento a Lombardo (*In I Sententiarum*, ds 25, q.1, a.1, pr).

In Cristo l'unione personale, che equivale ad unione ipostatica (i due termini sono semanticamente identici: c. 98, c. 99), esclude ogni accidentalità, perché è sostanziale (c. 214). L'essere personale («esse personaliter»), che è «essere persona» (c. 12) o «in persona» (c. 13), indicando unità in sé e divisione da altro, rende impossibile un'unione tra due persone, se eccettuiamo le persone trinitarie che hanno in comune l'essenza divina, e riguarda solo l'unione nella persona.

Del capitolo speciale di ermeneutica testuale, nel quale *personaliter* conserva tutto sommato il significato finora descritto, si segnala il c. 45 dove Tommaso non pone nulla di personalmente distinto, in Cristo, dal Figlio di Dio, mentre nella *Catena Aurea in Joannem* (che non riporta un pensiero originariamente di Tommaso) vi è un uso che caratterizza un'azione: il giudicare le persone (c. 185).

Nell'unico caso di elencazione (c. 1), infine, Tommaso fa emergere la sua visione di teologo «occidentale» quando, parlando di Dio, parte da ciò che è comune per arrivare a ciò che è proprio, cioè da ciò che è «essenziale», a ciò che è «personale» e, infine, «nozionale»[261].

2. *Personaliter*: «termine tecnico»?

Da quanto emerso finora, risulta chiaro che *personaliter* è usato da Tommaso in maniera «quasi tecnica» e si potrebbe quasi ipotizzarne un uso peculiare che definisce e stabilisce il modo di essere delle persone nella Trinità e della persona del Verbo in relazione con la natura umana. Potrebbe essere avanzata, infatti, la seguente ipotesi: in Tommaso l'avverbio *personaliter*, quasi tecnico, sebbene venga utilizzato anche secondo la comune accezione di modo di essere individualmente concretizzato, qual è la singola persona, primariamente, nelle opere del Nostro, esso indica il modo di essere delle ipostasi divine, e *in primis*, quella del Verbo sia nella sua dimensione in Dio sia in quella di incarnato. Così il Padre, il Verbo e lo Spirito Santo Amore sono distinti tra loro perché sono «personalmente», mentre il Verbo è unito «personalmente» alla natura umana.

---

[261] Per «nozioni divine» si intende ciò che serve a conoscere ciascuna delle divine persone in virtù della distinzioni reali d'origine. Le nozioni nella teologia classica sono cinque: innascibilità, paternità (Padre), spirazione attiva (Padre e Figlio), filiazione (Figlio), spirazione passiva (Spirito Santo). Le «proprietà personali o personalità» sono le nozioni proprie (indicante la costituzione) di ciascuna persona e sono precedute *secundum intellectum* dagli atti nozionali: paternità, filiazione e spirazione passiva.

CAPITOLO VI

L'asse paradigmatico: il livello dei significanti

Il primo momento del metodo ermeneutico-computazionale è costituito da considerazioni morfologiche[262]: è l'ambito del «sistema generativo verbale». Infatti, le parole (cifre, nomi comuni, verbi, inflessibili, nomi propri) arrecano, nella costruzione sintattica, un significato per la loro stessa struttura morfologica. Nella lingua latina le parole sono divise, morfologicamente, in *nomi* (parole a flessione nominale classificabili secondo le «cinque» declinazioni, il genere, il numero, il caso), *verbi* (classificabili per modo, tempo e persona) e *inflessibili*[263].

L'asse paradigmatico interessa la struttura delle parole vista come il prodotto di un'associazione di più parti dovuta alla «flessione» (in virtù delle desinenze) e al fatto che esse sono «morfotematiche»: una singola voce può così essere accomunata ad altri lemmi con i quali condivide uno o più segmenti morfotematici[264].

1. I lemmi nell'Index Thomisticus

Tutte le parole, presenti in Tommaso, sono definite dall'*IT* secondo un codice alfanumerico (A00001), nel quale le lettere ne indicano la «classe» («A»: voci comuni; «B»: i nomi propri; «C»: le voci «speciali», cioè i numerali, le sigle, le traslitterazioni) e la numerazione segue quella data dal Forcellini[265] ai lemmi latini. Eventuali espansioni indicano le voci presenti in Tommaso, ma non nel Forcellini.

---

[262] È questo il «documento 0» secondo l'impostazione del Sangalli. Cf. SANGALLI S., *op. cit.*, p. 62,

[263] Secondo Busa la distinzione tra sostantivo, aggettivo e verbo non è «morfologica», ma sintattica. Oltre al caso dei pronomini, che hanno anche funzione di vicarianza a secondo della loro referenzialità (il riferimento alla realtà), si hanno: le *cifre*; i *nomi propri* (parole deittiche: pronomini che esprimono una realtà singolare: *ego, tu, hic, ille*); le *parole comuni* (nomi, verbi, inflessibili).

[264] È dunque la struttura (forma) del significante (fatto fonetico o grafico) che può essere designata con il concetto di «materia» della dottrina «ilemorfica» aristotelica la cui rispettiva «forma» è il significato, spirituale, anche se la comprensione delle parole necessita sempre di un contesto, altrimenti potrebbero risultare ambigue.

[265] Cf. FORCELLINI E., «personaliter» in FORCELLINI E., *Totius Latinitatis Lexicon*, Padova 1771 (rist. anastatica 1964), vol. 5, col. 321.

1.1 *Significato e presenza di personaliter nell'IT*

Personaliter, contrassegnato con il codice A61351 è fatto derivare, dal *Thesaurus Linguae Latinae*, dall'aggettivo *personalis*. È, inoltre, definito:

«1.) [...] nominatim, proprie, singillatim, viritim. [...] in modo personali, ratione ad personam pertinente.[...]. Apud Christianos: a) spectat ad aeones gnosticorum [...]; spectat ad deum Christianorum (caute adhibet Ambrosius): I. ad trinitatem [...]; II. ad personam Christi: Augustinus, Sermo 198, 44 "creatura mediatrix inhaeret *personaliter...* deo verbo". [...] Fulgentius Rusp., contra Fastid.,13,4 "haec... non substantialiter, sed *personaliter* fuerunt divinitati Christi humanitati communia". 2.) usu minus technico: a) describuntur ea, quae spectant ad singulas, non ad omnes personas»[266].

1.2 *Le occorrenze di* personaliter *nell'*IT

Per i fenomeni di composizione e flessione avviene la generazione dell'espressione verbale sintetizzata nei seguenti passaggi: dal «tema» si passa al «lemma», quindi alla «forma» ed infine alla «occorrenza». Ciò avviene, solitamente, per chi parla o scrive, mentre chi legge o ascolta segue un procedimento inverso, per «lemmatizzazione» e «tematizzazione», e va dalla «occorrenza» fino al tema[267] (che è ciò che avviene quando si cerca una parola nel dizionario). Così dalla «occorrenza», prima entità incontrata in un testo (e. g. *rosae*) si risale ad una «forma» (e. g. il genitivo *rosae*) e da questa al «lemma», l'unità lessicale di base cui la forma fa riferimento (e. g. il nominativo *rosa*), fino al «tema» o «radice», che è il «capostipite» al quale più lemmi sono apparentati (e. g. *-ros-*), anche se si possono avere più temi nello stesso lemma[268].

---

[266] Cf. AV. VV., «Personaliter», in *TLL*, X,1, fasc. XI, col. 1731.

[267] Così delle oltre 10.000.000 di parole che compongono l'*IT* si giunge a poche centinaia di segmenti elementari e originari.

[268] Esiste anche il «sublemma» un'unità lessicale intermedia, con le forme plurali e singolari, attive o passive. Nell'*IT* vi sono sublemmi per: 1) le forme del comparativo e del superlativo del medesimo aggettivo; 2) gli avverbi intesi come casi dell'aggettivo. I nuovi lemmi sono poi divisi in: eponimi, lemmi da cui derivano altri lemmi e paronimi, lemmi derivati. La segmentazione, dovuta a tale processo, è detta «morfotematica morfologica» (modifica un lemma nelle forme) o «morfotematica tematica» (derivazione o composizione di nuovi lemmi). La lemmatizzazione e la tematizzazione comportano la disambiguazione per evitare casi di omonimia e omologhia. Vi è un omonimia fonetica (l'omofonia) ed una grafica (l'omografia), ed anche omonimia tra forme dello stesso lemma e forme di lemmi diversi. L'omologhia comporta che la stessa entità linguistica sia scritta o letta in maniera diversa (e. g. *rose* e *rosae*)

L'avverbio *personaliter* è fatto derivare dall'aggettivo *personalis* e dal nome *persona*, che a sua volta è composto dalla preposizione *per* e il verbo *sonare*[269].

1.3 *Il numero delle occorrenze*

L'avverbio è presente nell'intera opera di Tommaso 217 volte con tale frequenza[270]: 37vv in *1SN*, 1v in *2SN*, 3vv in *3SN*, 5vv in *4SN*, 8vv in *SCG#*, 31vv in *ST1*, 3vv in *ST2*, 2vv in *ST3#*, 13vv in *ST4#*, 47vv in *QDV#*, 3vv in *QDV*, 21vv in *QDP*, 2vv in *QDM*, 4vv in *QDI*, 1v in *OCE*, 1v in *OTT*, 1v in *OS4*, 1v in *CIS#*, 2vv in *CJO*, 1v in *CRO*, 2vv in *RPS*, 2vv in *REM*, 16vv in *REI*, 1v in *R1C*, 1v in *R2C*, 2vv in *RPL*, 1v in *RCL*, 1v in *R1T*, 1v in *RHE*, 2vv in *DTI*, 1v in *DSG*.

È presente, dunque, in trentuno opere, delle quali sei rivelano un'elevatissima «occorrenza», ovvero una presenza a doppia cifra. È opportuno, a questo punto, offrire una breve presentazione di alcune opere di Tommaso, per contestualizzare meglio i luoghi dove l'avverbio è impiegato.

Le *Quaestiones de Veritate* (50vv) composte a Parigi[271], trattano i seguenti argomenti: la verità, la scienza di Dio, le idee, il «Verbum», la provvidenza, la predestinazione, il «Libro della Vita», la conoscenza angelica, la comunicazione angelica, la mente come immagine della Trinità, il Maestro, la profezia, l'estasi, la fede, la ragione superiore e inferiore, la sinderesi, la coscienza, la conoscenza del primo uomo nello stato d'innocenza, la conoscenza dell'anima dopo la morte, la conoscenza umana di Cristo in questa vita, il bene, il desiderio del bene e la volontà, la volontà divina, il libero arbitrio, il desiderio sensibile o «sensualità», le passioni umane, la grazia, la giustificazione del peccatore, la grazia in Cristo.

---

[269] L'etimologia è stata presentata nella prima parte, capitolo I.

[270] Cf. BUSA R., *Index Thomisticus: Sancti Thomae Aquinatis operum omnium Indices et Concordantiae*, Stuttgart, Frommann-Holzboog 1974-1989, *sectio* I, vol. VII, p. 709.

[271] «Nel primo anno d'insegnamento (1256-57) Tommaso disputò le prime sette questioni che costituiscono in certo modo un tutt'uno». È probabile, ma non documentato, che alcune delle discussioni si protraessero per un'altra giornata; Tommaso, quindi, sostenne per solo otto volte, o forse nove, una disputa pubblica o solenne, nel corso dell'intero anno accademico che è composto da quarantadue settimane. Nel secondo anno (1257-58) le dispute furono tredici (qq. 8-20), anch'esse su argomenti tra loro collegati, mentre nel terzo anno di lezioni (1258-59) Tommaso disputò soltanto nove volte (cf. WEISHEIPL J. A., *Tommaso d'Aquino*, Jaca Book, Milano 1994², pp. 130-131).

Un'altra elevata presenza (37vv) è riscontrata nel commento al *I Libro delle Sentenze*[272] di Pietro Lombardo, che comprendono quattro libri: i primi tre trattano della Trinità, della creazione, di Cristo e delle virtù, mentre il quarto ha per argomento i sette sacramenti.

Segue la *prima pars* della *Summa Theologiae*[273] (31vv) incentrata sull'unità e trinità divina e la processione delle creature da Dio.

Le questioni *De Potentia*[274] (21vv) sono divise in vari articoli: la potenza di Dio considerata in sé (7 articoli); la capacità generativa della divinità (6 aa.); la creazione (19 aa.); la creazione della materia informe (2 aa.); la conservazione delle cose nel loro essere (10 aa.); i miracoli (10 aa.); la semplicità dell'essenza divina (11 aa.); le relazioni divine *ab aeterno* (4 aa.); le persone divine (9 aa.); la processione delle persone divine (5 aa.).

Notevole anche la presenza dell'avverbio nel *Commento al Vangelo di Giovanni*[275] (16vv), nella *tertia pars*, riguardante Cristo, della *Summa Theologiae*[276] (13vv), nella *Summa contra Gentiles*[277] (8vv), nel commento al IV

---

[272] San Tommaso invece [...] preferì dividere i quattro libri in due gruppi di due libri ciascuno: i primi due trattano dell'*exitus* di tutte le cose da Dio, e gli altri del *reditus* di ogni cosa a Dio» (*ibidem*, p. 75).

[273] «Nel dividere la Summa in tre parti, Tommaso specifica che la prima parte (prima pars) tratta di Dio uno e trino e della "processione di tutte le creature da Lui". [...] La prima parte della Summa corrisponde alle Sentenze sulla Trinità (l.1), la creazione, gli angeli, l'uomo e i progenitori (l. II, dist. 2-20)» (*ibidem*, pp. 222-223).

[274] «Mandonnet, nella convinzione che Tommaso si fosse recato dapprima alla corte di Alessandro IV, ad Anagni, nel 1259, sosteneva che le questioni del *De Potentia* fossero state disputate ad Anagni e a Orvieto (1259-63). Il problema fu risolto dalla scoperta da parte del Grabmann del *De Potentia* nel manoscritto 211 della biblioteca del monastero di Subiaco, dove in una rubrica su fol. 175r è scritto: "Questioni di frate Tommaso d'Aquino disputate a Roma"» (*ibidem*, 202-203).

[275] «Fra tutti i suoi scritti sulla Bibbia nessuno è migliore della *lectura* sul vangelo di S. Giovanni. È un'opera sublime per la profondità teologica, soprattutto nel commento all'ultimo discorso di Gesù (Gv 14-17). È qui che rifulge in tutto il suo splendore la dottrina trinitaria esposta da Tommaso nella prima parte della Summa; l'intensità dell'amore di Dio per l'uomo e l'immensità dell'amore di Cristo per i suoi discepoli e per noi, si riversano nel testo una riga dopo l'altra, con precisione teologica e bellezza poetica. [...] Si tratta di un'opera matura sia per dei teologi sia per gli studenti della Scrittura. Tolomeo da Lucca fa notare come Tommaso abbia scritto personalmente i primi cinque capitoli su Giovanni, mentre il resto è una *reportatio* "da lui corretta"» (*ibidem*, pp. 250-251).

[276] La *tertia pars* riguarda Cristo (qq. 1-59) e i sacramenti (qq. 60ss).

[277] «Gli argomenti della *Summa contra Gentiles* sono per lo più gli stessi della *Summa Theologiae* con la differenza che «nella *Summa contra Gentiles* san Tommaso fece soprattutto opera di apologetica affrontando i più importanti temi che opponevano i Cristiani a Musulmani, Ebrei e Cristiani eretici. Mentre ai principianti potevano essere sufficienti uno o due argomenti scelti accuratamente e per sé capaci di dimostrare la verità, i missionari di Spagna e Nordafrica avevano bisogno di una grande quantità di argomenti, anche di tipo

libro delle *Sentenze* del Lombardo (5vv), nelle *Quaestiones de unione Verbi incarnati*[278] (4vv).

1.4 *La famiglia tematica*

Personaliter appartiene alla famiglia tematica «1700» (*persona/personare*) alla quale, come si vede nella tabella[279], appartengono i seguenti lemmi[280]:

		opere di ST	altri Autori
a61350 persona	af	8803	749
a61351 personalis	c2	757	40
a61351e personalitas	cf	120	0
a61357 personatus	b3	0	2
a61357e personatus	dm	1	0
a61358 persono	ja	23	3
a39997 impersonalis	c2	9	4
totale		9713	798

1.5 *Analisi statistica*

Esaminata la presenza e la distribuzione dell'avverbio nell'intero *corpus* tommasiano, si procede ora a farne una statistica[281], che sarà utile quando si censiranno le parole con cui esso è correlato per ottenere una «geografia semantica». È questo un primo aspetto della «mediazione semantica»: l'«ordinamento reciproco delle parole nel loro livello di significante» (morfotassi) all'interno di un dato *corpus* linguistico, secondo le leggi della stati-

---

dialettico, per mostrare quali erano gli errori contenuti nella filosofia pagana e convincere gli infedeli che la religione cristiana è vera» (*ibidem*, p. 140).

[278] Tommaso prese parte alla sua ultima disputa parigina nel 1272 e si intitolava «*De unione Verbi incarnati*; questa era divisa in cinque articoli, il terzo e il quarto dei quali sono sicuramente anteriori alla III, q. 17, artt. 1-2, relativi alla grammatica teologica e al problema dell'esse in Cristo. [...] I cinque articoli della questione disputata *De unione Verbi incarnati*, a cui molti storici attribuiscono un'origine parigina, furono discussi da Tommaso in modo più succinto e preciso nella *tertia pars*» (*ibidem*, p. 311).

[279] È il «documento 1» secondo Sangalli. Cf. SANGALLI S., *op. cit.*, pp. 62-63.

[280] Cf. BUSA R., *op. cit.*, *sectio* I, vol. 10, p. 49. All'inizio del volume così vengono spiegate tali sigle: «af» (nome di prima declinazione, leggermente irregolare: «a-e» sono le cinque declinazioni); «c2» (aggettivo della terza declinazione a due uscite); «cf» (nome di terza declinazione leggermente irregolare); «b3» (aggettivo verbale a tre uscite) «dm» (verbo passivo di genere maschile) «ja» (verbo della prima coniugazione attivo).

[281] È il «documento 2» in Sangalli.

stica linguistica e testuale[282] e la loro presenza e distribuzione, nei vari contesti, fa emergere la «funzionalità» delle parole stesse. Ci si potrebbe trovare di fronte a parole «specifiche» (che sono utilizzate solo in determinati contesti o particolari giochi linguistici) e parole «generali»[283] (comuni ad ogni contesto linguistico (dai trattati di metafisica alle... fiabe)[284].

Per compiere tale analisi ci si serve della «*singillata*», una sezione dell'*IT* dedicata al modo di presenza di ogni singola parola dell'*IT* in tutte le opere di Tommaso. In essa possono essere ricavate le varie statistiche di presenza dell'avverbio. La tabella seguente riporta, accanto ad ogni opera, il numero delle parole di ciascuna di essa (in unità di migliaia, tra parentesi) e la corrispettiva percentuale di presenza dell'avverbio *personaliter* in rapporto alle parole dell'opera stessa e al totale delle occorrenze:

Opera	Ricorrenza nell'opera	Percentuale nell'opera	Percentuale totale
Opera Maiora			
1SN (268)	37	0,0137%	17,05%
2SN (296)	1	0,0003%	0,4608%
3SN (334)	3	0,0008%	1,382%
4SN (597)	5	0,0008%	2,304%
SCG# (325)	8	0,0024%	3.686%
ST1 (364)	31	0,0085%	14,28%
ST2 (358)	3	0,0008%	1,382%
ST3# (513)	2	0,0003%	0,9216%
ST4# (336)	13	0,0038%	5,990%
QDV# (287)	47	0,0163%	21,65%
QDV (114)	3	0,0026%	1,382%
QDP (183)	21	0,0114%	9,677%
QDM (180)	2	0,0011%	0,9216%
QDI (10)	4	0,0390%	1,843%
Opuscula			
OCE (16)	1	0,0060%	0,4608%
OTT (69)	1	0,0014%	0,4608%
OS4 (8)	1	0,0123%	0,4608%
Commentaria			
CIS# (100)	1	0,0009%	0,4608%
CJO (175)	2	0,0011%	0,9216%
CRO (131)	1	0,0007%	0,4608%

[282] Per la legge di *Zipf* vi è una tendenziale costanza del prodotto tra la frequenza assoluta (numero delle occorrenze) di una parola e il suo rango (il posto nella serie decrescente per frequenza delle parole nel *corpus*.
[283] Le parole sono divise in «tematiche» (hanno un proprio contenuto semantico) e «grammaticali» (il contenuto semantico è in funzione: ausiliari, proposizioni, congiunzioni).
[284] Sarà difficile, e. g., trovare la parola *post-communio* in un trattato di metafisica.

Reportationes			
RPS (193)	2	0,0010%	0,9216%
REM (233)	2	0,0008%	0,9216%
REI (320)	16	0,0049%	7,373%
R1C (54)	1	0,0018%	0,4608%
R2C (65)	1	0,0015%	0,4608%
RPL (18)	2	0,0110%	0,9216%
RCL (19)	1	0,0052%	0,4608%
R1T (12)	1	0,0081%	0,4608%
RHE (100)	1	0,0009%	0,4608%
Dubiae authentic.			
DTI (2)	2	0,0686%	0,9216%
DSG (2)	1	0,0466%	0,4608%

In quest'altra tabella, invece, sono distinte tutte le volte che Tommaso usa *personaliter* parlando di una propria dottrina (PD) o citando a senso (CS) o citando alla lettera (CL)[285]:

Opera	occorrenze totali	PD	CS	CL
1SN	37	33	4	0
2SN	1	1	0	0
3SN	3	1	1	1
4SN	5	5	0	0
SCG#	8	4	4	0
ST1	31	30	0	1
ST2	3	3	0	0
ST3#	2	2	0	0
ST4#	13	11	2	0
QDV#	47	43	4	0
QDV	3	3	0	0
QDP	21	21	0	0
QDM	2	1	1	0
QDI	4	3	1	0
OCE	1	0	1	0
OTT	1	1	0	0
OS4	1	0	0	1
CIS#	1	1	0	0
CJO	2	0	0	2
CRO	1	1	0	0
RPS	2	2	0	0
REM	2	1	1	0
REI	16	15	1	0
R1C	1	1	0	0

---

[285] Cf. BUSA R., *op. cit.*, *sectio* I, vol. 7, p. 709.

R2C	1	1	0	0
RPL	2	2	0	0
RCL	1	1	0	0
R1T	1	1	0	0
RHE	1	1	0	0
DTI	2	2	0	0
DSG	1	1	0	0
Totali	217	192	20	5

Infine, nella *Tabula 30*[286] dell'*IT* (detta *forma prima vice*) si trova sintetizzata la presenza secondo un quadro generale dell'*opera omnia*.

	Occorrenze nella serie	Occorrenze in Tommaso	Occorrenze in Altri Autori
Opere proprie	162	217	14
Opere proprie citazioni e ubicazioni	21	217	14
Commentari ad Aristotele	0	217	14
Commentari alla sacra Scrittura	4	217	14
Reportaziones	27	217	0
Opuscola Dubia	3	217	0
Altri Autori	14		2

2. Paronimi ed eponimi

La nascita di nuovi lemmi da altri lemmi o temi è detta «paronimia» e «eponimia»: i paronimi sono i lemmi da essi derivati, mentre gli eponimi sono i lemmi da cui derivano altri lemmi.

2.1 *Paronimi*

All'interno dell'*IT* si ritrova un solo paronimo della parola da noi indagata che a sua volta è un avverbio, «*impersonaliter*», classificato con il codice 1A39997 e presente, nelle opere di Tommaso, tre volte. Esso si trova in un commento ai libri delle *Metafisica* di Aristotele, dove Tommaso tratta un passo nel quale il pensatore greco critica parte della dottrina platonica sulle idee in quanto necessarie alla realtà sensibile.

«Quando parla, più ampiamente congetturerà qui, con la quarta motivazione mostra che le specie non si rapportano alle cose sensibili come alla propria sostanza o cause formali,

---

[286] Cf. *ibidem*, vol. 10, 1082 e le successive ripartizioni della *tabula 30*.

poiché qui giudicherà, cioè questo è opinabile (affinché sia posto impersonalmente) che è impossibile che la sostanza sia separata da ciò di cui è sostanza. Ma queste sono separate da ciò di cui sono idee, cioè dai sensibili: perciò non sono sostanze dei sensibili»[287].

Impersonaliter corrisponde al «si dice» italiano come vediamo anche negli altri due casi, quelli della *Catena Aurea*[288], che è una raccolta di commenti scritturistici dei Padri.

In un solo caso l'avverbio[289] modifica il verbo «tradire» che non ha un soggetto specificato e personale, mentre nell'ultimo luogo esso altro riguarda le prime tre petizioni della preghiera del *Pater noster* che hanno un verbo passivo.

2.2 *Eponimi*

Un accenno va dato anche agli eponimi di *personaliter*, sebbene già qualcosa sia stato trattato in precedenza. L'avverbio deriva dall'aggettivo *personalis* che a sua volta proviene da *persona*. Tale termine è il risultato della composizione, a livello tematico, della preposizione *per* e il verbo *sonare*, che presso gli antichi greci indicava l'emissione di voce provocata dalle maschere usate nelle tragedie o nelle commedie[290].

3. Osservazioni

Personaliter non è molto usato da Tommaso nei suoi scritti ed è per lo più concentrato in opere teologiche, in particolare in sezioni di trinitaria e cristologia (e lo stesso commento al Vangelo di Giovanni può essere ritenuta una sintesi di teologia trinitaria e cristologica). L'avverbio manca negli *Autographa Deleta*, le cancellazioni fatte da Tommaso di propria mano.

---

[287] *In libros Metaphysicorum*, lib. 1, lc. 15, n. 12.
[288] *Catena Aurea in Matthaeum*, cap 6, lectio 6; cap 26, lectio 1.
[289] Nell'ipertesto interno dell'*IT* sono contrassegnati con «L» (viene cioè riportato un pensiero di altri).
[290] Cf. *In I Sententiarium*, ds. 23, q. 1, a. 1, co; *Summa Theologiae*, I, q. 29, a. 3, ag. 2; *Quaestiones disputatae de Potentia*, q. 9, a. 3, ag. 1.

CAPITOLO VII

L'asse sintagmatico: la mediazione sintattica

L'«asse sintagmatico», la costruzione concreta che le parole hanno nelle proposizioni di senso compiuto all'interno di un *corpus* linguistico[291], è il secondo grande ambito dell'indagine lessicografica e segue sia l'analisi della mutua ordinazione tra parole sul piano dei significanti (morfotassi), regolata da leggi lessicali e statistiche, sia il censimento dei gradi della loro presenza e assenza nel testo, secondo i fenomeni di «cooccorrenza» e «anonimia»[292]. Esso passa così dalle condizioni di possibilità del significato al significato effettivo, indagando la mutua ordinazione tra le parole sul piano dei significati (semantassi), regolata da leggi grammaticali e logiche e mostrata dal censimento delle loro correlazioni grammaticali nel testo.

La sintassi delle parole, portatrici di un significato (sintassi, semantassi), corrisponde, lessicograficamente, a quell'ordinamento logico e grammaticale, osservabile nelle correlazioni grammaticali tra le parole o i loro raggruppamenti funzionali. Nella descrizione della sintassi e delle correlazioni grammaticali, l'analisi lessicografica risale così, attraverso l'asse sintagmatico, al significato delle parole.

1. Analisi di paternità

Su 217 contesti, ricavati dall'intero *corpus* tomistico, nei quali ricorre l'avverbio *personaliter*, non tutti esprimono il pensiero di Tommaso. Una corretta ermeneutica deve rivolgersi a quei soli contesti nei quali è possibile rinvenire una dottrina riconducibile a Tommaso. Di seguito è riportato uno schema[293] che illustra la paternità dei contesti che contengono l'avverbio:

---

[291] Cf. DI MAIO A., *op. cit.*, pp. 94ss.
[292] La cooccorrenza è la compresenza ravvicinata di due parole chiave in un testo, misurata alla distanza massima di tante parole interposte nell'ambito della stessa frase completa (da punto fermo a punto fermo). L'anonimia è la lontananza continuata (oltre l'aspettativa statistica) di parole. Parole «cooccorrenti a contatto» potrebbero formare un sintagma, mentre parole «cooccorrenti in contesto» mostrano di appartenere allo stesso orizzonte semantico. Parole tendenti a non cooccorrere (aponimi) potrebbero risultare semanticamente indifferenti o estranee.
[293] È il «documento 3» secondo il Sangalli. Cf. SANGALLI S., *op. cit.*, p. 63.

a) Contesti inizialmente propri di Tommaso: 149;
b) Contesti speciali di ermeneutica testuale:
     EX, AG, SC: 66.
     ADL: nessuno.
     Florilegia (Catenae Aureae): 2.

2. I contesti inizialmente propri di Tommaso

Di seguito vengono riportati tutti i contesti inizialmente propri di Tommaso sui quali verrà condotta l'analisi delle varie correlazioni. Di ogni contesto (c.) vi è il numero di riferimento ed ulteriori specificazioni, relative discorso dell'Aquinate, ottenute grazie all'ipertesto interno del CDrom dell'*IT*. Esse sono: (A) discorso proprio dell'autore; (Q) contesto che contiene una dottrina dell'autore, ma non propriamente o principalmente; (L) citazione letterale; (S) citazione a senso[294].

2.1 *Elencazione dei contesti*

1 of 231 (A)
001 1SN IN I SENTENTIARUM   DS10QU1 AR1-RA-4
  2 tripliciter sumitur. (amor in divinis) quandoque enim sumitur essentialiter,
  3 quandoque *personaliter*, quandoque notionaliter.
  4 quando sumitur essentialiter, non dicit

2 of 231 (A)
001 1SN IN I SENTENTIARUM   DS10QU1 AR1-RA-4
  8 esse intelligens et intellecta. (persona) quando autem
  9 dicitur *personaliter*, tunc importatur processio et
  10 relatio realis, et significatur ipsa persona, sive res

3 of 231 (A)
001 1SN IN I SENTENTIARUM   DS11QU1 AR1-CO--
  9 quod uterque esset una persona. nec hoc remoto
  10 posset dici quod distinguerentur *personaliter* filius
  11 et spiritus sanctus per diversum modum procedendi

11 of 231 (A)
001 1SN IN I SENTENTIARUM   DS20QU1 AR2-RA-2
  1 ad secundum dicendum, quod habere essentialiter
  2 et *personaliter* ab alio, importat defectum solum
  3 quantum ad hoc quod est habere ab alio

---

[294] Sono i «documenti» 4-7 in Sangalli. Cf. *ibidem*, pp. 63-64.

12 of 231 (QS)
001 1SN IN I SENTENTIARUM   DS25QU1 AR--PR--
54 dicitur enim ab augustino, quod filius est
55 alius a patre in persona vel *personaliter*.
56 sciendum est igitur, quod hoc nomen persona

13 of 231 (QÁ)
001 1SN IN I SENTENTIARUM   DS25QU1 AR--PR--
90 rationem distinctionis, ut cum dicitur: alius
91 est persona, vel *personaliter* etc., et tunc dicit,
92 quod significat proprietatem; quamvis in utroque

14 of 231 (QA)
001 1SN IN I SENTENTIARUM   DS27QU2 AR--PR--
2 quaeruntur: 1 utrum verbum proprie sit in divinis;
3 2 utrum dicatur essentialiter, vel *personaliter*
4 tantum; 3 utrum in verbo importetur respectus

15 of 231 (QA)
001 1SN IN I SENTENTIARUM   DS27QU2 AR2-TT--
1 utrum verbum dicatur *personaliter*.

21 of 231 (QS)
001 1SN IN I SENTENTIARUM   DS27QU2 AR2ACO--
10 quantum ad secundum modum dicendi; et ideo
11 quamvis dicere dicatur essentialiter et *personaliter*,
12 tamen verbum non dicitur nisi *personaliter*. sed

22 of 231 (QS)
001 1SN IN I SENTENTIARUM   DS27QU2 AR2ACO--
11 quamvis dicere dicatur essentialiter et *personaliter*,
12 tamen verbum non dicitur nisi *personaliter*. sed
13 hoc non videtur verum: quia non est intelligibile

23 of 231 (A)
001 1SN IN I SENTENTIARUM   DS27QU2 AR2ACO--
45 et ideo dicendum est cum aliis, quod hoc nomen
46 verbum ex virtute vocabuli potest *personaliter*
47 et essentialiter accipi. non enim significat tantum

24 of 231 (A)
001 1SN IN I SENTENTIARUM   DS27QU2 AR2ACO--
76 relationem realem distinctionem exigentem, oportet
77 quod *personaliter* dicatur, quia non est distinctio
78 realis in divinis nisi personarum. et est simile de

001 1SN IN I SENTENTIARUM   DS27QU2 AR2ACO--
79 amore, qui secundum eamdem distinctionem essentialiter
80 et *personaliter* dicitur, ut supra dictum est,
81 dist. 18, quaest. 1, art. 1. cum enim verbum sit

001 1SN IN I SENTENTIARUM   DS27QU2 AR2ACO--
93 ab eo cujus similitudinem gerit; et sic verbum dicitur
94 *personaliter*, et convenit filio, in quo manifestatur
95 pater, sicut principium manifestatur in eo quod est

001 1SN IN I SENTENTIARUM   DS27QU2 AR2ARA-1
10 prout intelligere est ab intellectu divino; ideo verbum
11 quandoque essentialiter et quandoque *personaliter*
12 dicitur, sicut et amor.

001 1SN IN I SENTENTIARUM   DS27QU2 AR2ARA-5
5 distinctio rationis; et ideo accipit verbum tantum
6 *personaliter*.

001 1SN IN I SENTENTIARUM   DS27QU2 AR2ARA-7
3 et utrumque sufficit ad rationem verbi; et
4 ideo potest dici essentialiter et *personaliter*.

001 1SN IN I SENTENTIARUM   DS27QU2 AR2BCO--
1 ad id quod ulterius quaeritur, dicendum,
2 quod si verbum *personaliter* sumatur, soli
3 filio convenit, et non spiritui sancto; quia spiritus

001 1SN IN I SENTENTIARUM   DS27QU2 AR3-CO--
4 sine respectu; et hoc sic patet. verbum enim sive
5 dicatur *personaliter*, sive essentialiter, est species
6 concepta, in qua est similitudo ejus quod dicitur,

001 1SN IN I SENTENTIARUM   DS27QU2 AR3-CO--
35 sic verbum absolute dicitur in divinis sine respectu
36 ad creaturam, sive essentialiter sive *personaliter*
37 dicatur. si autem verbum consequatur intuitum

33 of 231 (QA)
001 1SN IN I SENTENTIARUM   DS28QU2 AR--PR--
2 quaeruntur: 1 quid sit imago; 2 utrum imago
3 in divinis dicatur essentialiter vel *personaliter*; 3 si
4 dicatur *personaliter*, utrum conveniat filio tantum.

34 of 231 (QA)
001 1SN IN I SENTENTIARUM   DS28QU2 AR--PR--
3 in divinis dicatur essentialiter vel *personaliter*; 3 si
4 dicatur (imago) *personaliter*, utrum conveniat filio tantum.

35 of 231 (A)
001 1SN IN I SENTENTIARUM   DS29QU1 AR4-CO--
26 divinae naturae. forma autem quam significat hoc
27 nomen principium, secundum quod *personaliter*
28 sumitur, est ipsa notio vel proprietas, sicut hoc

38 of 231 (A)
002 2SN IN II SENTENTIARUM DS31QU1 AR1-CO--
28 adae, scilicet originalis justitia, non fuit sibi
29 collatum *personaliter*, sed inquantum talem naturam
30 habebat, ut omnes scilicet in quibus talis ab

41 of 231 (QL)
003 3SN IN III SENTENTIARUM DS-5QU1 AR--PR--
56 sequitur, quia anima non est persona, quando alii
57 rei est unita *personaliter*; secunda ibi: quia nefas
58 est hoc dicere.

44 of 231 (A)
004 4SN IN IV SENTENTIARUM DS43QU1 AR4ARA-3
12 sanata est. oportet autem ponere, quod quilibet
13 *personaliter* redemptione christi indigeat, non solum
14 ratione naturae. liberari autem a malo, vel a debito

46 of 231 (A)
004 4SN IN IV SENTENTIARUM DS49QU4 AR3-CO--
27 quia exigitur ibi distinctio personarum; humana
28 autem natura non est *personaliter* distincta a verbo.
29 tertio, quia dos datur quando sponsa de novo

47 of 231 (QS)
005 SCG# SUMMA CONTRA GENTILES LB4 CP-1++0 N.-6
14 igitur quod vel filius non sit verus deus,
15 ut dicebat arius: vel non sit alius *personaliter*
16 a patre, ut sabellius asserebat.

005 SCG# SUMMA CONTRA GENTILES LB4 CP-1++0 N.11
11 si autem illa relatio sit in intellectu tantum,
12 non ergo potest *personaliter* distinguere filium
13 a patre: quae enim *personaliter* distinguuntur,

005 SCG# SUMMA CONTRA GENTILES LB4 CP-1++0 N.11
12 non ergo potest *personaliter* distinguere filium
13 a patre: quae (relatio) enim *personaliter* distinguuntur,
14 realiter oportet distingui.

005 SCG# SUMMA CONTRA GENTILES LB4 CP-1++8 N.-4
2 designetur essentia patris et filii, ut
3 sic a neutro *personaliter* distinguatur, repugnat
4 his quae divina scriptura de spiritu sancto

005 SCG# SUMMA CONTRA GENTILES LB4 CP-1++9 N.-1
3 tenemus, quod (spiritus sanctus) verus sit deus, subsistens,
4 et *personaliter* distinctus a patre et
5 filio. oportet autem considerare qualiter

005 SCG# SUMMA CONTRA GENTILES LB4 CP-5++2 N.-6
12 pertinet, alteri non imputatur ad culpam
13 nisi peccanti: quia *personaliter* unus ab alio
14 divisus est. si quod autem peccatum est

005 SCG# SUMMA CONTRA GENTILES LB4 CP-5++2 N.16
3 originali peccato mundetur ut ei non imputetur
4 ad culpam, quod est *personaliter* ipsum
5 a peccato originali liberari, non tamen natura

005 SCG# SUMMA CONTRA GENTILES LB4 CP-8++6 N.-1
4 malis, remanebit tamen differentia (in resurrectione) inter
5 bonos et malos quantum ad ea quae *personaliter*
6 utrisque conveniunt. est autem de

007 ST1 SUMMAE THEOLOGIAE PRIMA PARS   QU-3++3 AR--PR--
5 per prius dicatur in divinis pater secundum quod sumitur
6 *personaliter*, quam secundum quod sumitur essentialiter.
7 quarto, utrum sit proprium patri esse ingenitum.

007 ST1 SUMMAE THEOLOGIAE PRIMA PARS   QU-3++3 AR-4RA-2
23 (nomen ingeniti) ut sic intelligatur importare negationem in genere principii
24 *personaliter* dicti in divinis. vel, ut intelligatur in nomine
25 ingeniti, quod omnino non sit ab alio, et non solum quod non sit

007 ST1 SUMMAE THEOLOGIAE PRIMA PARS   QU-3++4 AR--PR--
4 de verbo et imagine. circa verbum quaeruntur tria. primo, utrum
5 verbum dicatur essentialiter in divinis, vel *personaliter*.
6 secundo, utrum sit proprium nomen filii. tertio, utrum

007 ST1 SUMMAE THEOLOGIAE PRIMA PARS QU-3++4 AR-1CO--
47 quod proprie in divinis accipitur, non sumatur essentialiter,
48 sed *personaliter* tantum (nomen verbi).

007 ST1 SUMMAE THEOLOGIAE PRIMA PARS QU-3++4 AR-1RA-1
17 dicatur metaphorice in divinis, tamen oportet ponere verbum
18 proprie dictum, quod *personaliter* dicatur.

007 ST1 SUMMAE THEOLOGIAE PRIMA PARS QU-3++4 AR-1RA-2
1 ad secundum dicendum quod nihil eorum quae ad intellectum
2 pertinent, *personaliter* dicitur in divinis, nisi solum verbum,
3 solum enim verbum significat aliquid ab alio emanans. id enim

007 ST1 SUMMAE THEOLOGIAE PRIMA PARS QU-3++4 AR-1RA-3
1 ad tertium dicendum quod, sicut, proprie loquendo, verbum dicitur
2 *personaliter* in divinis et non essentialiter, ita et dicere. unde,
3 sicut verbum non est commune patri et filio et spiritui sancto,

007 ST1 SUMMAE THEOLOGIAE PRIMA PARS QU-3++4 AR-2CO--
1 respondeo dicendum quod verbum proprie dictum in divinis
2 *personaliter* accipitur, et est proprium nomen personae filii.
3 significat enim quandam emanationem intellectus, persona autem

007 ST1 SUMMAE THEOLOGIAE PRIMA PARS QU-3++4 AR-3RA-4
6 intelligendo se, intelligit omnem creaturam. et propter hoc
7 in divinis est unicum tantum verbum, et *personaliter* dictum.

007 ST1 SUMMAE THEOLOGIAE PRIMA PARS QU-3++5 AR--PR--
1 deinde quaeritur de imagine. et circa hoc quaeruntur duo.
2 primo, utrum imago in divinis dicatur *personaliter*.
3 secundo, utrum sit proprium filii.

007 ST1 SUMMAE THEOLOGIAE PRIMA PARS QU-3++6 AR-2CO--
2 a filio esse. si enim non esset ab eo, nullo modo posset ab eo
3 *personaliter* distingui.
4 quod ex supra dictis patet.

007 ST1 SUMMAE THEOLOGIAE PRIMA PARS QU-3++6 AR-2RA-7
1 ad septimum dicendum quod spiritus sanctus distinguitur
2 *personaliter* a filio in hoc, quod origo unius distinguitur
3 ab origine alterius. sed ipsa differentia originis est per hoc,

007 ST1 SUMMAE THEOLOGIAE PRIMA PARS QU-3++7 AR-1CO--
1 respondeo dicendum quod nomen amoris in divinis sumi potest
2 et essentialiter et *personaliter*. et secundum quod *personaliter*
3 sumitur, est proprium nomen spiritus sancti; sicut verbum est

007 ST1 SUMMAE THEOLOGIAE PRIMA PARS QU-3++7 AR-1CO--
1 respondeo dicendum quod nomen amoris in divinis sumi potest
2 et essentialiter et *personaliter*. et secundum quod *personaliter*
3 sumitur, est proprium nomen spiritus sancti; sicut verbum est

007 ST1 SUMMAE THEOLOGIAE PRIMA PARS QU-3++7 AR-1CO--
34 essentialiter dicitur, quia non importat habitudinem ad verbum
35 procedens, sed verbum *personaliter* dicitur, quia significat id
36 quod procedit, ipsum vero dicere dicitur notionaliter, quia

007 ST1 SUMMAE THEOLOGIAE PRIMA PARS QU-3++8 AR-1RA-1
20 donum hoc modo dicitur esse dantis, sic distinguitur
21 a dante *personaliter*, et est nomen personale.

007 ST1 SUMMAE THEOLOGIAE PRIMA PARS QU-3++8 AR-2CO--
1 respondeo dicendum quod donum, secundum quod *personaliter* sumitur
2 in divinis, est proprium nomen spiritus sancti. ad cuius

83 of 231 (A)
007 ST1 SUMMAE THEOLOGIAE PRIMA PARS QU-3++9 AR-8RA-1
26 ly qui sumitur relative, posset referre interdum personam filii,
27 et sic sumeretur *personaliter*, ut puta si dicatur,
28 filius est genitus qui est; sicut et deus genitus

84 of 231 (A)
007 ST1 SUMMAE THEOLOGIAE PRIMA PARS QU-4++1 AR-4RA-3
10 deo. et ideo respectu illarum actionum secundum quas aliquae res
11 procedunt distinctae a deo, vel essentialiter vel *personaliter*,
12 potest deo attribui potentia, secundum propriam rationem

85 of 231 (A)
007 ST1 SUMMAE THEOLOGIAE PRIMA PARS QU-4++1 AR-4RA-3
16 processionem alicuius rei a deo distinctae, vel essentialiter
17 vel *personaliter*. unde respectu horum actuum, non potest salvari
18 ratio potentiae in deo, nisi secundum modum intelligendi

87 of 231 (A)
008 ST2 PRIMA SECUNDAE   QU-9++3 AR-1RA-2
8 divinis ipsum verbum, quod est conceptio paterni intellectus,
9 *personaliter* dicitur, sed omnia quaecumque sunt in scientia
10 patris, sive essentialia sive personalia, sive etiam dei opera

88 of 231 (A)
008 ST2 PRIMA SECUNDAE   QU-9++3 AR-1RA-2
14 aeterna verbo ipso exprimitur. nec tamen propter hoc sequitur
15 quod lex aeterna *personaliter* in divinis dicatur. appropriatur
16 tamen filio, propter convenientiam quam habet ratio ad verbum.

89 of 231 (A)
009 ST3# SECUNDA SECUNDAE   QU18++5 AR-5CO--
4 et ideo, ubi subditorum salus exigit personae pastoris
5 praesentiam, non debet pastor *personaliter* suum gregem deserere,
6 neque propter aliquod commodum temporale, neque etiam propter

90 of 231 (A)
009 ST3# SECUNDA SECUNDAE   QU18++5 AR-5RA-2
2 implere non possit, sufficit ut per alium impleat. unde praelatus,
3 si habet impedimentum propter quod non possit *personaliter*
4 curae subditorum intendere,

91 of 231 (QS)
010 ST4# TERTIA PARS   QU--++2 AR-1RA-3
1 ad tertium dicendum quod, sicut damascenus dicit,
2 natura divina dicitur incarnata, quia est unita carni *personaliter*
3 non quod sit in naturam carnis conversa. similiter

010 ST4# TERTIA PARS   QU--++3 AR-8CO--
22 et ideo, ad consummatam hominis perfectionem, conveniens fuit ut
23 ipsum verbum dei humanae naturae *personaliter* uniretur. secundo
24 potest accipi ratio huius congruentiae ex fine unionis, qui est

010 ST4# TERTIA PARS   QU--++7 AR-7RA-3
2 apostolis quia mittebantur ad docendas omnes gentes.
3 christus autem in una sola iudaeorum gente voluit *personaliter*
4 praedicare,

010 ST4# TERTIA PARS   QU--++7 AR11CO--
6 (gratia unionis) sicut supra dictum est,
7 est ipsum uniri *personaliter* filio
8 dei, quod est gratis concessum humanae naturae. et hanc gratiam

010 ST4# TERTIA PARS   QU--++9 AR-3CO--
11 in christo scientiam ponere inditam, inquantum per verbum dei
12 animae christi, sibi *personaliter* unitae, impressae sunt
13 species intelligibiles ad omnia ad quae est intellectus

010 ST4# TERTIA PARS   QU-1++3 AR-2CO--
10 virtutem, sive naturalem sive gratuitam. alio modo, prout est
11 (anima christi) instrumentum verbi dei sibi *personaliter* uniti. si ergo loquamur
12 de anima christi secundum propriam naturam et virtutem, sive

010 ST4# TERTIA PARS   QU-1++7 AR-2CO--
19 si igitur humana natura adveniret filio dei, non hypostatice vel
20 *personaliter*, sed accidentaliter,
21 sicut quidam posuerunt,

010 ST4# TERTIA PARS   QU-1++7 AR-2CO--
34 ea quae postmodum sibi adveniunt. sic igitur, cum humana natura
35 coniungatur filio dei hypostatice vel *personaliter*,
36 ut supra dictum est,

010 ST4# TERTIA PARS   QU-5++6 AR-1RA-3
22 autem resurrectio corporis christi, ex eo quod corpus illud est
23 *personaliter* verbo unitum,
24 est

101 of 231 (A)
010 ST4# TERTIA PARS   QU-5++6 AR-2RA-2
2 pertingit ad animas, non per propriam virtutem ipsius corporis
3 resurgentis, sed per virtutem divinitatis, cui *personaliter* unitur.

102 of 231 (A)
010 ST4# TERTIA PARS   QU-5++7 AR-5CO--
9 substantias; (corpus christi) considerando tamen dignitatem unionis qua est
10 *personaliter* deo coniunctum, excellit dignitatem omnium
11 spiritualium substantiarum. et ideo, secundum praedictae

103 of 231 (A)
010 ST4# TERTIA PARS   QU-5++9 AR-4RA-3
3 potestatis facta est particeps per
4 incarnationem anima ei *personaliter* unita.

104 of 231 (QA)
011 QDV# QU. DISP. DE VERITATE - 1 QU-1AR--PR-7
1 septimo utrum veritas in divinis dicatur essentialiter
2 vel *personaliter*.

105 of 231 (QA)
011 QDV# QU. DISP. DE VERITATE - 1 QU-1AR-7TTA-
1 septimo quaeritur utrum veritas in divinis dicatur
2 essentialiter vel *personaliter*.

106 of 231 (QA)
011 QDV# QU. DISP. DE VERITATE - 1 QU-1AR-7TTB-
1 et videtur (veritas)quod dicatur *personaliter*.

111 of 231 (A)
011 QDV# QU. DISP. DE VERITATE - 1 QU-1AR-7CO--
45 et secundum hanc acceptionem veritatis, veritas
46 proprie convenit filio, et *personaliter* dicitur;
47 et sic loquitur augustinus in lib. de

114 of 231 (QA)
011 QDV# QU. DISP. DE VERITATE - 1 QU-4AR--PR-2
1 secundo utrum verbum in divinis dicatur essentialiter vel
2 *personaliter* tantum.

115 of 231 (QA)
011 QDV# QU. DISP. DE VERITATE - 1 QU-4AR-2TTA-
1 secundo quaeritur utrum verbum in divinis dicatur
2 essentialiter vel *personaliter* tantum.

011 QDV# QU. DISP. DE VERITATE - 1 QU-4AR-2CO--
17 nisi secundum rationem tantum; unde operatio
18 in divinis non *personaliter*, sed essentialiter
19 dicitur, quia in deo non differt essentia,

011 QDV# QU. DISP. DE VERITATE - 1 QU-4AR-2CO--
23 vel rationis tantum, sicut hoc nomen operatio;
24 et ita utrum *personaliter*
25 vel essentialiter dicatur.

011 QDV# QU. DISP. DE VERITATE - 1 QU-4AR-2CO--
66 verbum si proprie accipiatur in divinis,
67 non dicitur nisi *personaliter*; si autem accipiatur
68 communiter, poterit etiam dici

011 QDV# QU. DISP. DE VERITATE - 1 QU-4AR-2CO--
73 nominum; et quia omnes sancti communiter
74 utuntur nomine verbi, prout *personaliter*
75 dicitur, ideo hoc magis dicendum est,

011 QDV# QU. DISP. DE VERITATE - 1 QU-4AR-2CO--
75 dicitur, ideo hoc magis dicendum est,
76 quod *personaliter* dicatur (verbum).

011 QDV# QU. DISP. DE VERITATE - 1 QU-4AR-2RA-2
5 notitia essentialiter dicatur in divinis, tamen
6 sapientia genita non dicitur nisi *personaliter*.
7 similiter etiam quod anselmus dicit,

011 QDV# QU. DISP. DE VERITATE - 1 QU-4AR-2RA-4
2 contrariari anselmus sibi ipsi. dicit
3 enim, quod verbum non dicitur nisi *personaliter*,
4 et convenit soli filio; sed dicere convenit

011 QDV# QU. DISP. DE VERITATE - 1 QU-4AR-2RA-4
10 verbo suo; unde, sicut verbum proprie
11 dictum non dicitur nisi *personaliter*
12 in divinis, et convenit soli filio, ita et

127 of 231 (A)
011 QDV# QU. DISP. DE VERITATE - 1 QU-4AR-2RA-6
4 patris, quia est virtus procedens a patre virtute. virtus
5 autem procedens *personaliter* dicitur. et similiter
6 potentia operativa procedens a patre.

128 of 231 (A)
011 QDV# QU. DISP. DE VERITATE - 1 QU-4AR-2RA-7
33 amor non ita se habet ad hoc ut dicatur
34 *personaliter*, sicut verbum.

129 of 231 (A)
011 QDV# QU. DISP. DE VERITATE - 1 QU-4AR-2RC-2
5 apud patrem, non potest concludi quod verbum
6 *personaliter* dicatur quia etiam dicitur
7 deus de deo, et deus apud deum.

134 of 231 (A)
011 QDV# QU. DISP. DE VERITATE - 1 QU-4AR-4RA-3
4 progrediens, quae est dispositio (creaturarum); et dicitur
5 *personaliter*, sicut et sapientia genita,
6 quamvis dispositio simpliciter sumpta, essentialiter

135 of 231 (A)
011 QDV# QU. DISP. DE VERITATE - 1 QU-4AR-5CO--
44 augustinus dicit.
45 nec ob hoc impeditur quin verbum *personaliter*
46 dicatur, quia, sicut pater *personaliter*

136 of 231 (A)
011 QDV# QU. DISP. DE VERITATE - 1 QU-4AR-5CO--
45 nec ob hoc impeditur quin verbum *personaliter*
46 dicatur, quia, sicut pater *personaliter*
47 dicitur, ita et deus generans, vel deus

137 of 231 (QA)
011 QDV# QU. DISP. DE VERITATE - 1 QU-7AR--PR-2
1 secundo utrum liber (vitae) dicatur essentialiter vel *personaliter*
2 in divinis.

138 of 231 (QA)
011 QDV# QU. DISP. DE VERITATE - 1 QU-7AR-2TTA-
1 secundo quaeritur utrum liber vitae dicatur essentialiter
2 vel *personaliter* in divinis.

139 of 231 (QA)
011 QDV# QU. DISP. DE VERITATE - 1 QU-7AR-2TTB-
1 et videtur quod *personaliter* (liber vitae).

011 QDV# QU. DISP. DE VERITATE - 1 QU-7AR-2CO--
1 responsio. dicendum, quod quidam dixerunt
2 quod liber vitae dicitur quandoque *personaliter*,
3 quandoque essentialiter; secundum

011 QDV# QU. DISP. DE VERITATE - 1 QU-7AR-2CO--
4 enim quod transfertur in divina ex ratione
5 scripturae, *personaliter* dicitur, secundum
6 hoc enim importat originem ab alio (liber [vitae] enim

011 QDV# QU. DISP. DE VERITATE - 1 QU-7AR-2CO--
11 quia nomen aliquod dictum de deo non dicitur
12 *personaliter* nisi de sui ratione
13 relationem originis importet, secundum hoc quod in

011 QDV# QU. DISP. DE VERITATE - 1 QU-7AR-2CO--
39 toti trinitati, liber in divinis non dicitur
40 *personaliter*, sed essentialiter tantum.

012 QDV QU. DISP. DE VERITATE - 2 QU29AR-1RA10
3 personali verbi unione: non tamen formaliter,
4 sed *personaliter*; et ideo indigebat informari
5 per gratiam (plenitudo omnis boni animae christi unita erat).

012 QDV QU. DISP. DE VERITATE - 2 QU29AR-1RA11
1 ad undecimum dicendum, quod anima unita
2 verbo *personaliter* nulla creatura est melior
3 simpliciter loquendo, sed secundum quid nihil

012 QDV QU. DISP. DE VERITATE - 2 QU29AR-7RA-7
1 ad septimum dicendum, quod gratia quae
2 alicui *personaliter* datur, sufficit quantum ad
3 id quod ad personam ipsius pertinet, non tamen

013 QDP QU. DISP. DE POTENTIA   QU-9AR-4RA15
[processio per modum intellectus]
4 spiritus sanctus vero per modum voluntatis,-
5 non sufficit ad distinguendum *personaliter*
6 spiritum sanctum a filio, cum voluntas

013 QDP QU. DISP. DE POTENTIA   QU-9AR-4RA15
6 spiritum sanctum a filio, cum voluntas
7 et intellectus non distinguantur *personaliter* in
8 divinis. si tamen concedatur quod hoc ad

013 QDP QU. DISP. DE POTENTIA   QU-9AR-9RA-7
1 ad septimum dicendum, quod verbum in
2 divinis non potest dici nisi *personaliter*, si
3 proprie accipiatur. nulla enim alia origo in

013 QDP QU. DISP. DE POTENTIA   QU10AR-4RA11
4 secundum amorem. ea vero quae
5 in divinis emissionem dicunt, *personaliter* tantum
6 accipi possunt, ut generare, spirare et

013 QDP QU. DISP. DE POTENTIA   QU10AR-5CO--
16 processionis spiritus sancti, impossibile
17 est quod spiritus sanctus a filio *personaliter*
18 distinguatur, et etiam impossibile est quod

013 QDP QU. DISP. DE POTENTIA   QU10AR-5CO--
28 personas per relationes, manifeste apparet
29 quod spiritus sanctus *personaliter* a filio distingui
30 non potest, si ab eo non procedat:

013 QDP QU. DISP. DE POTENTIA   QU10AR-5CO--
77 et spiritum sanctum, et ita non distinguetur
78 *personaliter* spiritus sanctus a filio. nec potest
79 dici, quod ad talem distinctionem faciendam

014 QDM QU. DISP. DE MALO   QU-3AR14CO--
10 prout tota trinitas potest dici etiam spiritus
11 sanctus; sive accipiatur *personaliter*, secundum
12 quod est tertia in trinitate persona.

014 QDM QU. DISP. DE MALO   QU-4AR-6RA19
10 ipsius non est transfusum ad alios,
11 quia eius principium fuit gratia *personaliter*
12 illi homini data.

017 QDI QU. DISP. DE UNIONE VERBI QU--AR-1CO--
50 naturae habere aliquid quod non pertinet
51 ad naturam speciei, et hoc unitur ei *personaliter*,
52 non naturaliter. hoc igitur modo

017 QDI QU. DISP. DE UNIONE VERBI QU--AR-1CO--
87 caro factum est, id est
88 homo; quasi ipsum verbum *personaliter* sit
89 homo. secundo, quia apostolus ad philipp.

017 QDI QU. DISP. DE UNIONE VERBI QU--AR-1CO--
169 substantia significat hypostasim, et hypostatice
170 vel *personaliter*.
171 huius autem unionis exemplum in rebus

017 QDI QU. DISP. DE UNIONE VERBI QU--AR-1CO--
198 modum unionis, ut humana natura uniretur
199 verbo *personaliter*, non tamen accidentaliter.
200 quamvis ad hoc in creaturis nullum sufficiens

020 OCE# CONTRA ERRORES GRAECORUM PS2 CP-1-
93 deitatem, sicut a filio dei datus et missus,
94 non autem sicut a filio *personaliter*
95 et aeternaliter existens (spiritus sanctus).

039 OTT COMPENDIUM THEOLOGIAE LB1 CP20++3 -
32 item non conveniret homini illi voces divinitatis
33 emittere, si *personaliter* deus non
34 esset. praesumtuosissime ergo dixisset:

045 OS4 RESP. AD LECT. VERCELL. DE ART. 108 QU-6++0
3 alteram personam notionaliter seipso, tamen
4 diligit creaturam et *personaliter* et essentialiter
5 seipso, credo simpliciter esse falsum (spiritus sanctus)

068 CIS# IN ISAIAM   CP52LC0
175 non erat, per prophetas, videbunt, corde,
176 audierunt ipsum (propheta) *personaliter* praedicantem. infra
177 65. ecce ego ad gentes quae nesciebant me et

075 CRO SUPER EP. AD ROMANOS   CP15LC1
245 debent honorare deum super misericordia
246 eis exhibita per christum, quia licet eis *personaliter*
247 non praedicaverit, ad eos tamen discipulos

084 RPS IN PSALMOS   PS-2N.-4
32 et ejusdem 15: hoc est praeceptum meum etc.. hoc
33 autem praeceptum *personaliter* praedicavit judaeis,
34 in persona scilicet propria: matth. 4: circuibat (Iesus)

084 RPS IN PSALMOS   PS50N.-6
144 et filius et spiritus sanctus. sed melius est ut accipiatur
145 *personaliter* (spiritus sanctus). tria autem facit spiritus sanctus
146 in homine. primo rectitudinem intentionis:

085 REM SUPER EVANGELIUM MATTHAEI   CP-8LC2
23 posuit, quod misit sacerdotes. (centurio)
24 augustinus dicit quod non *personaliter* venit,
25 sed quod dicitur quod venit, totum refertur

085 REM SUPER EVANGELIUM MATTHAEI   CP-9LC4
41 sequitur invitatio: et duo facit. (princeps synagogae)
42 primo exhibuit reverentiam, quia *personaliter*
43 accessit. item adoravit. item potestatem

086 REI SUPER EVANGELIUM JOHANNIS   CP-1LC-1
216 ex praemissis etiam patet quod verbum,
217 proprie loquendo, semper *personaliter*
218 accipitur in divinis, cum non importet nisi

086 REI SUPER EVANGELIUM JOHANNIS   CP-1LC-2
112 ab aeterno, et filii, qui carnem assumpsit ex
113 virgine, sed idem erat pater et filius *personaliter*;
114 trinitatem personarum in divinis confundens.

086 REI SUPER EVANGELIUM JOHANNIS   CP-1LC-6
38 per potentiam, ad illam postmodum veniens
39 *personaliter*, dicitur venire ubi prius
40 erat: venit enim per suam substantiam ubi (filius dei)

086 REI SUPER EVANGELIUM JOHANNIS   CP-1LC-7
327 cor. iii, 16: spiritus dei habitat in nobis.
328 praeterea, si christus *personaliter* deus non
329 esset, praesumptuosissime dixisset:

086 REI SUPER EVANGELIUM JOHANNIS   CP-4LC-7
285 vivit: et hoc ideo quia credebant christum
286 *personaliter* accedere, cuius praesentia iam
287 curato filio superflua videbatur.

086 REI SUPER EVANGELIUM JOHANNIS   CP-5LC-3
283 et filius et spiritus sanctus; et notionaliter,
284 seu *personaliter*, secundum quod spiritus
285 sanctus procedit ut amor. sed neutro horum (amor in divinis accipitur)

086 REI SUPER EVANGELIUM JOHANNIS   CP-8LC-2
83 nisi ergo ipse qui loquebatur et videbatur homo,
84 *personaliter* esset filius dei, non dixisset
85 ego sum lux mundi, sed in me habitat

086 REI SUPER EVANGELIUM JOHANNIS   CP11LC-1
122 curationem fratris languidi, non venerunt (duo sorores)
123 *personaliter* ad christum, sicut paralyticus,
124 lc. v, 18, et centurio, matth. viii,

086 REI SUPER EVANGELIUM JOHANNIS   CP12LC-4
55 sciendum autem, quod christus iudaeis tantum
56 *personaliter* praedicavit; rom. xv, 8:
57 dico christum iesum ministrum fuisse circumcisionis,

086 REI SUPER EVANGELIUM JOHANNIS   CP14LC-1
329 erat de christo apud discipulos, quando eum
330 *personaliter* videbant. subtraxit ergo se eis,
331 ut quem habebant praesentia corporali, et videbant

086 REI SUPER EVANGELIUM JOHANNIS   CP14LC-5
60 suis ut patrem: quamvis enim hoc
61 nomen pater *personaliter* acceptum, sit proprium
62 personae patris, essentialiter tamen acceptum

086 REI SUPER EVANGELIUM JOHANNIS   CP15LC-5
6 esse inexcusabiles; et hoc dupliciter.
7 primo per ea quae ipse (Iesus) *personaliter* circa
8 eos fecit et docuit;

086 REI SUPER EVANGELIUM JOHANNIS   CP15LC-5
29 et locutus eis non fuissem; idest, si
30 non ostendissem (ego Iesus) me *personaliter*, et eos *personaliter*
31 non docuissem, peccatum non

086 REI SUPER EVANGELIUM JOHANNIS   CP15LC-5
29 et locutus eis non fuissem; idest, si (ego Iesus)
30 non ostendissem me *personaliter*, et eos *personaliter*
31 non docuissem, peccatum non

086 REI SUPER EVANGELIUM JOHANNIS   CP15LC-5
84 excusari possent. sed hoc excusationis
85 suffragio carent, quia et eis *personaliter*
86 se exhibuit christus, et eos docuit. unde

086 REI SUPER EVANGELIUM JOHANNIS   CP20LC-4
159 venit, et stetit in medio discipulorum. venit
160 quidem *personaliter* ipse (Iesus) idem, sicut eis
161 promiserat supra xiv, 28: vado, et venio ad

088 R1C SUPER I AD COR. XI - XVI   CP16LC2
133 stephanae, fortunati, et achaici, quia
134 scilicet *personaliter* mecum sunt, et serviunt
135 mihi, in quo supplent quod deerat vobis, id

089 R2C SUPER II AD COR.   CP12LC6
18 vos in magno periculo. et ideo dicit timeo,
19 scilicet ne forte cum venero (ego Paulus), ad vos *personaliter*,
20 non inveniam vos quales vos volo, scilicet

092 RPL SUPER AD PHILIP.   CP2 LC4
163 vinculis. et ideo dicit mox, etc.. quia si detur
164 facultas, *personaliter* veniam (ego Paulus). et ideo
165 confido, etc.. sed tamen liberatus a vinculis

092 RPL SUPER AD PHILIP.   CP2 LC4
 229 pastor animam suam ponit pro ovibus
 230 suis. et hoc ut impleret, etc., quod vos *personaliter*
 231 non potuistis circa meum obsequium.

093 RCL SUPER AD COLOSS.   CP1 LC3
 182 qui est amor patris et filii. sed si dilectio
 183 sic semper teneretur *personaliter*, tunc filius
 184 esset filius spiritus sancti; sed quandoque dicitur

094 R1T SUPER AD THESS. I   CP2 LC2
 151 remedium, quod eis proposuit adhibere,
 152 scilicet quod *personaliter* iret ad eos. et
 153 circa hoc duo facit, quia (Paulus)

100 RHE SUPER AD HEBRAEOS   CP-2LC4
 69 eo modo quo nos participamus, id est, secundum
 70 rei veritatem, scilicet *personaliter* et
 71 substantialiter. nos enim participamus eis in

102 DTI DE NATURA VERBI INTELLECTUS CP1 -
 187 rursum manifestum est quare verbum
 188 proprie dicitur *personaliter* tantum. verbum
 189 enim nostrum semper est in continuo

102 DTI DE NATURA VERBI INTELLECTUS CP1 -
 204 quiete accipitur, et essentiale est in divinis,
 205 dicere vero, sicut et verbum, *personaliter*
 206 dicitur.

112 DSG OFFICIUM DE FESTO CORPORIS CHRISTI PS4 N.7
 9 qui huiusmodi horis in hac solemnitate (fideles)
 10 *personaliter* in ecclesiis interfuerint, stipendia
 11 spiritualia, apostolica largitione concessit;

3. Le correlazioni

Le correlazioni tra le parole possono essere di vario tipo: dirette e semplici, mai mediate, oppure subordinative, allorquando fra due nomi, elementi, parole, vi è dipendenza sintattica, come tra attributo e nome, soggetto e

predicato, e manifestano la struttura logica di una parola, la sua valenza e capacità di entrare in composizione sintagmatica con altre parole[295].

3.1 *Nomi correlati a* personaliter

I sostantivi o i nomi riferibili all'avverbio sono vari e sempre legati da forme verbali modificate da esso.

3.1.1 Riferimenti alle persone divine della Trinità

Amor (*in divinis*) designante lo Spirito Santo: c. 1 (1SN), c. 78 (ST1), c. 79 (ST1), c. 197 (REI).
Donum (*Spiritus Sanctus*): c. 81 (ST1), c. 82 (ST1).
Filius (vedi anche *Verbum*): come seconda persona della Trinità: c. 3 (1SN), c. 12 (1SN), c. 47 (SCG#), c. 50 (SCG#), c. 83 (ST1), c. 193 (REI), c. 194 (REI), c. 198 (REI).
Imago (*Filius in divinis*): c. 33 (1SN), c. 34 (1SN), c. 73 (ST1).
Operatio: (se metaforicamente intesa è essenziale: non c'è in Dio distinzione tra essere o operare) c. 119 (QDV#), c. 120 (QDV#) (altrimenti è personale è indica le processioni).
Pater: c. 56 (ST1), c. 136 (QDV#), c. 202 (REI).
Processioni (spirare e generare) dette personalmente: c.160 (QDP).
Relatio realis (*in divinis*): c. 24 (1SN), c. 48 (SCG#), c. 49 (SCG#).
Spiritus Sanctus: c. 51 (SCG#), c. 77 (ST1), c. 172 (QDP), c. 173 (QDP), c. 174, (QDP), c. 175 (QDP), c. 181 (OCE#), c. 183 (OS4), c. 189 (RPS).
Verbum: è la seconda ipostasi trinitaria. Tommaso la correla a *personaliter* per dire che, all'interno della Trinità, essa indica non qualcosa di comune, ma proprio e personale (è una persona, il Figlio): c. 14 (1SN), c. 15 (1SN), c. 21 (1SN), c. 22 (1SN), c. 23 (1SN), c. 25 (1SN), c. 26 (1SN), c. 27 (1SN), c. 28 (1SN), c. 30 (1SN), c. 31 (1SN), c. 32 (1SN), c. 63 (ST1), c. 66 (ST1), c. 67 (ST1), c. 69 (ST1), c. 70 (ST1), c. 72 (ST1), c. 80 (ST1), c. 87 (ST2), c. 114 (QDV#), c. 115 (QDV#), c. 121 (QDV#), c. 122 (QDV#), c. 123 (QDV#), c. 125 (QDV#), c. 126 (QDV#), c. 129 (QDV#), c. 135 (QDV#), c. 158 (QDP), c. 192 (REI), c. 215 (DTI), c. 216 (DTI).

---

[295] Le parole a flessione nominale possono essere rette: in maniera *aggettiva*, come predicato nominale o attributo, concordandosi grammaticalmente alla parola (e. g. pulchr*am* puell*am*); in maniera *sostantiva* (e. g. *metus sui*). Le parole a flessione verbale e adoperate come predicati verbali sono rette dal soggetto logico: nominativo per il verbo attivo e ablativo per quello passivo (i soggetti grammaticali di un verbo passivo ne sono in realtà l'oggetto logico e lo reggono).

Un altro uso di *Verbum* è fatto in relazione all'unione con la natura umana:
c. 92 (ST4#), o è uomo c. 178 (QDI).

Veritas: (nella sua accezione personale conviene al Figlio) c. 104 (QDV#),
c. 105 (QDV#), c. 106 (QDV#), c. 111 (QDV#).

Virtus: (che procede dal Padre) c. 127 (QDV#).

Altri vari contesti insistono sulla distinzione personale tra le ipostasi trinitarie: come forma (principio [scilicet Padre]) c. 35 (1SN), c. 76 (ST1).
c. 84 (ST1), c. 84 (ST1), c. 85 (ST1).

3.1.2 Riferimenti al mistero dell'Incarnazione

Anima Christi: (unita personalmente al Verbo come *instrumentum Verbi*)
c. 95 (ST4#), c. 96 (ST4#), c. 103 (ST4#), c. 152 (QDV).

Christus (*Dominus*, *Iesus*): (che predica personalmente, viene, parla, fa, in-
segna) c. 93 (ST4#), c. 182 (OTT), c. 187 (CRO), c. 188 (RPS), c. 195
(REI), c. 196 (REI), c. 200 (REI), c. 203 (REI), c. 204 (REI), c. 205
(REI), c. 206 (REI), c. 207 (REI).

Corpus Christi: (unito personalmente al Verbo) c. 100 (ST4#), c. 102
(ST4#).

Gratia unonis: (il cui termine è l'unire personalmente) c. 94 (ST4#).

Lex aeterna: (*in divinis* è il Figlio) c. 88 (ST2).

Natura divina: (unita personalmente alla carne, quindi incarnata) c. 91
(ST4#).

Natura humana: (che non è personalmente distinta dal Verbo) c. 46 (4SN),
(congiunta al Figlio di Dio personalmente) c. 99 (ST4#), c. 180 (QDI).

Plenitudo omnis boni: (unita all'anima di Cristo) c. 151 (QDV).

Qualcosa unita personalmente ad una natura sebbene non pertinente alla natura stessa: c. 177 (QDI).

Sapientia genita: c. 124 (QDV#).

Substantia: c. 179 (QDI).

3.1.3 Altri riferimenti

Aliquid: (*habere aliquid ab alio*) c. 11.

Aliqua res: (distinte da Dio personalmente) c. 84, c. 85.

Anima: (non è persona quando unita personalmente ad altra cosa) c. 41
(4SN).

Centurio: c. 190 (REM).

Discipuli: c. 201 (REI).

Dispositio creaturarum: c. 134 (QDV#).

Ea quae: (convengono personalmente ai buoni e ai cattivi) c. 54.

Emissiones in divinis: c. 160.

Gratia (homini collata): c. 153 (QDV), c. 176 (QDM).

Iustitia originalis: (conferita personalmente) c. 38 (2SN).

Liber Vitae: (inteso solo essenzialmente e non personalmente nella Trinità) c. 139 (QDV#), c. 147 (QDV#), c. 148 (QDV#), c. 149 (QDV#), c. 150 (QDV#).

Nomi propri (personaggi vari): c. 187 (CIS#), c. 199 (REI), c. 208 (R1C); (Paolo) c. 209 (RPL), c. 210 (RPL), c. 211 (RPL), c. 213 (R1T); (fedeli) c. 217 (DSG), (noi/voi) c. 211 (RPL), c. 214 (RHE).

Pastor: c. 89 (ST3#).

Praelatus: c. 90 (ST3#).

Princeps synagogae: c. 191 (REM).

Unus: (come individuo) c. 52.

Colui che è privo della Redenzione: c. 44 (4SN).

Ciò che divide un individuo da un altro personalmente. c. 52 (SCG#), c. 13 (1SN).

3.2 *Forme verbali modificate da* personaliter

Anch'esse sono diverse e sono state raggruppate in base alla somiglianza di significato.

3.2.1 *Sumi, dici, accipi et similia*

Sono verbi che indicano una qualità del nome cui si riferiscono e significano: essere detto, essere assunto, essere preso (questi due in senso metaforico ovviamente). Può così essere detto personalmente (*dici, sumi, accipi*):

Amor (in divinis): c. 1 (1SN), c. 128 (QDV#), (*nomen amoris in divinis*) c. 78 (ST1), c. 79 (ST1), c. 197 (REI).

Dispositio creaturarum: c. 134 (QDV#).

Donum (Spiritus Sanctus): c. 82 (ST1).

Forma (in quanto principio – Padre): c. 35 (1SN).

Imago: c. 33 (1SN), c. 34 (1SN), c. 73 (ST1).

Lex aeterna: (*in divinis dicitur, sed appropriatur Filio*) c. 88 (ST2).

Liber vitae: (*non dicitur*) c. 137 (QDV#), c. 138 (QDV#), c. 139 (QDV#), c. 147 (QDV#), c. 148 (QDV#), c. 150 (QDV#).

Nomen ingeniti: c. 62 (ST1).

Operatio (in divinis non dicitur): c. 119 (QDV#), c. 120 (QDV#).

Pater: c. 56 (ST1), c. 136 (QDV#), c. 202 (REI).

Persona in divinis: c. 2 (1SN).

Relatio realis: c. 24 (1SN).

Sapientia genita: c. 124 (QDV#).
Spiritus Sanctus: c. 175 (QDM), c. 189 (RPS).
Verbum: c. 14 (1SN), c. 15 (1SN), c. 21 (1SN), c. 22 (1SN), c. 23 (1SN),
c. 25 (1SN), c. 26 (1SN), c. 27 (1SN), c. 28 (1SN), c. 29 (1SN), c. 30
(1SN), c. 31 (1SN), c. 32 (1SN), c. 63 (ST1), c. 66 (ST1), c. 67 (ST1),
c. 69 (ST1), c. 70 (ST1), c. 72 (ST1), c. 80 (ST1), c. 87 (ST2), c. 114
(QDV#), c. 115 (QDV#), c. 121 (QDV#), c. 122 (QDV#), c. 123
(QDV#), c. 125 (QDV#), c. 126 (QDV#), c. 129 (QDV#), c. 135
(QDV#), c. 158 (QDP), c. 192 (REI), c. 215 (DTI), c. 216 (DTI).
Veritas: c. 104 (QDV#), c. 105 (QDV#), c. 106 (QDV#), c. 111 (QDV#),
Virtus a Patre procedens: c. 127 (QDV#).

3.2.2 Verbi che indicano una distinzione da altro

«Essere distinto»:
Donum: c. 82 (ST1).
Natura humana (non lo è rispetto al Verbo) c. 46 (4SN).
Spiritus Sanctus: (dal Padre e dal Figlio) c. 51 (SCG#), (dal Figlio) c. 77
(ST1), (non lo è dal Figlio se da esso non procede) c. 173 (QDP).
Voluntas et intellectus: (*non distincti in divinis*) c. 155 (QDP).

«Distinguere»:
La relazione reale rispetto a quella in intelletto c. 48 (SCG#), c. 49 (SCG#).
Processio per modum intellectus: (*non sufficit ad distinguendum Spiritum
Sanctum a Filio*) c. 154 (QDP).

3.2.3 Verbi che indicano un'unione con altro

Anima (non è persona se unita personalmente ad altro) c. 41 (3SN).
Anima Christi (*Verbo unita*): c. 95 (ST4#), c. 96 (ST4#), c. 103 (ST4#), c.
152 (QDV).
Corpus Christi (*unitum Verbo*): c. 100 (ST4#), (*Verbo coniunctum*) c. 102
(ST4#).
Natura divina (unita alla carne). c. 91 (ST4#).
Natura humana: (*advenit Filio*) c. 98 (ST4#), (*coniugata Filio*) c. 99
(ST4#), (*Verbo unita*) c. 180 (QDI).
Plenitudo omnis boni: (*animae Christi*) c. 151 (QDV).
Verbum (*Dei humanae naturae unitum*): c. 92 (ST4#).
Ipsum uniri Filio (*gratiae unionis finis*): c. 94 (ST4#).

3.2.4 Verbo essere

Alius: (altro è l'essere persona o personalmente) c. 13.
Secondo Sabellio il Figlio non è altro personalmente dal Padre: c. 47 (SCG#).
Christus: (*si Deus non esset, praesumtuosissime dixisset*) c. 182 (OTT), c. 195 (REI).
Amici Pauli: (*esse cum eo*) c. 208 (R1C).
Filius Dei: (*esset homo*) c. 198 (REI).
Idem erat Pater et Filius: (*secundum Sabellium*) c. 193 (REI).
Verbum (*est homo*): c. 178 (QDI).

3.2.5 Altre forme verbali

Accedere: (*princeps synagogae*) c. 191 (REM), (*Christus*) c. 196 (REI).
Conferre: (*iustitia originalis*) c. 38 (2SN).
Dari: (*gratia alicui*): c. 153 (QDV), c. 176 (QDM).
Deserere non debet: *pastor* c. 89 (ST3#).
Existens: (*Spiritus Sanctus*) c. 181 (OCE#).
Exhibere se: (*Christus*) c. 206 (REI).
Facere et docere: (*Iesus*) c. 203 (REI), c. 205 (REI).
Habere: c. 11 (1SN).
Indigere: (*Christi redemptione*): c. 44 (4SN).
Intendere non possit: *praelatus* c. 90 (ST3#).
Intersesse: (*fideles in ecclesiis*) c. 217 (DSG).
Ire: c. 213 (R1T).
Ostendere se: (*Iesus*) c. 204 (REI).
Participare: c. 214 (RHE).
Praedicare: (*voluit*) *Christus* c. 93 (ST4#), c. 187 (CRO), c. 188 (RPS), c. 200 (REI), (*propheta*) c. 184 (CIS#).
Significat: (*substantia hypostasim*) c. 179 (QDI).
Venire: (*centurio*) c. 190 (REM), (*Filius Dei*) c. 194 (REI), (*duo sorores*) c. 199 (REI), (*Iesus*) c. 207 (REI), (*Paulus*) c. 209 (R2C), c. 210 (RPL).
Videre: (*discipuli Iesum*) c. 201 (REI).

4. Osservazioni

La presente documentazione ci porta a considerare l'alto uso trinitario e cristologico dell'avverbio. Se del primo ambito sono utilizzati i verbi di definizione (*dici, sumi, accipi...*) e di distinzione, nel secondo prevalgono quelli di unione.

I nomi più usati sono quelli che si riferiscono alla seconda ipostasi trinitaria (*Verbum*, *Imago*,...) sempre soggetto della proposizione anche in presenza del verbo essere: è il *Verbum* non l'uomo o la natura umana ad *essere* personalmente.

Capitolo VIII

L'asse gerarchico: il livello dei significati

L'ultima tappa[296] di quest'indagine porta all'analisi delle *correlazioni coordinative*, quelle presenti nelle elencazioni e nelle contrapposizioni (i *non... sed*)[297], che manifestano il sistema generativo concettuale, che, per il locutore, è l'ordine che hanno i concetti significati dalle parole, secondo rapporti di sinonimia, tassonomia, metonimia[298].

I correlanti, che mettono in relazione due elementi di una frase, possono essere particelle sintattiche non soggette a flessione (come le preposizioni, all'interno della frase, e le congiunzioni, tra frasi o parti di esse), locuzioni varie (*ergo, autem, sed contra*), il verbo *sum* (come copula) o, ancora, i pronomini (con funzione di vicarianza o deittici, indicanti una realtà singolare). Queste correlazioni grammaticali verranno indagate nella loro relazione con *personaliter*.

Le parole, infatti, hanno un significato primo che si può allargare nel «cono semantico» e articolare sul «piano gerarchico», per cui la ricerca lessicografica cercherà di giungere al significato «primo». Vi è una valenza ed anche una «geografia» del significato testimoniata da relazioni logiche di equivalenza, di esclusione e di implicazione tra il significato di una parola e i significati di altre parole gerarchicamente connesse, per cui una nozione non è espressa da una sola famiglia di lemmi, ma anche dai suoi sinonimi, antonimi e tassonimi, ovvero il sistema generativo concettuale.

1. La sinonimia

La sinonimia consiste nell'equivalenza semantica tra lemmi o sintagmi, pur restando tale intercambiabilità limitata. Per la «legge degli indiscernibili

---

[296] È il «documento 8» di Sangalli. Cf. SANGALLI S., *op. cit.*, p. 64.

[297] Le parole a loro volta sono dette *correlanti* (sincategoremi) e hanno una funzione grammaticale formale. Oppure dono dette *correlabili* (categoremi) e hanno un contenuto significativo determinato. I correlati sono, invece «reciprocamente coordinati» (come le congiunzioni «et» e «vel») o «l'uno subordinante» (reggente) e «l'altro subordinato» (retto). Le parole «coordinate» (elencazioni, contrapposizioni, esplicitazioni) formano un'associazione sintattica.

[298] Per esempio: *dirigere vel amare* è sinonimia; *non dat... sed* esprime un'antinomia; *circa difficilia, delectabilia* è indice di tassonimia ovvero di un ordine tra parole.

linguistici» due lemmi, assolutamente e sempre sinonimi, sarebbero in realtà lo stesso lemma. Per la «legge di discernimento linguistico» due lemmi, che inizialmente avessero la stessa denotazione, per il fatto di essere lessicalmente diversi, esprimeranno nel tempo diversa connotazione.

Di seguito verranno prese in esame tutte le volte che *personaliter* è in presenza di particelle che lo pongono in situazioni di sinonimia con altre parole o si indicheranno eventuali avverbi sinonimi.

1.1 *Realiter*

La *relatio in divinis*: *quae personaliter distinguuntur, realiter oportet distingui* (c. 49 SCG#).

1.2 *Vel*

Tommaso si domanda se *Imago, veritas, Liber Vitae* e, il più delle volte, *Verbum* siano *in divinis: essentialiter vel personaliter* (c. 14, c. 33 1SN, c. 63 ST1, c. 105, c. 114, c. 115, c. 137, c. 138 QDV#). Oppure se la *operatio* sia: *personaliter vel essentialiter* (c. 120 QDV#). Inoltre vi sono alcune realtà che procedono da Dio: *vel essentialiter vel personaliter* (c. 84, c. 85 ST1).

La *substantia* significa *hypostasis*: *hypostatice vel personaliter* (c. 179 QDI).

La natura umana si congiunge al Figlio di Dio: *hypostatice vel personaliter* (c. 98, c. 99 ST4#).

Il Figlio è altro dal Padre: *in persona vel personaliter* (c. 12 1SN), *persona vel personaliter* (c. 13 1SN).

1.3 *Sive*

Il Verbo come *species concepta* e in maniera assoluta *in divinis* può essere detto: *sive personaliter, sive essentialiter* (c. 31, c. 32 1SN).

Amor in divinis può essere compreso sia: *notionaliter seu personaliter* (c. 197 REI).

1.4 *Et*

Il Verbo in Dio può essere detto anche: *essentialiter et personaliter* (c. 21, c. 25, c. 29 1SN).

L'*Amor* in Dio può dirsi: *et essentialiter et personaliter* (c. 78 ST1).

Il Verbo può essere ritenuto in Dio: *personaliter et essentialiter* (c. 23 1SN).

È falso affermare che lo Spirito Santo ami la creatura: *personaliter et essentialiter* (c. 183 OS4).

Propriamente parlando il Verbo in Dio può essere detto: *personaliter et non essentialiter* (c. 69 ST1).

Il modo di partecipare di Cristo alla natura umana non è fantastico né accidentale, ma: *personaliter et substantialiter* (c. 214 RHE).

1.5 *Nisi*

La Sapientia generata non può dirsi: *nisi personaliter* (c. 124 QDV#).

Il Verbo non in Dio, propriamente parlando, non può dirsi: *nisi personaliter* (c. 158 QDP, c. 121, c. 125, c. 126 QDV#, c. 22 1SN).

1.6 *Quandoque*

L'*Amor* in Dio può essere considerato: *quandoque essentialiter, quandoque personaliter, quandoque notionaliter* (c. 1 1SN).

Il Verbo come l'*Amor* può essere detto: *quandoque essentialiter et quandoque personaliter* (c. 27 1SN).

Alcuni ritengono che il *Liber Vitae* sia da prendersi: *quandoque personaliter, quandoque essentialiter* (c. 147 QDV#).

2. L'antinomia

Gli antonimi sono «paritetici» (inversivi e. g. comprare-vendere) e «sbilanciati» (lo stesso atto può essere visto da diversi punti: genitori-figli).

È importante chiarire che ogni concetto si determina in contrapposizione ad una altro (e. g. *natura* sarà cosa diversa se contrapposta a *persona* o a *voluntas*). Il caso più evidente di antinomia lo si è riscontrato con l'avverbio *impersonaliter*, mentre non vanno sottovalutati i casi in cui *personaliter* è contrapposto ad *essentialiter, formaliter, naturaliter, accidentaliter* (in quest'ultimo caso emerge la sua relazione al genere delle sostanze).

2.1 *Sed*

Propriamente parlando il Verbo in Dio non è da prendersi *essentialiter, sed personaliter tantum* (c. 66 ST1).

La pienezza di ogni bene, unita all'anima di Cristo, mancava dell'essere informata dalla grazia, perché la sua unione era: *non formaliter, sed personaliter* (c. 151 QDV).

La natura umana sopraggiunge al Figlio di Dio *non hypostatice vel personaliter, sed accidentaliter* (c. 98 ST4#).

La *operatio* in Dio è detta *non personaliter, sed essentialiter* (c. 119, QDV#).

Il *Liber Vitae* è detto in Dio *non personaliter, sed essentialiter* (c. 150 QDV#).

La giustizia originale ad Adamo *non sibi collatum personaliter, sed inquantum talem naturam habebat* (c. 38 2SN).

2.2 *Non*

Qualcosa non pertinente alla natura della specie può essere ad essa unita: *personaliter, non naturaliter* (c. 177 QDI).

La natura umana è unita al Verbo: *personaliter, non accidentaliter* (c. 180 QDI).

3. La tassonomia

La tassonomia (classificatoria, componenziale o funzionale) è la relazione complessa di implicazione semantica tra parole (distinte in iperonimi, iponimi, perionimi) e rispecchia la struttura logica, il cosiddetto «albero di Porfirio», che ordina i significati secondo rapporti di implicazione[299].

Per quanto riguarda *personaliter* si può dire che esso può essere classificato per la «tassonomia classificatoria» come iponimo della parola *substantia*. *Personaliter* (come il suo perionimo e antonimo *impersonaliter*) deriva, infatti, dall'aggettivo *personalis* e questi a sua volta dal nome *persona*, che

---

[299] I tassonimi sono lemmi o sintagmi gerarchicamente disposti: *secondo il grado* e possono essere *iperonimi* (la parola gerarchicamente superiore), *iponimi* (la parola gerarchicamente inferiore) e *perionimi* (le parole gerarchicamente affiancate, che possono essere anche anonimi); *secondo il tipo*, per cui avremo una *tassonomia classificatoria* (è il corrispettivo linguistico dell'albero di Porfirio, per cui vi è un *genus*, e. g. il felino, il gatto, il siamese o persiano, fino al mio micio Bobby!). Abbiamo quindi un «iperonimo generale» (che ha estensione massima) e si predica universalmente ed un «eponimo speciale», che ha intensione massima, ed è il concreto singolare e non si predica che di se stesso. *Tassonomia componenziale* (divide una realtà intera), per cui si ha un «iperonimo integrale» e degli «iponimi integranti» (e. g. l'edificio, le fondamenta, il tetto...). *Tassonomia funzionale*: è applicata non a cose, ma a funzioni. Vi è dunque una funzione generale e altre potenziali: l'iperonimo si predica dell'iponimo, ma imperfettamente (la Chiesa universale e quella particolare).

Tommaso definisce come «individua substantia rationalis naturae», anche se, per essere più precisi, la persona è un'ipostasi di natura razionale[300]. *Persona* e *personaliter* risultano esser eponimi, ma non speciali, potendo persona essere predicato del singolare concreto, del *nomen*.

Anche se non risulta applicabile una tassonomia componenziale, vi è la possibilità di impiegare quella funzionale: il lemma *substantia* può essere predicato di quello di *persona*, di conseguenza – sebbene imperfettamente – *substantialiter* può essere riferito a *personaliter*.

3.1 *Casi di elencazione*

L'unico caso di elencazione riscontrata che potrebbe dire gerarchia è il seguente: L'*Amor* in Dio si può dire: *quandoque essentialiter, quandoque personaliter, quandoque notionaliter* (c. 1 1SN).

3.2 *Sineddoche e metonimia*

La sineddoche e la metonimia sono i tropi che modificano la tassonomia, rispettivamente in linea retta o obliqua, mentre la metafora interrompe la continuità gerarchica tra campi semantici.

3.2.1 La sineddoche

È il tropo (o procedimento retorico) che stringe o allarga la tassonomia adoperando l'iperonimo per l'iponimo e viceversa (e. g. mortale per uomo, pane per cibo). La sineddoche tra l'iperonimo generale e l'iponimo infimo è detta «antonomasia» che può essere ascendente (il nome proprio usato come nome comune) o discendente (il nome comune usato come nome proprio (e. g. *Philosophus* per Aristotele). Non risultano casi di sineddoche giacché Tommaso si preoccupa di contrapporre *personaliter* ad *essentialiter*.

D'altra parte se persona è il modo più alto di essere sostanza, egli non ha bisogno di usare un termine generico ed inoltre la maggior parte dei contesti, nei quali è usato l'avverbio, riguarda gli scritti di trinitaria e cristologia, dove si tratta di sostanze «ben definite», cioè le sole persone.

---

[300] Cf. *In I Sententiarum*, ds. 25 (tutta la *quaestio* prima); *In III Sententiarum*, ds. 6 (*quaestio* sesta); *Summa Theologiae*, I, q. 29; q. 40, a. 3.

3.2.2 La metonimia

La metonimia è quella figura retorica dove si usa un termine trasferendolo dalla sfera concettuale che gli è propria ad un'altra con cui è in relazione dipendente (metonimo), in virtù di una relazione di contiguità o connessione semantica: avremo il contenente per il contenuto (e. g. cielo per Dio).

Di *personaliter* non ci sono casi di metonimia, anche perché Tommaso usa e distingue in maniera precisa l'avverbio *personaliter*, che, riguardando una realtà singolare, non permette salti semantici.

3.2.3 La metafora

È l'associazione – spesso in subordinazione sintattica – di due parole o locuzioni appartenenti a due campi semantici di per sé estranei[301].

Si rileva che mancano sineddochi a proposito di un avverbio che riguarda una realtà singolare (oseremmo dire univoca) e non risultano nemmeno metafore che indicano il modo di essere personale.

---

[301] Esse sono *semplici* dal punto di vista grammaticale e sono «predicative» (il verbo essere è copulativo «il mare è un olio») o «sintagmatiche, sintattiche» (capelli d'oro); dal punto di vista logico sono «metafore di parallelismo» (evidenziano l'aspetto d'identità), «metafore di interferenza» (evidenziano l'aspetto di dissimilitudine) e possono essere esplicitamente motivate o lasciate all'interpretazione del locutore. La sineddoche si basa su una «analogia di gradazione», la metonimia su una «analogia di rapporto o attribuzione» e la similitudine o metafora su una «analogia tra rapporti (o proporzionalità)». Le similitudini che si basano su un rapporto di dissomiglianza sono utilizzate per il discorso apofatico. Le leggi di catacresi della sineddoche accompagnano la storia dei concetti e delle mentalità e regolano l'uso rigoroso della metonimia per la metafisica. Per la «legge di ridefinizione reciproca degli elementi in un sistema relazione» quale può essere il linguaggio, in cui tutti gli elementi sono in relazione l'uno con l'altro, il cambiamento di uno (o in un) elemento porta gli altri a rimodellarsi speculativamente. L'uso consolidato della sineddoche (la catacresi appunto) può portare ad una modifica della tassonomia cambiando anche il modo di parlare o pensare. Si potrà dunque avere anche il caso di una «specializzazione degli iperonimi», quando un iperonimo perfetto viene attratto dall'iponimo principale (o ritenuto tale culturalmente) come nel caso di *homo* che comprende *vir* e *mulier*; oppure una «generalizzazione ed esportazione dell'antonimo» (il contrario nel genere diviene contrario al genere): il binomio *coeli-terrae* indicava elementi della realtà intramondana, mentre ora i cieli si riferiscono a ciò che è spirituale rispetto alla materia. Gli iperonimi generali sono esclusivi delle differenze così da essere o univoci, ma esclusivi delle differenze o analoghi ed inclusivi delle differenze.

4. Osservazioni

Quest'ultimo ambito ha mostrato un ulteriore spettro semantico di *personaliter*, derivato dalla contrapposizione con altri termini linguistici, grazie al quale è possibile sapere non solo ciò che esso significa, ma anche ciò che non significa.

Costante è il confronto tra *essentialiter* e *personaliter,* tra un modo di essere e quello di essere in maniera caratterizzata. Questa dialettica è presente specialmente nella trinitaria, dove l'«essere personalmente» è distinto e differisce dall'essere in comune (derivante dall'unica essenza divina). I due avverbi, tuttavia, non sempre indicano contrapposizione, anche perché il mistero trinitario esige ineffabile unità e misteriosa diversità allo stesso tempo.

In ambito cristologico si sottolinea l'unione personale, e non accidentale, tra la natura divina e quella umana, unione che è ipostatica.

Infine si indica il caso di elencazione che svela la *mens* teologica latina di Tommaso il quale, per parlare di Dio, parte da ciò che è comune per arrivare a ciò che è proprio.

CAPITOLO IX

Capitoli speciali di ermeneutica testuale

Il presente capitolo analizza i contesti inizialmente non propri di Tommaso che tuttavia sono interessanti perché da lui utilizzati. Essi sono gli AG, SC, EX e i *Florilegia* o *Catenae Aureae*. Si riportano in elenco i più significativi, facendo delle osservazioni laddove sembrerà opportuno.

4 of 231 (A)
001 1SN IN I SENTENTIARUM DS20QU1 AR2-AG-2
1 praeterea, inter habere aliquid ab alio personaliter
2 et essentialiter, et non habere aliquid ab

5 of 231 (A)
001 1SN IN I SENTENTIARUM DS20QU1 AR2-AG-2
2 et essentialiter, et non habere aliquid ab
3 alio nec personaliter nec essentialiter, medium est
4 habere aliquid ab alio personaliter et non essentialiter.
+ 6 of 231 (A)
+ 7 of 231 (A)
+ 8 of 231 (A)
+ 9 of 231 (A)
+ 10 of 231 (A)

* In questo gruppo di contesti, Tommaso si trova di fronte ad obiezioni che stanno alla base del discorso trinitario. In altre parole sta trattando in profondità la questione che stabilisce ciò che va detto come personale (proprio) e ciò che va detto in comune (essenziale).

57 of 231 (A)
007 ST1 SUMMAE THEOLOGIAE PRIMA PARS QU-3++3 AR-3AG-1
1 ad tertium sic proceditur. videtur quod hoc nomen pater
2 non dicatur in divinis per prius secundum quod personaliter
3 sumitur. commune enim, secundum intellectum, est prius proprio.
+ 55 of 231 (QL)
+ 58 of 231 (A)
+ 59 of 231 (A)
+ 60 of 231 (A)
+ 61 of 231 (A)
+ 64 of 231 (A)

+ 65 of 231 (A)
+ 71 of 231 (A)

    * È un uso già visto di *personaliter* in riferimento alle persone divine.

74 of 231 (A)
007 ST1 SUMMAE THEOLOGIAE PRIMA PARS QU-3++5 AR-1AG-1
1 ad primum sic proceditur. videtur quod
2 imago non dicatur personaliter in divinis.
3 dicit enim augustinus, in libro de fide ad petrum,
+ 75 of 231 (A)

    * L'*Imago*, se personale, *in divinis* è il Verbo.

39 of 231 (A)
003 3SN IN III SENTENTIARUM DS-1QU2 AR5-EX--
60 speciali modo operatus est ad redemptionem filiorum
61 israel, quia eis personaliter praedicavit; unde
62 matth. 15, 24: non sum missus nisi ad oves quae
+ 40 of 231 (QS)
+ 42 of 231 (A)
+ 43 of 231 (A)

    * Sono contesti che indicano azioni fatte di persona, che interessano l'individuo quale soggetto ultimo di ciò che fa.

45 of 231 (A)
004 4SN IN IV SENTENTIARUM DS49QU4 AR3-SC-1
2 discretio personarum. sed in christo non est aliquid
3 personaliter distinctum a filio dei, qui est
4 sponsus, ut patet joan. 3, 20: qui habet sponsam

    * È interessante che qui Tommaso non pone nulla di personalmente distinto, in Cristo, rispetto al Figlio (non c'è posto per altre persone).

185 of 231 (L)
074 CJO CATENA AUREA IN JOANNEM CP-7LC-4
145 evadere in hoc saeculo, magni laboris est:
146 non personaliter iudicare. admonuit quidem
147 dominus iudaeos, admonuit et nos:
+ c. 186 of 231 (L)

    * In tali contesti l'uso dell'avverbio – che non è riconducibile ad un pensiero proprio di Tommaso, ma ad Agostino – indica il giudizio non fatto con

disinteresse (quindi riguarda un ambito morale, anziché una designazione di modo di essere)

156 of 231 (A)
013 QDP QU. DISP. DE POTENTIA QU-9AR-9AG-7
1 sed diceretur, quod verbum dicitur in divinis
2 non solum personaliter, sed essentialiter;
3 et sic verbum essentialiter dictum potest esse

157 of 231 (A)
013 QDP QU. DISP. DE POTENTIA QU-9AR-9AG-7
6 et ita importat originem. quae autem
7 important originem in divinis, dicuntur personaliter,
8 et non essentialiter. ergo verbum essentialiter
+ 159 of 231 (A)
+ 161 of 231 (A)
+ 162 of 231 (A)
+ 163 of 231 (A)
+ 164 of 231 (A)
+ 165 of 231 (A)
+ 166 of 231 (A)
+ 167 of 231 (A)
+ 168 of 231 (A)
+ 169 of 231 (A)
+ 170 of 231 (A)
+ 171 of 231 (A)

* *Personaliter* viene utilizzato per distinguere nella Trinità ciò che è comune e ciò che è proprio (ovvero soggetto ad un rapporto dovuto alla relazione d'origine).

16 of 231 (QA)
001 1SN IN I SENTENTIARUM DS27QU2 AR2AAG-1
1 ad secundum sic proceditur. videtur quod
2 verbum non dicatur personaliter; sicut enim dicit
3 augustinus, verbum quod
+ 17 of 231 (A)
+ 18 of 231 (A)
+ 19 of 231 (A)
+ 107 of 231 (A)

* Ci si trova di fronte ad obiezioni circa la natura personale del Verbo.

011 QDV# QU. DISP. DE VERITATE - 1 QU-1AR-7AG-1
1 quidquid enim in divinis importat relationem
2 principii, personaliter dicitur. sed veritas
3 est huiusmodi, ut patet per augustinum

+ 109 of 231 (A)
+ 110 of 231 (A)

011 QDV# QU. DISP. DE VERITATE - 1 QU-1AR-7AG-3
4 conceptionem intellectus, sicut et verbum.
5 ergo, sicut et verbum personaliter dicitur, ita et
6 veritas.
+ 112 of 231 (A)
+ 113 of 231 (A)
+ 116 of 231 (A)
+ 117 of 231 (A)
+ 118 of 231 (A)
+ 130 of 231 (A)
+ 131 of 231 (A)
+ 133 of 231 (A)

* Le suddette argomentazioni tendono a vedere, nella «verità» *in divinis*, qualcosa di personale distinta dal Verbo. Così o entrambi sono enti personali o entrambi entità essenziali (essendo realtà simili). Come abbiamo visto nei contesti propri, Tommaso identifica la verità con il Verbo è così è risolto il problema.

140 of 231 (A)
011 QDV# QU. DISP. DE VERITATE - 1 QU-7AR-2AG-1
5 quod habet principium; quod autem habet
6 principium, in divinis dicitur personaliter. ergo
7 liber vitae personaliter dicitur.
+ 141 of 231 (A)
+ 142 of 231 (A)
+ 143 of 231 (A)
+ 144 of 231 (A)
+ 145 of 231 (A)
+ 146 of 231 (A)

* Sono questi quei contesti che sottolineano la «personalità» del «libro della vita» in Dio. Ma già si conosce la risposta di Tommaso: esso può essere predicato solo «essenzialmente» in quanto appartiene all'attività di tutta la Trinità.

132 of 231 (A)
011 QDV# QU. DISP. DE VERITATE - 1 QU-4AR-4AG-4
12 aliud quam idea. idea autem non dicitur in
13 divinis personaliter, sed essentialiter. ergo
14 verbum personaliter dictum in divinis, quo

* Qui si riporta la concezione riguardante il Verbo come causa esemplare del creato. In tal senso essendo in Dio un'idea, è «essenziale» e, dunque, il Verbo dovrebbe essere detto essenziale e non personale in Dio. Ma Tommaso così risponde all'argomentazione: «ad quartum dicendum, quod Verbum differt ab Idea: Idea enim nominat formam exemplarem absolute; sed Verbum creaturae in Deo nominat formam exemplarem ab alio deductam; et ideo Idea in Deo ad essentiam pertinet. Sed Verbum ad personam»[302].

37 of 231 (A)
001 1SN IN I SENTENTIARUM DS34QU3 AR2-EX--
25 patre, quandoque pro filio, quandoque pro spiritu
26 sancto ponitur: quandoque vero personaliter, et
27 tunc significat rem naturae, vel personam spiritus

* È questo un interessante caso di elencazione.

---

[302] *De Veritate*, q. 4 a. 4 ad 4.

Capitolo X

Sintesi tematica

La presente sintesi, frutto delle analisi dei vari contesti e della documentazione fin qui riportata[303], confluirà nella sintesi ermeneutica. Ripercorrendo schematicamente i luoghi nei quali *personaliter* è presente con più frequenza (in ordine decrescente), se ne specifica ulteriormente il contesto: le *Quaestiones de Veritate* (QDV#) che trattano la verità (q. 1), la *scientia Dei* (q. 2), il Verbo (q. 4), il Libro della Vita (q. 7); il *Primo Libro delle Sentenze di Pietro Lombardo* (1SN) in cui si parla della Trinità) e il *Terzo Libro* (3SN) che riguarda Cristo; La prima parte *Summa Theologiae* (ST1) nella sezione trinitaria; le *Quaestiones de Potentia* (QDP) quando si concentrano sulle persone divine (q. 9) e sulla loro processione (q. 10); *Super evangelium Johannis* (REI) anch'esso trattato di Trinitaria e di Cristologia; la quarta parte della *Summa Theologiae* (ST4#) laddove parla di Cristo; le *Quaestiones de unione Verbi incarnati* (QDI) all'articolo primo che si sofferma sulla domanda circa l'unione, se essa avvenga nella persona o nella natura).

Come si può facilmente intuire, vi è in Tommaso un uso principalmente trinitario-cristologico del termine e sono veramente pochi, o addirittura rari, i contesti propri di Tommaso nei quali *personaliter* non abbia tale riferimento. Dalla famiglia tematica *persona/personare*, cui appartiene, il nostro avverbio mutua tutto il significato filologico, filosofico e teologico, che è accettato dallo stesso Tommaso e già analizzato nella prima parte di questo lavoro.

I riferimenti trinitari in relazione a *personaliter* riguardano *in primis* il Verbo (ma anche l'*Imago*, la *Veritas*, il *Filius*), segue poi lo Spirito Santo (*Donum*, *Amor*), il Padre e le operazioni e le processioni (c. 1, c. 81, c. 56, c. 15, c. 174 et alii). In tale orizzonte i suddetti nomi sono in relazione a forme verbali esprimenti distinzione o designazioni (espressi con i verbi *dici*, *sumi*, *accipi*: essere detto, preso, assunto nell'accezione...: c. 1, c. 82, c. 56, c. 22, c. 72 et alii). Dunque definire *personalmente* un'ipostasi trinitaria significa, per Tommaso, definirla per quello che ha di proprio e che la distingue dalle altre.

Un secondo campo di utilizzo del termine è quello cristologico: *Anima Christi*, *Christus*, *Corpus Christi*, *natura divina*, *natura humana*, *Sapientia*

---

[303] È il «documento 9» in Sangalli (cf. Sangalli S., *op. cit.*, p. 65).

genita (c. 95, c. 46, c. 100, c. 124 et alii). Tali nomi sono spesso in correlazione con verbi che indicano un'unione (*uniri, coniugare, advenire*: c. 41, c. 95, c. 92, c. 180 et alii). In altre parole, l'unione ipostatica è espressa in termini di unione personale tra il Verbo o la natura divina con l'anima o il corpo, ma mai con la persona.

Un terzo ambito riguarda, infine, gli individui presi singolarmente, quali responsabili dei propri atti. L'avverbio qui non indica un modo di essere personale, ma un agire imputabile ad un individuo concreto (c. 191, c. 217, c. 89 et alii).

Personaliter è ben illuminato dalla correlazione con altri nomi (per lo più avverbi) per cui vi sono alcune realtà che possono essere sia personali che essenziali (specie in Dio) come l'*Amor* e il *Verbum* (c. 197). Però, più precisamente, il Verbo in Dio è solo personale e non essenziale (c. 158, c. 121, c. 125, c. 126).

L'avverbio indica poi ciò che in Cristo dice unione personale, che è lo stesso – per Tommaso – che dire ipostatica, giacché i due termini sono semanticamente identici: c. 98, c. 99); si esclude, pertanto ogni accidentalità, perché c'è sostanzialità (c. 214). Vi sono casi nei quali il modo di essere personale è contrapposto al modo di essere essenziale come per il Verbo (c. 66) o la *operatio* in Dio o il *Liber vitae* (che sono essenziali: c. 119, c. 150).

L'essere personale (*personaliter*) è essere persona (c. 12) o in persona (c. 13) ed indica unità in sé e divisione da altro e pertanto non ci può essere un'unità tra due persone, se eccettuiamo le persone trinitarie che hanno in comune l'essenza divina, ma solo un'unione in una persona.

Si mette in evidenza, infine, che nei capitoli speciali di ermeneutica testuale (AG, SC e EX) è rinvenibile lo stesso uso semantico, anzi nel c. 45 (4SN) Tommaso non pone nulla di personalmente distinto, in Cristo, dal Figlio di Dio, mentre nella *Catena Aurea in Johannem* – che non riporta un pensiero di Tommaso – vi è un uso che caratterizza un'azione: il giudicare le persone (c. 185 CJO).

Da quanto finora investigato, risulta chiaro che *personaliter* è usato da Tommaso in maniera quasi tecnica, potendosi ipotizzare, per tale termine, un uso che definisca e stabilisca il modo di essere delle persone nella Trinità e della persona del Verbo in relazione con la natura umana.

CAPITOLO XI

Crestomazie

Le crestomazie, antologie di brani nei quali *personaliter* è usato più volte, rappresentano dei documenti privilegiati perché il frequente impiego, che in esse si fa della parola indagata, mostra una particolare intelligenza di Tommaso. Di seguito vengono offerti tre passi, sia nell'originale latino (il testo è del CD-rom dell'*IT*) sia nella traduzione italiana, tratta dalle Edizioni Studio Domenicano.

Le crestomazie sono state tratte dal commento al primo libro delle *Sentenze* di Pietro Lombardo e dalle *Quaestiones disputatae de Veritate*.

1. *I Sententiarum*, ds 27, q. 2, a. 2a (ricorrenza: 14 volte)

Testo latino	Traduzione italiana
Utrum verbum dicatur personaliter.	Se il verbo venga detto secondo la persona
	Problema 1
Ad secundum sic proceditur.	Circa l'articolo secondo così si procede.
Videtur quod verbum non dicatur personaliter;	Sembra che il Verbo non venga detto secondo la persona;
1. Sicut enim dicit augustinus, verbum quod insinuare intendimus, cum amore notitia est. Sed notitia dicitur essentialiter. Ergo et verbum.	1. Come infatti dice Agostino, il Verbo che intendiamo insinuare è una conoscenza unita all'amore. Ora, la conoscenza viene detta secondo l'essenza. Quindi anche il Verbo.
2. Praeterea, omne illud quod potest intelligi non intellecta distinctione personarum, est essentiale in divinis. Sed non intellecta distinctione personarum, adhuc potest intelligi quod intellectus divinus manifestat se sibi, et manifestat se creaturae. Cum ergo verbum non addat aliquid supra rationem intellectus nisi ordinem manifestationis, videtur quod verbum sit essentiale, sicut et intelligere.	2. Tutto ciò che può essere inteso senza avere inteso la distinzione delle persone è essenziale in Dio. Ora, senza avere inteso la distinzione delle persone si può ancora intendere che l'intelletto divino si manifesta a se stesso, e si manifesta alla creatura. Poiché dunque il Verbo non aggiunge alla nozione di intelletto altro che l'ordine della manifestazione, sembra che il Verbo sia essenziale, come anche l'intendere.
3. Item, verbum est terminus hujus actus	3. Il verbo è il termine dell'atto del dire: in-

qui est dicere; nihil enim dicitur nisi verbum. Sed quaelibet persona potest dicere se, et potest dicere essentiam suam. Ergo essentia est verbum, et quaelibet persona est verbum; et ita verbum essentialiter dicetur. Nec potest dici, quod quilibet eorum dicat se verbo patris; quia perfectius est dicere verbo proprio, quam alterius; et ita, cum unaquaeque persona perfectissime se dicat, videtur quod quaelibet dicat se verbo proprio; sed non verbo proprio quod sit ab ipsa; quia sic essent plures personae quam tres. Ergo verbo proprio quod est ipsa.

4. Praeterea, ut dictum est, artic. Antec., verbum dicit conceptionem intellectus. Sed conceptus intellectus nullus est nisi species intelligibilis formata in intellectu. Ergo in deo non potest esse verbum nisi illud quod se habet per modum speciei, et quo intelligitur. Sed hoc est principium intelligendi, in quo aliquid intelligitur, et quo intelligitur. Ergo videtur quod si filius diceretur tantum verbum personaliter, filius esset principium actus intelligendi in patre, quod supra improbatum est, in 5 distinct., ab augustino.

5. Contra est quod augustinus dicit, quod eo dicitur verbum in divinis quo filius et quo sapientia genita. Sed ista omnia dicuntur personaliter. Ergo videtur quod et verbum.

6. Praeterea, augustinus dicit, quod quamvis sint tres qui dicant, tamen non est ibi nisi unum verbum. Ergo videtur quod verbum tantum dicatur personaliter.

7. Item, verbum, ut dictum est, art. Antec., dicit ordinem cujusdam exitus, et conceptionem intellectus, et dicitur ad aliquid, sicut in littera dicitur. Omnia autem haec videntur ad personas pertinere. Ergo videtur quod verbum sit personale.

fatti non si dice null'altro che il verbo. Ora, qualsiasi persona può dire se stessa, e può dire la propria essenza. Quindi l'essenza è verbo, e ogni persona è verbo: e così il verbo sarà detto secondo l'essenza. Né si può dire che ciascuna di esse dice se stessa con il verbo del Padre, poiché è più perfetto dire con un verbo proprio che con un verbo altrui: e così, dato che ogni persona dice se stessa perfettissimamente, sembra che ciascuna si dica con un verbo proprio; ma non con un verbo proprio che è da essa stessa, poiché allora vi sarebbero più di tre persone. Quindi con un verbo proprio che è essa stessa.

4. Come si è detto, il verbo dice il concetto dell'intelletto. Ora, il concetto dell'intelletto non è niente altro che la specie intelligibile formata nell'intelletto. Quindi in Dio non ci può essere un altro verbo all'infuori di quello che è come una specie, e nel quale si intende. Ora, questo è il principio dell'intendere, nel quale una cosa viene intesa, e mediante il quale si intende. Quindi sembra che se il Figlio venisse detto verbo solo secondo la persona, il Figlio sarebbe il principio dell'atto dell'intendere nel Padre, cosa che si è riprovata a suo tempo in base ad Agostino.

5. Ma al contrario, Agostino dice che [la seconda persona] in Dio è detta Verbo in quanto è Figlio e in quanto è la sapienza generata. Ora, tutte queste cose vengono dette secondo la persona. Quindi, sembra, anche il Verbo.

6. Agostino dice che sebbene siano tre che dicono, tuttavia lì non c'è che un solo Verbo. Quindi sembra che il Verbo venga detto solo secondo la persona.

7. Come si è detto, il verbo dice l'ordine a una certa uscita, e il concetto dell'intelletto, e viene detto in rapporto a qualcosa, come si dice nel testo. Ora, tutte queste cose sembrano appartenere alle persone. Quindi sembra che il Verbo sia personale.

Quaestiuncula II

Ulterius quaeritur circa hoc: si verbum dicatur personaliter, utrum solus filius dicendus sit verbum.

Videtur quod non. Quia sicut filius exit a patre ut manifestans ipsum, ita et spiritus sanctus. Ergo ratio verbi utrique aequaliter convenit.
2. Praeterea, intellectus est quasi medium inter naturam quam sequitur, et voluntatem quam praecedit. Sed medium pertinet ad utrumque extremorum. Cum ergo verbum dicat processionem intellectus, videtur quod non magis dicatur filius verbum, qui procedit per modum naturae, quam spiritus sanctus, qui procedit per modum voluntatis.
3. Item, causa manifestatur per effectum. Sed intellectus divinus est causa omnium creaturarum, sicut intellectus artificis causa artificiatorum. Ergo omnes creaturae possunt dici verbum dei.

Contra est quod dicit augustinus, quod sicut in trinitate solus filius dicitur verbum, ita solus spiritus sanctus dicitur donum. Ergo sicut donum non convenit filio, ita nec verbum spiritui sancto.

Solutiones

Respondeo dicendum, quod circa hoc sunt diversae opiniones. Quidam enim dicunt, quod dicere de deo dicitur tripliciter: quandoque enim dicere est idem quod intelligere, et sic est essentiale; quandoque autem dicere idem est quod generare, et sic est notionale; quandoque autem dicere est idem quod creare, et sic dicere connotat respectum ad creaturam, et est essentiale. Dicunt igitur quod huic actui non respondet verbum nisi quantum ad secundum modum dicendi; et ideo quamvis dicere dicatur essentialiter et personaliter, tamen verbum non dicitur nisi personaliter. Sed hoc non videtur verum: quia non est intelligibile quod aliquid dicatur et non sit verbum;

Problema 2

Si chiede ancora: qualora il Verbo sia detto secondo la persona, se solo il Figlio vada detto Verbo.

1. Sembra di no. Poiché come il Figlio esce dal Padre manifestandolo, così anche lo Spirito Santo. Quindi il carattere di verbo compete ugualmente a entrambi.
2. L'intelletto sta come in mezzo fra la natura, che segue, e la volontà, che precede. Ora, ciò che è intermedio appartiene a entrambi gli estremi. Poiché dunque il verbo dice processione dell'intelletto, sembra che non sia detto verbo più il Figlio, quale procede a modo di natura, che lo Spirito Santo, il quale procede a modo di volontà.
3. La causa è manifestata dall'effetto. Ora, l'intelletto divino è la causa di tutte le creature, come l'intelletto dell'artefice è la causa di tutti gli artefatti. Quindi tutte le creature possono essere dette verbo di Dio.

MA AL CONTRARIO, c'è quanto dice Agostino, che come nella Trinità solo il Figlio è detto Verbo, così solo lo Spirito Santo è detto dono. Quindi, come il dono non conviene al Figlio, così nemmeno il verbo allo Spirito Santo.

Soluzioni

Rispondo con il dire che su questo punto vi sono diverse opinioni. Alcuni infatti affermano che il dire in Dio viene detto in tre modi: talora infatti dire è lo stesso che intendere, e così è essenziale; talora invece dire è lo stesso che generare, e così è nozionale; talora infine dire è lo stesso che creare, e così il dire connota un rapporto alla creatura, ed è essenziale. Dicono dunque che a questo atto non corrisponde un verbo se non quanto al secondo modo di dire, e quindi sebbene il dire venga detto secondo l'essenza e secondo la persona, tuttavia il Verbo viene detto solo secondo la persona. Ma ciò non sembra vero: poiché non è intelligibile che qualcosa venga detto e non ci sia un verbo, e quindi è

unde oportet quod quoties dicitur dicere toties dicatur verbum.

Alii dicunt, quod dicere nihil aliud est in universali quam manifestare intellectum suum. Potest autem homo manifestare intellectum suum vel alteri, sicut verbo vocali, vel sibi ipsi, sicut verbo cordis. Ita dicunt, quod utroque modo deus manifestat intellectum suum, scilicet condendo creaturam, quae est verbum ipsius, quasi verbum vocabile, et generando filium, secundum quod manifestat se apud seipsum, et hoc est idem quod verbum cordis. Unde dicunt, quod verbum dictum de deo semper est personale. Sed hoc non videtur verum: quia si inquiratur quid sit istud verbum quo aliquis sibi loquitur, non invenitur esse nisi conceptio intellectus. Conceptio autem intellectus est vel operatio ipsa quae est intelligere, vel species intellecta. Unde oportet quod verbum vel dicatur ipsa operatio intelligendi, vel ipsa species quae est similitudo rei intellectae; et sine utroque istorum non potest quis intelligere: utrumque enim istorum est id quo quis intelligit formaliter.

Et ideo impossibile est quod accipiendo hoc modo verbum, aliquis intelligat nisi verbo intellectus sui, quod sit vel operatio ejus, vel ratio operationis ad eam, sicut medium cognoscendi se habens, quae est species rei intellectae. Unde cum pater intelligat se, si non esset ibi nisi verbum personale, quod est filius, oporteret quod pater intelligeret filio, quasi formaliter: et hoc supra improbatum est, dist. 5, quaest. 3, art. 1.

Et ideo dicendum est cum aliis, quod hoc nomen verbum ex virtute vocabuli potest personaliter et essentialiter accipi. Non enim significat tantum relationem, sicut hoc nomen pater, vel filius, sed imponitur ad significandum rem aliquam absolutam simul cum respectu, sicut hoc nomen scientia; sed in hoc differt, quia relatio quae importatur hoc nomine scientia, non est relatio originis, secundum quam referatur scientia ad illud a quo est; sed est relatio

necessario che ogniqualvolta si parla del dire si parli [anche del verbo].

Altri dicono che il dire non è altro in generale che il manifestare il proprio intelletto. Ora, l'uomo può manifestare il suo intelletto o a un altro, come il verbo vocale, o a se stesso, come con il verbo mentale. Così dicono che in entrambi i modi Dio manifesta il suo intelletto, cioè creando la creatura, che è il suo verbo, quasi un verbo pronunciabile con la voce, e generando il Figlio, secondo che manifesta se presso se stesso, e ciò si identifica con il verbo mentale. Per cui dicono che il verbo detto di Dio è sempre personale. Ma ciò non sembra vero: poiché se si esamina che cosa sia questo verbo con cui uno parla a se stesso, si trova che non è altro che il concetto dell'intelletto. Ora, il concetto dell'intelletto è o l'operazione stessa che è l'intendere, o la specie intesa. Per cui è necessario che si dica verbo o la stessa operazione dell'intendere, oppure la specie stessa che è un'immagine rappresentativa della cosa intesa; e senza ambedue queste cose uno non può intendere: ambedue le cose sono infatti sono infatti ciò con cui uno intende formalmente.

Quindi è impossibile che prendendo il verbo in questo modo uno intenda se non con il verbo del suo intelletto, che è o la sua operazione, oppure la nozione dell'operazione che sta ad essa come il mezzo di conoscenza, che è la specie della cosa intesa. Per cui, dato che il Padre intende se stesso, se non ci fosse altro che il verbo personale, che è il Figlio, bisognerebbe che il Padre intendesse mediante il Figlio, quasi formalmente: il che è stato confutato sopra.

Quindi bisogna dire con altri che il nome «verbo» in virtù del vocabolo può essere preso secondo la persona e secondo l'essenza. Infatti non significa soltanto la relazione, come il nome «Padre», o «Figlio», ma viene imposto a indicare una certa realtà assoluta insieme con un rapporto, come il nome «scienza», ma con questa differenza, che la relazione comportata dal nome «scienza» non è la relazione di origine secondo la quale la scienza si riferisce a ciò da

secundum quam refertur ad illud ad quod est, scilicet ad scibile; sed hoc nomen verbum importat relationem secundum quam refertur ad illud a quo est, scilicet ad dicentem. Hujusmodi autem relationes in divinis contingit esse dupliciter: quaedam enim sunt reales, quae requirunt distinctionem realem, sicut paternitas et filiatio, quia nulla res potest esse pater et filius respectu ejusdem; quaedam autem sunt relationes rationis tantum, quae non requirunt distinctionem realem, sed rationis, sicut relatio quae importatur in hoc nomine operatio. Habet enim operatio respectum implicitum ad operatorem a quo est: nec in divinis differunt operans et operatio, nisi ratione tantum. Si igitur relatio importata hoc nomine verbum, sit relatio rationis tantum, sic nihil prohibet quin essentialiter dicatur, et videtur sufficere ad rationem verbi, secundum quod a nobis in deum transumitur; quia in nobis, ut dictum est, art. Praec., nihil aliud est verbum nisi species intellecta, vel forte ipsa operatio intelligentis: et neutrum eorum realiter distinguitur ab essentia divina. Si autem importet relationem realem distinctionem exigentem, oportet quod personaliter dicatur, quia non est distinctio realis in divinis nisi personarum. Et est simile de amore, qui secundum eamdem distinctionem essentialiter et personaliter dicitur, ut supra dictum est, dist. 18, quaest. 1, art. 1.

Cum enim verbum sit similitudo ipsius rei intellectae, prout est concepta in intellectu, et ordinata ad manifestationem, vel ad se, vel ad alterum; ista species in divinis potest accipi dupliciter: vel secundum quod dicit id quo aliquid formaliter in divinis intelligitur; et sic, cum ipsa essentia per se intelligatur et manifestetur, ipsa essentia erit verbum; et sic verbum et intellectus et res cujus est verbum, non differunt nisi secundum rationem, sicut in divinis differunt quo intelligitur et quod intelligitur et quod intelligit; vel secundum quod species intellecta nominat aliquid distinctum realiter ab eo cujus

cui è, ma è la relazione secondo la quale si riferisce al suo oggetto, cioè allo scibile; invece il nome «verbo» comporta una relazione secondo la quale si riferisce a ciò da cui è, cioè al dicente. Ora, tali relazioni in Dio possono verificarsi in due modi: alcune infatti sono reali, richiedendo una distinzione reale, come la paternità e la filiazione, poiché nessuna cosa può essere padre e figlio rispetto al medesimo soggetto; altre invece sono relazioni soltanto di ragione, e non richiedono una distinzione reale, ma di ragione, come la relazione che è comportata nel nome «operazione». Infatti l'operazione ha un rapporto implicito con l'operatore da cui deriva; e in Dio l'operante e l'operazione non differiscono che secondo la ragione. Se dunque la relazione comportata dal nome «verbo» è solo una relazione di ragione, allora nulla impedisce che sia detto secondo l'essenza, e sembra bastare alla nozione di verbo secondo che viene noi trasportato in Dio: poiché in noi, come si è detto, il verbo non è altro che la specie intesa, o forse la stessa operazione di chi intende; e nessuna di queste due cose si distingue realmente dall'essenza divina. Se invece comporta una relazione reale che esige la distinzione, bisogna che sia detto secondo la persona, poiché in Dio non c'è distinzione reale se non delle persone. Ed è simile il caso dell'amore, che secondo la medesima distinzione viene detto secondo l'essenza e secondo la persona, come si è detto sopra.

Essendo infatti il verbo un'immagine rappresentativa della cosa intesa, in quanto è stata concepita nell'intelletto e ordinata alla manifestazione, o a sé o ad altri, questa specie in Dio può essere presa in due modi: o secondo che dice ciò mediante cui qualcosa è inteso formalmente in Dio; e così, dato che l'essenza medesima è per sé intesa e manifestata, la stessa essenza sarà verbo: e così il verbo e l'intelletto e la realtà di cui c'è il verbo non differiscono se non mediante la ragione, come in Dio differiscono ciò mediante cui si intende e ciò che è inteso e ciò che intende; oppure secondo che la specie intesa indica qualcosa di distinto realmente

similitudinem gerit; et sic verbum dicitur personaliter, et convenit filio, in quo manifestatur pater, sicut principium manifestatur in eo quod est a principio per modum intellectus procedens. Sed tamen in usu sanctorum et communiter loquentium est quod hoc nomen verbum relationem realiter distinguentem importat, ut dicit augustinus, quod verbum idem est quod sapientia genita; et ideo ista quaestio parum valet, quia non est de re, sed de vocis significatione, quae est ad placitum; unde in ea plurimum valet usus, quia nominibus utendum est ut plures, secundum philosophum; de rebus autem judicandum secundum sapientes. Cum enim de rebus constat, frustra in verbis habetur controversia, ut dicit magister, lib. 2, dist. 14.

Sed tamen ea quae in divinis dicuntur, non sunt extendenda nisi quantum sacra scriptura eis utitur.

Ad obiecta

1. Ad primum igitur dicendum, quod notitia non dicit totam rationem verbi: quia notitia et sapientia dicuntur per modum quiescentis et manentis in eo cujus sunt; et ideo nunquam dicuntur nisi essentialiter, quamvis possint esse appropriata: sed verbum dicit quamdam emanationem intellectus, et exitum in manifestationem sui; et ideo, quia exitus iste potest intelligi vel secundum rem distinctam, prout filius exit a patre, vel secundum rationem tantum, prout intelligere est ab intellectu divino; ideo verbum quandoque essentialiter et quandoque personaliter dicitur, sicut et amor.

2. Ad secundum dicendum, quod non intellecta distinctione personarum, adhuc intellectus divinus potest manifestare seipsum et ad se et ad alterum. Ad alterum, sicut creando creaturam, vel inspirando cognitionem sui creaturae. Ad seipsum, per modum quo aliquis convertitur supra id

da ciò di cui porta la somiglianza: e così il verbo viene detto in senso personale, e conviene al Figlio, nel quale è manifestato il Padre, come il principio è manifestato in ciò che è dal principio procedendo secondo il modo dell'intelletto. Tuttavia nell'uso dei santi e parlando comunemente il nome «verbo» comporta una relazione che distingue realmente, come Agostino dice che il verbo è lo stesso che la sapienza generata; e così la presente questione vale poco, poiché non tratta della realtà, ma del significato delle parole, che è a piacere: per cui in essa vale soprattutto l'uso, poiché dei nomi bisogna fare uso prendendoli nel loro senso più comune: delle realtà bisogna invece giudicare secondo i sapienti. Quando infatti le cose sono chiaramente conosciute, inutilmente si discute intorno alle parole, come dice più avanti il Maestro. Tuttavia le parole che vengono dette riguardo a Dio non vanno estese al di là dell'uso che ne fa la Scrittura.

Risposta alle difficoltà

1. Alla prima obiezione dobbiamo dunque dire che la conoscenza non esprime tutta la nozione di verbo: poiché la conoscenza e la sapienza vengono dette al modo di ciò che riposa e rimane, nel soggetto in cui si trovano; quindi non vengono mai dette se non secondo l'essenza, sebbene possano essere appropriate; il verbo invece dice una certa emanazione dell'intelletto, e l'uscita verso la propria manifestazione: quindi, dato che questa uscita può essere intesa o secondo una realtà distinta, come il Figlio nasce dal Padre, oppure secondo la sola ragione, come l'intendere esce dall'intelletto divino, così il verbo talora viene detto secondo l'essenza e talora secondo la persona, come anche l'amore.

2. Alla seconda diciamo che senza che sia intesa la distinzione delle persone, l'intelletto divino può ancora manifestare se stesso a sé e ad altri. Ad altri, come creando la creatura, o ispirando alla creatura la conoscenza di sé. A se stesso, nel modo in cui uno ritorna su ciò che ha inteso, affinché di-

quod intellexit, ut manifestum fiat utrum verum sit vel non quod intellectu percipit; hoc enim proprie est loqui in corde. Propter quod habet aliquid simile cognitioni; non tamen esset ibi manifestatio principii in aliquo realiter distincto et existente per modum intellectus in eadem natura, non intellecta distinctione personarum.

3. Tertium conceditur.
4. Ad quartum dicendum, quod nullo modo est concedendum quod pater intelligat a filio, vel quod intelligat in filio, sicut in objecto vel specie qua cognoscitur: quia hoc poneret filium habere aliquam rationem principii ad patrem. Sed tamen concedendum est quod pater intelligit in filio et seipsum et alia, inquantum videt filium esse similitudinem suam et omnium aliorum, sicut principium videtur in eo cujus est principium, quamvis et in seipso videatur. Possum enim videre hominem in imagine sua, quamvis ipsum etiam per se videam. Ita quamvis pater seipsum videat in se et omnia alia, tamen omnia potest videre in filio, et seipsum, sicut et seipsum in creatura videre potest, inquantum ipsum creatura repraesentat, quamvis imperfecte.
5. Ad quintum quod in contrarium objicitur, dicendum, quod augustinus accipit verbum prout dicit realem exitum et distinctionem a dicente, et non secundum quod ad rationem verbi sufficit distinctio rationis; et ideo accipit verbum tantum personaliter.
6. Ad sextum dicendum, quod in divinis non est nisi tantum unum verbum; et tamen est ibi verbum personale et essentiale, quia persona non distinguitur ab essentia; unde nec excluditur per dictionem exclusivam.

7. Ad septimum dicendum, quod omnia illa quae dicuntur, possunt accipi realiter vel secundum rationem; et utrumque sufficit ad rationem verbi; et ideo potest dici essentialiter et personaliter.

venga manifesto se è vero o non ciò che l'intelletto percepisce: questo infatti è propriamente parlare nel cuore, o nella mente. Per cui ha qualcosa di simile alla conoscenza, non vi sarebbe lì tuttavia la manifestazione del principio in qualcosa di realmente distinto e di emanante secondo il modo dell'intelletto nella medesima natura, se non è stata intesa la distinzione delle persone.
3. Concediamo l'argomento
4. Alla quarta dobbiamo dire che in nessun modo si può concedere che il Padre intenda in base al Figlio, o che intenda nel Figlio come nell'oggetto o nella specie mediante la quale si conosce: poiché ciò porrebbe che il Figlio abbia un qualche aspetto di principio nei riguardi del Padre. Bisogna però concedere che il Padre intende nel Figlio e se stesso e le altre cose, in quanto vede che il Figlio è l'immagine rappresentativa sua e di tutte le altre cose, come il principio è visto in ciò di cui è principio, sebbene lo veda anche in se stesso. Così, sebbene il Padre veda in se stesso se stesso e tutte le altre cose, tuttavia può vedere nel Figlio tutte le cose, e se stesso, come anche può vedere se stesso nella creatura in quanto la creatura lo rappresenta, sebbene imperfettamente.
5. Alla quinta obiezione si contraddice con il dire che Agostino prende il verbo in quanto dice uscita reale e distinzione dal dicente, e non secondo che per la nozione di verbo basta una distinzione di ragione: quindi prende il verbo solo secondo la persona.
6. Alla sesta diciamo che in Dio non c'è che un solo verbo; e tuttavia esiste lì un verbo personale ed essenziale, poiché la persona non si distingue dall'essenza: quindi nemmeno viene escluso con una dizione esclusiva.

7. Alla settima diciamo che tutte le cose che vengono dette possono essere prese realmente o secondo la ragione: e ambedue le cose bastano per la nozione di verbo; e così può essere detto secondo l'essenza e secondo la persona.

Solutio II

Ad id quod ulterius quaeritur, dicendum, quod si verbum personaliter sumatur, soli filio convenit, et non spiritui sancto; quia spiritus sanctus procedit per modum voluntatis; et ideo proprie dicitur amor et donum; sed procedere per modum naturae vel intellectus convenit filio; et ideo ipse proprie et genitus et verbum dicitur.

Responsio ad obiecta

1. Ad primum ergo quod objicitur, dicendum, quod ad rationem verbi non solum exigitur esse manifestativum: quia sic cujuslibet causae esset verbum suus effectus, quod non potest dici nisi metaphorice; sed oportet quod in illo verbo intelligatur processio intellectus, et hoc non convenit spiritui sancto.

2. Ad secundum dicendum, quod spiritus sanctus procedit a duobus; et ideo sua processio est per modum conformitatis amoris, quae est ex unione voluntatis in volentibus; et propter hoc procedit tantum per modum voluntatis. Sed tam processio intellectus quam processio naturae, est ab uno tantum; non autem ab uno secundum quod unitur alteri, si sit perfectum agens sicut est agens divinum; et ideo uterque modus processionis convenit illi personae quae solum ab uno est.

3. Ad tertium dicendum, quod creatura non potest dici proprie verbum, sed magis vox verbi; sicut enim vox manifestat verbum, ita et creatura manifestat divinam artem; et ideo dicunt sancti, quod uno verbo deus dixit omnem creaturam; unde creaturae sunt quasi voces exprimentes unum verbum divinum; unde dicit augustinus: omnia clamant: deus fecit. Sed hoc non dicitur nisi metaphorice.

Soluzione al secondo problema

Se il verbo viene preso secondo la persona conviene solo al Figlio, e non allo Spirito Santo: poiché lo Spirito Santo procede secondo il modo della volontà, e quindi propriamente è detto amore e dono; invece procedere secondo il modo della natura o dell'intelletto conviene al Figlio: quindi egli è detto propriamente generato o verbo.

Risposta alle difficoltà

1. Alla prima diciamo che per la nozione di verbo non si richiede solo che sia manifestativo, poiché in tal caso l'effetto sarebbe sempre verbo della sua causa, il che non può essere detto che metaforicamente, ma bisogna che in quel verbo sia inteso il processo dell'intelletto, e ciò non conviene allo Spirito santo.

2. Alla seconda affermiamo che lo Spirito santo procede dai due, e quindi la sua processione è secondo il modo della conformità dell'amore, la quale deriva dall'unione della volontà nei volenti: e così procede solo secondo il modo della volontà. Invece tanto la processione dell'intelletto quanto la processione della natura è soltanto da uno, e non da uno secondo che si unisce a un altro, se si tratta di un agente perfetto come è l'agente divino: e così ambedue questi modi di processione convengono a quella persona che è soltanto da uno.

3. Alla terza obiezione diciamo che la creatura non può essere detta propriamente verbo, ma piuttosto voce del verbo: come infatti la voce manifesta il verbo, così anche la creatura manifesta l'arte divina: e così i santi dicono che con un solo verbo Dio ha detto ogni creatura: per cui le creature sono come le voci esprimenti l'unico verbo divino; e così Agostino dice che «tutte le cose gridano: Dio ci ha create!». Ma ciò non è detto se non metaforicamente.

2. *Quaestiones diputatae de Veritate*, q. 4, a. 2 (ricorrenza: 15 volte)

Testo latino	Traduzione italiana
Utrum verbum in divinis dicatur essentialiter vel personaliter tantum	Se il verbo si attribuisca a Dio essenzialmente o solo personalmente

Obiectiones

Obiezioni

Et videtur quod etiam essentialiter possit dici.

Sembra che il verbo si attribuisca a Dio anche essenzialmente

1. Quia nomen verbi a manifestatione imponitur, ut dictum est. Sed essentia divina potest se per seipsam manifestare. Ergo ei per se verbum competit et ita verbum essentialiter dicetur.

1. Poiché il nome «verbo» deriva, come si è detto, da «manifestazione»; ma l'essenza divina può manifestarsi per se stessa; perciò le compete di per sé il verbo, e così il verbo le è attribuito in modo essenziale.

2. Praeterea, significatum per nomen est ipsa definitio, ut in iv metaphysic. Dicitur. Sed verbum, secundum augustinum in ix de trinitate, est notitia cum amore; et secundum anselmum in monologio, dicere summo spiritui nihil est aliud quam cogitando intueri. In utraque autem definitione nihil ponitur nisi essentialiter dictum. Ergo verbum essentialiter dicitur.

2. Ciò che viene significato attraverso il nome è la definizione stessa, come dice Aristotele; ma il verbo, secondo Agostino, «è notizia con amore», e secondo Anselmo «dire per il sommo Spirito non è altro che intuire pensando»; ora, in entrambe queste definizioni viene posto solo ciò che viene attribuito in modo essenziale, perciò il verbo verrà detto dell'essenza di Dio.

3. Praeterea, quidquid dicitur, est verbum. Sed pater dicit non solum seipsum, sed etiam filium et spiritum sanctum, ut anselmus dicit in libro praedicto. Ergo verbum tribus personis commune est; ergo essentialiter dicitur.

3. Tutto ciò che viene detto è verbo; ora, il Padre dice non solo se stesso, ma anche il Figlio e lo Spirito Santo, come afferma Anselmo; perciò il verbo è comune alle tre persone, quindi viene detto dell'essenza di Dio.

4. Praeterea, quilibet dicens habet verbum quod dicit, ut augustinus dicit vii de trinit.. Sed, sicut dicit anselmus in monol., sicut pater est intelligens, et filius intelligens, et spiritus sanctus intelligens et tamen non sunt tres intelligentes, sed unus intelligens: ita pater est dicens, et filius est dicens, et spiritus sanctus est dicens: et tamen non sunt tres dicentes, sed unus dicens. Ergo cuilibet eorum respondet verbum. Sed nihil est commune tribus nisi essentia. Ergo verbum essentialiter dicitur in divinis.

4. Chiunque parla ha il verbo che dice, come afferma Agostino; ma, come dice Anselmo, «come il Padre è intelligente, così il Figlio è intelligente e lo Spirito Santo è intelligente, e tuttavia non sono tre dicenti, ma uno solo». Perciò il verbo corrisponde a ciascuno di essi; ma niente è comune ai tre se non la sola l'essenza, perciò il verbo viene attribuito all'essenza di Dio.

5. Praeterea, in intellectu nostro non differt dicere et intelligere. Sed verbum in divinis sumitur ad similitudinem verbi quod est in intellectu. Ergo nihil aliud est in deo dicere quam intelligere; ergo et verbum nihil aliud

5. Nell'intelletto il dire non è differente dal pensare; ora il verbo in Dio viene assunto per somiglianza con il verbo che è nell'intelletto. Perciò in Dio dire non è altro che pensare, e di conseguenza il verbo non è

quam intellectum. Sed intellectum in divinis essentialiter dicitur. Ergo et verbum.

6. Praeterea, verbum divinum, ut augustinus dicit, est potentia operativa patris. Sed potentia operativa essentialiter dicitur in divinis. Ergo et verbum essentialiter dicitur.

7. Praeterea, sicut amor importat emanationem affectus, ita verbum emanationem intellectus. Sed amor in divinis essentialiter dicitur. Ergo et verbum.

8. Praeterea, illud quod potest intelligi in divinis non intellecta distinctione personarum, non dicitur personaliter. Sed verbum est huiusmodi: quia etiam illi qui negant distinctionem personarum, ponunt quod deus dicit seipsum. Ergo verbum non dicitur personaliter in deo.

In contrarium

1. Est quod augustinus dicit in vi de trinitate, quod solus filius dicitur verbum, non autem simul pater et filius verbum. Sed omne quod essentialiter dicitur, communiter utrique convenit. Ergo verbum non dicitur essentialiter.

2. Praeterea, ioan. I, 1, dicitur: verbum erat apud deum. Sed apud, cum sit praepositio transitiva, distinctionem importat. Ergo verbum a deo distinguitur. Sed nihil distinguitur in divinis quod dicatur essentialiter. Ergo verbum non dicitur essentialiter.

3. Praeterea, omne illud quod in divinis importat relationem personae ad personam, dicitur personaliter, non essentialiter. Sed verbum est huiusmodi. Ergo, etc..

4. Praeterea ad hoc est etiam auctoritas richardi de sancto victore, qui ostendit in lib. Suo de trinitate, solum filium verbum dici.

altro che la cosa intesa; ma la cosa intesa si dice essenzialmente in Dio e di conseguenza anche il verbo.

6. Il verbo divino, come dice Agostino, è la potenza operativa del Padre. Ma la potenza appartiene all'essenza di Dio, perciò anche il verbo va attribuito alla sua essenza.

7. Come l'amore importa un'emanazione dell'affetto, così il verbo un'emanazione dell'intelletto. Ma l'amore viene attribuito all'essenza di Dio, così dunque anche il verbo.

8. Ciò che può essere conosciuto in Dio senza considerare la distinzione delle persone non viene attribuito alle persone; ma è appunto questo che succede per il verbo, perché anche coloro che negano la distinzione delle persone ammettono che Dio dica se stesso: perciò il verbo non si dice di Dio personalmente.

In contrario

1. Agostino dice che solo il Figlio viene chiamato Verbo, e non il Padre insieme con il Figlio; ma tutto ciò che si dice in modo essenziale conviene comunemente a entrambi. Perciò il verbo è distinto da Dio; ma nulla di ciò che si dice essenzialmente si distingue in Dio: perciò il verbo non si dice essenzialmente.

2. Giovanni dice che «il Verbo è presso Dio»; ma poiché «presso» è una preposizione transitiva, comporta una distinzione. Perciò il Verbo è distinto da Dio; ma nulla di ciò che si dice essenzialmente si distingue in Dio: perciò il verbo non si dice essenzialmente.

3. Tutto ciò che in Dio comporta una relazione tra persona e persona viene attribuito alla persona e non all'essenza; ma il Verbo è di tale natura, quindi va attribuito alla persona e non all'essenza di Dio.

4. In favore di questa tesi vi è anche l'autorità di Riccardo di San Vittore, il quale dimostra che solo il Figlio può essere chiamato Verbo.

Responsio

Dicendum, quod verbum secundum quod in divinis metaphorice dicitur, prout ipsa creatura dicitur verbum manifestans deum, proculdubio ad totam pertinet trinitatem; nunc autem quaerimus de verbo secundum quod proprie dicitur in divinis. Quaestio autem ista in superficie videtur esse planissima, propter hoc quod verbum originem quamdam importat secundum quam in divinis personae distinguuntur. Sed, interius considerata, difficilior invenitur, eo quod in divinis invenimus quaedam quae originem important non secundum rem, sed secundum rationem tantum; sicut hoc nomen operatio, quae proculdubio importat aliquid procedens ab operante: et tamen iste processus non est nisi secundum rationem tantum; unde operatio in divinis non personaliter, sed essentialiter dicitur, quia in deo non differt essentia, virtus et operatio. Unde non statim fit evidens, utrum hoc nomen verbum processum realem importet, sicut hoc nomen filius; vel rationis tantum, sicut hoc nomen operatio; et ita utrum personaliter vel essentialiter dicatur.

Unde, ad huius notitiam, sciendum est, quod verbum intellectus nostri, secundum cuius similitudinem loqui possumus de verbo divino, est id ad quod operatio intellectus nostri terminatur, quod est ipsum intellectum, quod dicitur conceptio intellectus; sive sit conceptio significabilis per vocem incomplexam, ut accidit quando intellectus format quidditates rerum; sive per vocem complexam, quod accidit quando intellectus componit et dividit. Omne autem intellectum in nobis est aliquid realiter progrediens ab altero; vel sicut progrediuntur a principiis conceptiones conclusionum, vel sicut conceptiones quidditatum rerum posteriorum a quidditatibus priorum; vel saltem sicut conceptio actualis progreditur ab habituali cognitione. Et hoc universaliter verum est de omni quod a nobis intelligitur, sive per essentiam intelligatur, sive per

Soluzione

Bisogna dire che il verbo nella misura che in Dio è detto metaforicamente, così come la creatura stessa viene detta «parola» che manifesta Dio, senza dubbio riguarda tutta la Trinità; ma ora noi ci interroghiamo sul verbo in quanto viene attribuito a Dio in modo proprio. Tale questione sembra apparentemente molto semplice per il fatto che il verbo comporta un'origine, secondo la quale le persone divine si distinguono tra di loro; ma considerata in modo più approfondito risulta più difficile, perché in Dio troviamo alcune cose che comportano non un'origine realmente, ma solo secondo ragione, come il nome «operazione», che implica senz'altro qualcosa che procede dall'operante, e tuttavia il processo avviene solo secondo la ragione, per cui l'operazione viene attribuita a Dio non secondo la persona bensì secondo l'essenza, perché in Dio l'essenza, la virtù e l'operazione non differiscono tra di loro. Per cui non è subito evidente se il nome verbo comporti un processo reale come il nome Figlio, o solo di ragione come il nome operazione, e conseguentemente se venga attribuito alla persona o all'essenza.

Per la conoscenza della presente questione bisogna dunque sapere che il verbo del nostro intelletto, a similitudine del quale possiamo parlare del verbo divino, è ciò a cui termina l'operazione del nostro intelletto, vale a dire ciò che viene inteso, che viene chiamato concetto dell'intelletto, sia che si tratti del concetto significabile con un discorso semplice, come accade quando l'intelletto forma la quiddità delle cose, sia con un discorso complesso, come accade quando l'intelletto compone e divide. Ma tutto ciò che viene conosciuto intellettivamente da noi è realmente qualcosa che procede da qualcos'altro, o come in concetti delle conclusioni procedono dai principi, o come i concetti delle quiddità delle cose posteriori [procedono] dalle quiddità delle anteriori, o almeno come il concetto attuale procede dalla conoscenza abituale; e ciò è universalmente vero per tutto ciò che viene

135

similitudinem. Ipsa enim conceptio est effectus actus intelligendi; unde etiam quando mens intelligit seipsam, eius conceptio non est ipsa mens, sed aliquid expressum a notitia mentis. Ita ergo verbum intellectus in nobis duo habet de sua ratione; scilicet quod est intellectum, et quod est ab alio expressum.

Si ergo secundum utriusque similitudinem verbum dicatur in divinis, tunc non solum importabitur per nomen verbi processus rationis, sed etiam rei. Si autem secundum similitudinem alterius tantum, scilicet quod est intellectum, sic hoc nomen verbum in divinis non importabit processum realem, sed rationis tantum, sicut et hoc nomen intellectum. Sed hoc non erit secundum propriam verbi acceptionem, quia si aliquid eorum quae sunt de ratione alicuius auferatur, iam non erit propria acceptio. Unde verbum si proprie accipiatur in divinis, non dicitur nisi personaliter; si autem accipiatur communiter, poterit etiam dici essentialiter. Sed tamen, quia nominibus utendum ut plures, secundum philosophum, usus maxime est aemulandus in significationibus nominum; et quia omnes sancti communiter utuntur nomine verbi, prout personaliter dicitur, ideo hoc magis dicendum est, quod personaliter dicatur.

da noi conosciuto, sia che venga conosciuto per essenza sia che venga conosciuto per similitudine: lo stesso concetto è infatti l'effetto dell'atto intellettivo, per cui anche quando la mente conosce se stessa, lo stesso concetto non è la mente stessa bensì qualcosa di espresso dalla conoscenza della mente. Così dunque il verbo dell'intelletto in noi richiama per sua natura due cose, vale a dire che è inteso e che espresso da qualcos'altro.

Se perciò il verbo viene attribuito a Dio secondo la somiglianza con entrambe le cose, allora con il nome verbo s'intenderà non solo il processo della ragione, ma anche quello reale; se invece l'attribuzione avviene per somiglianza con una sola di queste cose, vale a dire con ciò che viene conosciuto, allora il nome «verbo» in Dio non comporterà un processo reale ma solo di ragione, come avviene per il nome «cosa intesa», ma ciò non sarebbe conforme all'accezione propria del verbo, perché se al concetto di una cosa viene sottratto qualche elemento, l'accezione non è più propria. Per cui il verbo, se viene inteso in modo proprio in Dio, viene attribuito solo alla persona; se invece viene inteso in modo comune potrà essere attribuito anche all'essenza. Tuttavia, poiché «i nomi vanno usati come fanno i più», come dice il Filosofo, nel significato dei nomi va seguito soprattutto l'uso, e poiché tutti i santi generalmente usano il nome di verbo in quanto è attribuito alla persona, bisogna dire che di preferenza va detto della persona.

Responsio ad obiecta

1. Ad primum igitur dicendum, quod verbum de ratione sui non solum habet manifestationem, sed realem processum unius ab alio. Et quia essentia non realiter progreditur a seipsa, quamvis manifestet seipsam, non potest essentia verbum dici, nisi ratione identitatis essentiae ad personam; sicut etiam dicitur pater vel filius.

2. Ad secundum dicendum, quod notitia quae ponitur in definitione verbi est intelligenda notitia expressa ab alio, quae

Risposta alle obiezioni

1. Il verbo di natura sua non comporta solo la manifestazione ma anche il processo reale di una cosa da un'altra, e poiché l'essenza non procede realmente da se stessa quando manifesta se stessa, l'essenza non può chiamarsi verbo se non per l'identità dell'essenza con la persona, così come essa viene chiamata anche Padre e Figlio.

2. La conoscenza posta nella definizione del verbo va intesa come conoscenza espressa da qualche cosa d'altro, che è in noi la cono-

est in nobis notitia actualis. Quamvis autem sapientia vel notitia essentialiter dicatur in divinis, tamen sapientia genita non dicitur nisi personaliter. Similiter etiam quod anselmus dicit, quod dicere est cogitando intueri, est intelligendum, si proprie dicere accipiatur de intuitu cogitationis, secundum quod per ipsum aliquid progreditur, scilicet cogitatum ipsum.

3. Ad tertium dicendum, quod conceptio intellectus est media inter intellectum et rem intellectam, quia ea mediante operatio intellectus pertingit ad rem. Et ideo conceptio intellectus non solum est id quod intellectum est, sed etiam id quo res intelligitur; ut sic id quod intelligitur, possit dici et res ipsa, et conceptio intellectus; et similiter id quod dicitur, potest dici et res quae dicitur per verbum, et verbum ipsum; ut etiam in verbo exteriori patet; quia et ipsum nomen dicitur, et res significata per nomen dicitur ipso nomine. Dico igitur, quod pater dicitur, non sicut verbum, sed sicut res dicta per verbum; et similiter spiritus sanctus, quia filius manifestat totam trinitatem; unde pater dicit verbo uno suo omnes tres personas.

4. Ad quartum dicendum, quod in hoc videtur contrariari anselmus sibi ipsi. Dicit enim, quod verbum non dicitur nisi personaliter, et convenit soli filio; sed dicere convenit tribus personis; dicere autem nihil est aliud quam ex se emittere verbum. Similiter etiam verbo anselmi contrariatur verbum augustini in vii de trinitate, ubi dicit, quod non singulus in trinitate est dicens, sed pater verbo suo; unde, sicut verbum proprie dictum non dicitur nisi personaliter in divinis, et convenit soli filio, ita et dicere et soli patri convenit. Sed anselmus accepit dicere communiter pro intelligere, et verbum proprie; et potuisset facere e converso si ei placuisset.

5. Ad quintum dicendum, quod in nobis dicere non solum significat intelligere, sed intelligere cum hoc quod est ex se exprimere aliquam conceptionem; nec aliter

scenza attuale: ora, benché la sapienza o la conoscenza si dicano di Dio essenzialmente, tuttavia la sapienza generata si dice solo personalmente. In modo simile va interpretato ciò che Anselmo afferma quando dice che «dire è intuire pensando», se il dire è inteso propriamente dell'intuito del pensiero, nel senso che mediante esso procede qualcosa, cioè il pensato stesso.

3. Il concetto sta in mezzo tra l'intelletto e la cosa conosciuta, perché per mezzo di esso l'operazione dell'intelletto raggiunge la cosa: perciò il concetto dell'intelletto non è solo ciò che viene conosciuto ma anche ciò per mezzo di cui la cosa viene conosciuta, cosicché si può dire che ciò che viene conosciuto è sia la cosa stessa, sia il concetto dell'intelletto. E in modo simile si può dire che ciò che viene detto è sia la cosa che viene detta attraverso il verbo sia il verbo stesso, come pure è chiaro che nel linguaggio parlato si dice sia il nome stesso, sia la cosa significata dal nome. Dico perciò che il Padre è detto non come verbo ma come la cosa significata dal verbo, e similmente le Spirito Santo, perché il Figlio manifesta tutta la Trinità, in modo che il Padre con il suo unico Verbo esprime tutte e tre le persone.

4. In questo passo Anselmo sembra contraddire se stesso: afferma infatti che il verbo si attribuisce solo alla persona e conviene soltanto al Figlio mentre il dire conviene alla tre persone; ma il parlare non significa altro che emettere da se stessi un verbo. In modo simile la dichiarazione di Anselmo è contraddetta anche da quella di Agostino, quando questi afferma che nella Trinità non le singole dicono, ma il Padre con il suo Verbo. Per cui come il verbo propriamente detto si dice solo personalmente in Dio e conviene al solo Figlio, così anche il dire conviene soltanto al Padre. Ma Anselmo intende il dire in modo comune nel senso di «intendere» e il verbo in modo proprio, e avrebbe potuto fare il contrario se gli fosse piaciuto.

5. Per noi dire non significa solo intendere, ma intendere con l'aggiunta dell'espressione da parte di se stessi di qualche concezione, e non possiamo conoscere con l'intelletto se

possumus intelligere, nisi huiusmodi conceptionem exprimendo; et ideo omne intelligere in nobis, proprie loquendo, est dicere. Sed deus potest intelligere sine hoc quod aliquid ex ipso procedat secundum rem, quia in eo idem est intelligens et intellectum et intelligere: quod in nobis non accidit; et ideo non omne intelligere in deo, proprie loquendo, dicitur dicere.

6. Ad sextum dicendum, quod sicut verbum non dicitur notitia patris nisi notitia genita ex patre, ita et dicitur et virtus operativa patris, quia est virtus procedens a patre virtute. Virtus autem procedens personaliter dicitur. Et similiter potentia operativa procedens a patre.

7. Ad septimum dicendum, quod dupliciter aliquid potest procedere ab altero: uno modo sicut actio ab agente, vel operatio ab operante; alio sicut operatum ab operante. Processus ergo operationis ab operante non distinguit rem per se existentem ab alia re per se existente, sed distinguit perfectionem a perfecto, quia operatio est perfectio operantis. Sed processus operati distinguit unam rem ab alia. In divinis autem non potest esse secundum rem distinctio perfectionis a perfectibili. Inveniuntur tamen in deo res ab invicem distinctae, scilicet tres personae; et ideo processus qui significatur in divinis ut operationis ab operante, non est nisi rationis tantum; sed processus qui significatur ut rei a principio, potest in deo realiter inveniri. Haec autem est differentia inter intellectum et voluntatem: quod operatio voluntatis terminatur ad res, in quibus est bonum et malum; sed operatio intellectus terminatur in mente, in qua est verum et falsum, ut dicitur in vi metaphysic.. Et ideo voluntas non habet aliquid progrediens a seipsa, quod in ea sit nisi per modum operationis; sed intellectus habet in seipso aliquid progrediens ab eo, non solum per modum operationis, sed etiam per modum rei operatae. Et ideo verbum significatur ut res procedens, sed amor ut operatio procedens; unde amor non ita se habet ad hoc ut dicatur personaliter, sicut verbum.

non esprimendo una tale concezione; per cui in noi ogni intendere è propriamente un dire. Ma Dio può intendere senza che qualcosa proceda realmente da lui, perché in lui si identificano il conoscente, la cosa conosciuta e il conoscere, il che non avviene in noi, per cui in Dio non ogni atto di conoscenza intellettiva è propriamente un dire.

6. Come il verbo non dice conoscenza del Padre se non in quanto è conoscenza generata dal Padre, così anche si dice virtù operativa del Padre, perché è una virtù che procede dalla virtù del Padre. Ma una virtù che procede si dice personalmente, e così pure la potenza operativa che procede dal Padre.

7. Una cosa può procedere da un'altra in due modi, o come l'azione dall'agente e l'operazione dall'operante, oppure come il prodotto dell'operazione dall'operante. Il processo dell'operazione dall'operante non distingue una cosa per sé esistente da un'altra per sé esistente, ma distingue la perfezione dal perfetto, in quanto l'operazione è la perfezione dell'operante; il procedere di ciò che viene prodotto distingue invece realmente una cosa dall'altra. Ma in Dio non può sussistere una distinzione reale della perfezione dal perfettibile; si trovano invece in lui realtà distinte, cioè le tre persone. Per cui il procedere che in Dio viene significato come quello dell'operazione dall'operante è solo di ragione, mentre il procedere che viene significato come quello di una cosa dal principio si può trovare realmente in Dio. Ora, questa è la differenza tra l'intelletto e la volontà, che l'operazione della volontà si compie nelle cose, nelle quali vi è il bene e il male, mentre l'operazione dell'intelletto si conclude nella mente, in cui vi è il vero è il falso. Perciò la volontà non ha qualcosa di procedente da sé che sia in essa se non nel modo dell'operazione; l'intelletto invece ha in sé qualcosa di procedente da sé non solo nel modo dell'operazione, ma anche in quello di ciò che conviene all'operato. Perciò il verbo significa la cosa procedente, mentre l'amore significa l'operazione procedente;

8. Ad octavum dicendum, quod non intellecta distinctione personarum, non proprie deus dicet seipsum, nec proprie hoc a quibusdam intelligitur, qui distinctionem personarum in deo non ponunt.

per cui l'amore non si comporta in modo tale da essere chiamato persona come il verbo.
8. Prescindendo dalla distinzione delle persone Dio non dice se stesso propriamente, e coloro che non pongono in Dio la distinzione delle persone non conoscono ciò propriamente.

Responsio ad ea quae contra obiciuntur

Risposta agli argomenti in contrario

1. Ad hoc enim quod obiicit de verbis augustini, posset dici, quod augustinus accipit verbum, secundum quod importat realem originem.

1. Si può facilmente rispondere se qualcuno volesse sostenere il contrario. A ciò che viene obiettato basandosi sulle parole di Agostino si può infatti rispondere che Agostino intende il verbo in quanto comporta un'origine reale.

2. Ad secundum posset dici, quod etsi haec praepositio apud importet distinctionem, haec tamen distinctio non importatur in nomine verbi; unde ex hoc quod verbum dicitur esse apud patrem, non potest concludi quod verbum personaliter dicatur quia etiam dicitur deus de deo, et deus apud deum.

2. Benché la preposizione «presso» comporti una distinzione, tale distinzione non viene comportata dal nome «verbo»: per il fatto dunque che si dice che il Verbo è presso il Padre non si può concludere che il «verbo» sia inteso in senso personale, perché si dice anche Dio da Dio e Dio presso Dio.

3. Ad tertium potest dici, quod relatio illa est rationis tantum.

3. Si può concedere che quella relazione è soltanto di ragione.

4. Ad quartum sicut ad primum.

4. Si risponde come alla prima obiezione.

3. *Quaestiones disputatae de veritate*, q. 7, a. 2 (ricorrenza: 12 volte)

Testo latino

Traduzione italiana

secundo quaeritur utrum liber[304] vitae dicatur essentialiter vel personaliter in divinis.

Se il libro della vita si dica in Dio in modo essenziale o personale.

Obiectiones

Obiezioni

et videtur quod personaliter.

Sembra che il libro della vita si dica in Dio in modo personale.

---

[304] Nel presente articolo si parla del *Libro della Vita*. «L'espressione biblica "Libro della vita" indica l'iscrizione dei predestinati alla vita eterna: si tratta dunque di qualcosa di increato, indicato con una metafora tratta dall'uso umano di scrivere in un libro i nomi di coloro che devono essere ammessi a far parte di un certo gruppo» (COGGI R., *Introduzione alla Questione 7, il Libro della Vita* in S. TOMMASO D'AQUINO, *Le questioni disputate. La Verità*, Edizioni Studio Domenicano, Bologna 1997, vol. I, p. 643).

1. In psalm. Enim xxxix, 9, dicitur: in capite libri scriptum est de me; glossa: apud patrem, qui est caput mei. Sed nihil habet caput in divinis nisi quod habet principium; quod autem habet principium, in divinis dicitur personaliter. Ergo liber vitae personaliter dicitur.

2. Praeterea, sicut verbum dicit notitiam ex alio procedentem, ita et liber, quia scriptura libri a scriptore procedit. Sed verbum, ratione praedicta, dicitur personaliter in divinis. Ergo et liber vitae.

3. Sed dicebat, quod verbum importat processum realem, liber autem vitae processum rationis tantum.- sed contra, nos non possumus nominare deum nisi ex his quae apud nos sunt. Sed sicut apud nos verbum procedit a prolatore realiter distinctum ab eo, ita et liber a scriptore. Ergo eadem ratione utrumque importabit in divinis distinctionem realem.

4. Praeterea, verbum vocis magis distat a dicente quam verbum cordis; et adhuc magis verbum scripturae, quod significat verbum vocis. Si ergo verbum divinum, quod sumitur ad similitudinem verbi cordis, ut augustinus dicit, realiter distinguitur a dicente, multo fortius liber, qui scripturam importat.

5. Praeterea, illud quod attribuitur alicui, oportet quod ei conveniat secundum omnia quae sunt de ratione ipsius. Sed de ratione libri non solum est quod aliquid repraesentet, sed etiam quod ab aliquo scribatur. Ergo in divinis accipitur nomen libri secundum quod est ab alio; et sic personaliter dicitur.

6. Praeterea, sicut de ratione libri est quod legatur, ita et quod scribatur. Sed, secundum quod scribitur, est ab alio; secundum autem quod legitur, est ad alium. Ergo de ratione libri est quod sit ab alio et ad alium; ergo liber vitae dicitur personaliter.

7. Praeterea, liber vitae dicit notitiam expressam ab alio. Sed quod exprimitur ab

1. La Scrittura dice: «All'inizio del libro di me è scritto», e la glossa commenta: «Presso il Padre, che è il mio inizio». Ma in Dio niente ha inizio se non ciò che ha principio, e in Dio ciò che ha principio si dice in modo personale. Dunque il libro della vita si dice in modo personale.

2. Come la parola indica la nozione che procede da un altro, così anche il libro, perché la scrittura del libro procede dallo scrittore. Ma la parola, per il motivo già enunciato, si dice di Dio in modo personale. Dunque anche il libro della vita.

3. Si è replicato che la parola comporta un reale processo, il libro invece comporta solo un processo della ragione. – Ma in contrario: noi non possiamo nominare Dio se non dalle cose che sono presso di noi. Ora, come presso di noi la parola che procede da colui che la pronuncia è realmente distinta da lui, così anche il libro dallo scrittore. Dunque per lo stesso motivo l'una e l'altro esigeranno in Dio la distinzione reale.

4. La parola vocale è distante da colui che la pronuncia più della parola interiore, e così ancora di più la parola scritta, che indica la parola vocale. Se dunque il Verbo divino, che si assume a somiglianza della parola interiore, come dice Agostino, si distingue realmente da chi lo pronuncia, molto più il libro, che comporta la scrittura.

5. Ciò che si attribuisce a qualcuno è necessario che gli convenga secondo tutto ciò che riguarda la sua nozione. Ora, riguarda la nozione di libro non solo che esso rappresenti qualcosa, ma anche che sia scritto da un altro. Dunque in Dio si assume il nome di libro in quanto dipende da un altro; e così si dice in modo personale.

6. Come appartiene alla nozione di libro che esso venga letto, così anche che esso venga scritto. Ma in quanto è scritto proviene da altro, in quanto è letto dice ordine ad altro. Dunque è della natura del libro che dica ordine ad altro e che provenga da altro: quindi si dice in modo personale.

7. Il libro della vita indica la conoscenza espressa da un altro. Ma ciò che viene espres-

alio, oritur ab eo. Ergo liber vitae importat relationem originis, et sic dicitur personaliter.

Sed Contra

Est quod liber vitae est ipsa praedestinatio, ut augustinus dicit in libro de civit. XX, 15, et habetur in glosa apoc. 20,12; sed praedestinatio dicitur essentialiter et numquem personaliter; ergo et liber vitae.

Responsio

Dicendum, quod quidam dixerunt quod liber vitae dicitur quandoque personaliter, quandoque essentialiter; secundum enim quod transfertur in divina ex ratione scripturae, personaliter dicitur, secundum hoc enim importat originem ab alio (liber enim nonnisi ab alio scribitur); secundum autem quod importat repraesentationem eorum quae in libro scribuntur, sic dicitur essentialiter. Sed ista distinctio non videtur esse rationabilis, quia nomen aliquod dictum de deo non dicitur personaliter nisi de sui ratione relationem originis importet, secundum hoc quod in divinam praedicationem venit. In his autem quae translative dicuntur, non accipitur metaphora secundum quamcumque similitudinem, sed secundum convenientiam in illo quod est de propria ratione rei cuius nomen transfertur; sicut nomen leonis in deo non transfertur propter convenientiam quae est in sensibilitate, sed propter convenientiam in aliqua proprietate leonis. Unde et liber vitae non transfertur ad divina secundum id quod est commune omni artificiato, sed secundum id quod est proprium libri inquantum est liber. Procedere autem a scriptore convenit libro non inquantum est liber, sed inquantum est artificiatum; sic enim et domus est ab aedificatore et cultellus a fabro. Sed repraesentatio eorum quae scribuntur in libro, est de propria ratione libri inquantum huiusmodi; unde, tali repraesentatione

so da un altro sorge da un altro. Dunque il libro della vita comporta una relazione di origine, pertanto si dice in modo personale.

In Contrario

Il libro della vita è la stessa predestinazione, come dice Agostino e come si ricava dalla glossa sull'*Apocalisse*. Ma la predestinazione si dice sempre in modo essenziale e mai in modo personale. Dunque anche il libro della vita.

Soluzione

Bisogna dire che alcuni affermarono che il libro della vita a volte si dice in modo personale, a volte in modo essenziale: se viene trasferito nelle cose divine a motivo della scrittura si dice in modo personale, dato che sotto quest'aspetto comporta l'origine da un altro (infatti il libro è scritto solo da un altro); se invece viene considerato in quanto comporta una rappresentazione di ciò che è scritto nel libro, si dice in modo essenziale. Ma questa distinzione non sembra razionale, perché un certo nome riferito a Dio non si dice in modo personale se non perché in base alla sua natura comporta una relazione d'origine proprio in ciò che riguarda la predicazione divina. Ora, in ciò che si dice in maniera traslata non si assume la metafora secondo una somiglianza qualsiasi ma secondo la convenienza in ciò che appartiene alla natura propria della cosa di cui si trasferisce il nome; come il nome di leone non viene trasferito in Dio per la convenienza che si trova nella sensibilità, ma per la convenienza in qualche proprietà [caratteristiche] del leone. Per cui anche il libro della vita non viene trasferito nelle realtà divine secondo ciò che è comune agli artefatti, ma secondo ciò che è proprio del libro in quanto libro. Ora, procedere dallo scrittore conviene al libro non in quanto è libro, ma in quanto è un artefatto: così infatti anche la casa proviene dall'artefice e il coltello dal fabbro. Invece la rappresentazione delle cose che sono scritte nel libro riguarda la natura pro-

manente, etiamsi ab alio scriptus non esset, esset quidem liber, sed non esset artificiatus. Unde patet quod liber non transumitur ad divina ex hoc quod ab alio scribitur, sed ex hoc quod repraesentat ea quae scribuntur in libro. Et ideo, cum repraesentatio sit communis toti trinitati, liber in divinis non dicitur personaliter, sed essentialiter tantum.

pria del libro in quanto tale; per cui rimanendo tale rappresentazione, anche se il libro non fosse scritto da un altro, sarebbe sì libro, ma non sarebbe un artefatto. Perciò è chiaro che il libro non viene trasferito alle cose divine per il fatto che è scritto da un altro, ma perché rappresenta ciò che viene scritto nel libro. E allora, essendo la rappresentazione comune a tutta la Trinità, il libro si dice in Dio non in modo personale, ma solo in modo essenziale.

Responsio ad obiecta

1. Ad primum igitur dicendum, quod ea quae in divinis essentialiter dicuntur, aliquando pro personis supponunt; unde hoc nomen deus quandoque supponit pro persona patris et quandoque pro persona filii, ut cum dicitur deus generans, vel deus genitus; et ita etiam liber, quamvis essentialiter dicatur, tamen potest supponere pro persona filii; et secundum hoc dicitur habere caput vel principium in divinis.

2. Ad secundum dicendum, quod verbum, secundum suam rationem qua in divinis dicitur, importat originem ex alio, ut in quaest. De verbo, art. 1 et 2, dictum est; liber autem non importat originem ex sua ratione, secundum quam ad divina transumitur; et ideo non est simile.

3. Ad tertium dicendum, quod quamvis liber apud nos realiter procedat a scriptore, sicut verbum a prolatore, tamen ista processio non importatur in nomine libri, sicut importatur in nomine verbi; non enim plus importatur in nomine libri processio a scriptore quam in nomine domus processio ab aedificatore.

4. Ad quartum dicendum, quod ratio illa procederet, si in ratione libri esset ratio verbi scripti; hoc autem non est verum; unde ratio non sequitur.

5. Ad quintum dicendum, quod ratio illa tenet in his quae proprie dicuntur; in his autem quae metaphorice dicuntur, sicut liber, non oportet quod conveniat ei de quo

Risposta alle obiezioni

1. Talvolta ciò che si dice in Dio in modo essenziale viene riferito alle persone: per cui questo nome Dio a volte riguarda la persona del Padre e a volte la persona del Figlio, come quando dice Dio generante o Dio generato; e così anche il libro, sebbene si dica essenzialmente, tuttavia può essere riferito alla persona del Figlio; e in base a ciò si dice che in Dio si ha un capo o un principio.

2. La parola, per la sua nozione propria secondo la quale viene detta di Dio, comporta l'origine da un altro, come è stato detto a suo tempo; il libro invece non comporta per sua natura un'origine secondo la quale sia riferito a Dio, e quindi non è la stessa cosa.

3. Quantunque il libro presso di noi proceda realmente dallo scrittore, come la parola da chi lo pronuncia, tuttavia ciò non viene introdotto nel nome del libro come invece viene introdotto nel nome di parola: infatti il procedere dalla scrittore non viene introdotto nel nome di libro più di quanto il procedere dal costruttore venga introdotto nel nome di casa.

4. Il ragionamento andrebbe bene se la parola scritta fosse essenziale al libro; ma ciò non è vero: dunque la prova non vale.

5. Il ragionamento va bene per quelle cose che si attribuiscono in senso proprio; invece per quelle cose che si dicono metaforicamente, come il libro, non è necessario che ci

praedicatur secundum omnia praedicta quae ei conveniunt proprie; alias oporteret quod deus, qui dicitur leo metaphorice, haberet ungulas et pilos.

6-7. Ad sextum patet ex dictis, et similiter ad septimum.

sia convenienza con ciò di cui si predica secondo tutti gli aspetti che convengono alla cosa in modo proprio; altrimenti sarebbe necessario che Dio, che viene denominato leone metaforicamente, avesse unghie e peli.

6-7. La risposta appare chiara da quanto detto.

CONCLUSIONE

Al termine di questo lavoro si può finalmente dare un'interpretazione di «quasi ipsum Verbum personaliter sit homo», che tenga conto non solo della dottrina cristologica di Tommaso, presa globalmente, ma anche del frutto dell'analisi dei termini da lui impiegati, esaminati con il metodo lessicografico, grazie al quale si conosce il lessico di un autore e, da questo, il suo pensiero[305].

L'«ipotesi interpretativa», posta al testo per ottenerne una risposta che riveli l'*intentio auctoris*, ha condizionato l'iter del lavoro, scandendone le tappe da percorrere e, dal momento che l'ermeneutica del brano si fonda sulla giusta lettura dell'avverbio *personaliter*, si è pensato bene di investigare il significato più profondo dell'avverbio, esaminando l'evoluzione storico-teologica del concetto di persona e l'applicazione cristologica che se ne è fatta fino a Tommaso.

È emerso che tale termine, dal significato di poco conto nella cultura antica ellenica[306], si arricchisce grazie alla riflessione trinitaria e cristologica dei Padri, giungendo ad avere una definizione, compiuta ed universale, in Boezio e Tommaso. Tale approfondimento, specialmente da Calcedonia in poi, non ha però interessato solo ambiti teologici, ma ha avuto risvolti antropologici, confrontandosi spesso con il complesso tema del linguaggio, trattando di una realtà che esprime qualcosa della natura di Dio, dell'uomo e del Dio fatto uomo[307].

D'altronde, uno dei cardini, sui quali ruota la discussione sul concetto di persona in cristologia, va ricercato non tanto nella problematicità dei «termini» da usare, ma nella diversa comprensione cui questi sono soggetti a seconda delle epoche e delle culture. Calcedonia non ha operato, come è stato

---

[305] Il «triangolo lessicografico» e il «circolo tra lettore e autore, tra lessico e testo» rendono possibile la comprensione delle parole del testo, un'interpretazione molto aderente alla *mens* dell'autore. La lessicografia, descrizione semantica del lessico, media tra il lettore e il testo di un autore, anche di un lontano passato, permettendo una comunicazione, sebbene questa sia «per assenza» (il *medium communicationis* è rappresentato da un codice testuale, letterario, mentre in quella «per presenza» gli interlocutori sono contemporaneamente e fisicamente vicini). L'ermeneutica tommasiana si pone nel secondo caso, ed è resa possibile solo la ricerca lessicografica che esamina tutte le occorrenze della parola indagata.

[306] I greci erano più interessati al tutto, all'universale, che al particolare.

[307] La presente ricerca non è stata solo di tipo storico, ma anche linguistico e teologico ed ha messo a fuoco sia le varie concezioni circa la «persona», sia lo sforzo e la difficoltà che, talvolta, gli strumenti scientifici, soprattutto quelli linguistici, possono incontrare nel discorso su Dio.

dimostrato, una ellenizzazione del messaggio evangelico, ma, a ben leggere, ha compiuto piuttosto una de-ellenizzazione del linguaggio, aprendo nuovi orizzonti speculativi e dando le basi ad un linguaggio che esprimesse realtà che la ragione naturale non poteva né concepire né esprimere e che solo la rivelazione divina poteva comunicare.

La nozione di persona in Tommaso si sviluppa a partire dal contesto trinitario, nel quale Dio è «persona», «persona in relazione», anzi la stessa «relazione sussistente», ed è applicata in un secondo momento al mistero del Verbo incarnato e all'uomo. La definizione dell'Aquinate, che raccoglie l'eredità speculativa a lui precedente, in particolare quella boeziana, sottolinea le caratteristiche di autonomia, incomunicabilità, aseità, perseità, libertà e intellettualità (la «natura rationalis») che manifestano una grandissima autopossesione di sé. Queste ed altre proprietà, non fanno che mettere in risalto l'eccelsa dignità di una «substantia» che nel creato, e fuori di esso, rappresenta qualcosa di inattingibile[308]. Affermando che sia Dio sia l'essere umano sono persone, si connotano entrambi con quanto di più alto si può predicare di un essere, mentre, applicata all'evento dell'Incarnazione, la nozione di persona, così metafisicamente fondata, esprime il mistero di un unico soggetto, la persona divina, cui compete l'essere e che sussiste in due nature, integre e complete, l'umana e la divina.

Una simile concezione, che fino a Tommaso ed oltre, era pacificamente condivisa, è stata messa in discussione agli albori dell'epoca moderna, a cominciare da Cartesio, che pone nell'uomo una dualità tra la «res cogitans» e la «res extensa»: in questo modo la personalità viene fondata sulla coscienza e la libertà e non più sull'essere. Le varie correnti di pensiero succedutesi nell'era moderna e contemporanea in ambito europeo, hanno acuito e modificato, con sensibilità diverse, siffatto modo di ragionare, arrivando in tal modo ad allontanarsi da una metafisica dell'essere per approdare ad una filosofia in cui la soggettività e la coscienza detengono un primato sulla realtà e, in alcuni casi, sullo stesso *esse*.

Si comprende allora bene il perché, oggi, una cristologia che si ispiri a Calcedonia o anche ai principi di quella scolastica di cui Tommaso è un eccellente esponente, possa essere vista con sospetto: un Gesù privo di persona umana, non potrà mai essere, secondo alcuni, vero uomo. Un presupposto di questa diffidenza è ben espresso da due teologi, Schillebeeckx e Kasper, che scrivono: «Il concetto cosiddetto moderno di persona differisce p. es. da

---

[308] Per Tommaso la persona è una «ipostasi di natura razionale» (*Summa Theologiae*, III, q. 40, a. 3, co), e a sua volta l'ipostasi è una «una sostanza prima», non è né qualcosa di universale (l'umanità, e. g.), né una parte di altro (una mano e. g.), ma è individuale (cf. *ibidem*, q. 29, a. 1. ra 2).

quello del Concilio di Calcedonia»[309] in quanto in quel concilio «ciò che soprattutto non si fu in grado di precisare meglio è il concetto di persona e il suo contenuto ontologico»[310]. Da qui la proposta di una nuova riformulazione della persona (psicologica) orientata ad attribuire a Cristo una personalità umana, che sfugge ai canoni della definizione classica (metafisica).

In tale ottica si colgono meglio anche le asserzioni di Schoonenberg che può dichiarare: «Gesù Cristo è una persona. È una persona umana»[311], portando, a sostegno di tale tesi, Pio XII che, nell'enciclica *Sempiternus Rex* del 1951, escludeva in Cristo un soggetto ontologico umano, ma non psicologico o un io[312]. Il teologo olandese, però, va oltre e mette in discussione l'interpretazione tradizionale di Calcedonia, asserendo di Cristo che è la persona del Verbo «con la pienezza di presenza in questa persona umana»[313].

Infatti, è proprio la critica alla nozione di *anhypóstasis*, la mancanza di personalità dell'umanità in Cristo, che ha originato un dibattito, nell'ultimo trentennio del XX secolo, che ha coinvolto autorevoli personaggi (Schillebeeckx, Congregazione per la Dottrina della Fede, Galot…), mentre, in passato, tale «anipostasia», non disgiunta dal concetto di *enhypóstasis* di Cristo, era accettata, perché esprimente non «mancanza», ma «arricchimento» per l'umanità di Cristo.

Ecco allora come mai sono state proposte varie riletture di Calcedonia, ed anche di Tommaso, che sostengono una personalità umana in Cristo. Quest'assunto risulta, però, insostenibile se verificato alla luce della cristologia dell'Aquinate e dell'analisi lessicografica di *personaliter*. Quando Tommaso parla del modo di essere personale (*personaliter*), pensa innanzitutto a Dio Trino e al modo di essere del Verbo fatto uomo. Tale modalità, insostituibile ed unica, che caratterizza ciascuna persona divina, indica che

---

[309] SCHILLEBEECKX E., *Gesù la storia di un vivente*, p. 702.

[310] KASPER W., *Gesù il Cristo*, p. 331.

[311] SCHOONENBERG P., *Un Dio di uomini*, Queriniana, Brescia 1984, p. 84. Il testo pubblicato negli *Acta Apostolicae Sedis*, così afferma: «Quamvis nihil prohibeat quominus humanitas Christi, etiam psychologica via ac ratione, altius investigetur, tamen in arduis huius generis studiis non desunt qui plus aequo vetera linquant, ut nova astruant et auctoritate ac definitione Chalcedoninensis Concilii perpera utantur, ut a se elucubrata sufficiant. Hi humanae naturae statum et conditionem ita provehunt ut eadem reputari videatur subiectum quoddam sui iuris, quasi in ipsius Verbi non subsistat» (PIUS XII, *Littera encyclica «Sempiternus Rex»*, in *AAS* 43[1951], p. 638). Tuttavia lo stesso brano, stampato da *L'Osservatore Romano*, riportava, nella seconda proposizione «saltem psychologice», sintagma riferibile alla controversia sulla psicologia di Cristo, in particolare alle teorie di Galtier.

[312] Cf. *ibidem*, p. 79.

[313] *Ibidem*, p. 106.

la natura divina è nella persona secondo la differenza derivante dalla relazione d'origine e questo vale non solo per le persone divine, nella loro condizione «ad intra», ma anche per l'Incarnazione, alla quale Tommaso conferisce un primato della persona divina che sussiste nella natura divina, secondo il suo modo proprio, e nella natura umana che è sua volta personalizzata dal Verbo.

La proposizione «quasi ipsum Verbum personaliter sit homo», che si può tradurre «come se lo stesso Verbo di Dio fosse uomo», può essere allora interpretata, in maniera sicura, assegnando al *personaliter* un senso forte, trinitario e cristologico, evinto attraverso il metodo ermeneutico-computazionale. Si può affermare che Tommaso intenda la sola Persona divina del Verbo unita ipostaticamente (personalmente) alla natura umana: non c'è spazio per altre entità personali. Oltre, però, all'attribuire a *personaliter* questa semantica, si deve tener conto del fatto che «quasi... sit» è utilizzato da Tommaso come «ipotesi»[314] (proposizione comparativa ipotetica) e vada così letta: «sembra che sia persona l'uomo, ma in realtà non è così».

Viene dunque scartata la convinzione che ritiene Tommaso un testimone della tradizione che afferma in Gesù Cristo la copresenza di due persone che si identificano[315]. Tommaso non parla mai di un agire personale dell'uomo Gesù, ma di un agire personale del Verbo incarnato, che può personalmente fare azioni e subire passioni umane, essendo il soggetto ultimo di quella natura umana singolare, che, rispetto alle altre nature, non costituisce una persona, ma pur essendo vero uomo è «in» una persona divina. L'Aquinate non fonda la costituzione della persona umana nelle proprietà di intelligenza, coscienza e libertà, proprie della «natura rationalis», ma nell'essere. In Cristo vi è una natura razionale completa che ha il suo atto di essere, la sua ragion d'essere, nella persona del Verbo che sussiste così in due nature (l'umana e la divina). Questa dimensione dell'umanità di Cristo non rappresenta un *defectum,* ma un modo di essere perfettissimo per Gesù che non è «spersona-

---

[314] Cf. «Appendice A».

[315] Egli resta un autorevole e convinto assertore della verità di Calcedonia, che proclama l'unicità della persona nella dualità delle nature, divina e umana. Anche il contesto dell'articolo, in cui il passo è contenuto, orienta verso tale interpretazione, come viene mostrato nella «Appendice B». Tommaso, in tal luogo, replicando a Nestorio, che propugnava un'unione accidentale tra il Verbo e Gesù, un'inabitazione per grazia (propria degli uomini di Dio), afferma che la Sacra Scrittura parla in termini così pregnanti dell'Incarnazione «come se il Verbo fosse personalmente uomo». Non è questo il modo ultimo di Tommaso per descrivere l'unione ipostatica, ma ciò che vuol dire è che Nestorio si sbaglia in maniera clamorosa, dal momento che la stessa Scrittura afferma un'unione unica rispetto a tutti gli altri tipi di unione della Parola con uomini. Dunque anche qui *personaliter* e «quasi...sit» rispondono all'uso abituale che fa Tommaso.

lizzato», ma è persona in maniera eccelsa, divina: la natura umana non è in una persona umana, ma in una divina.

Il linguaggio teologico, carico di una tradizione secolare che raccoglie gli apporti di culture e ingegni, non può essere modificato arbitrariamente nei termini, né tantomeno nel significato più profondo di questi, solo in vista di una sua attualizzazione. La tensione tra linguaggio (teologico) e cultura moderna, va affrontata chiarendo lo strumento linguistico, con il quale si fa teologia, arricchendolo e rendendolo comprensibile per l'odierna cultura, senza perdere nessuno dei contenuti di cui esso è stato foriero nei secoli, come ha proposto lo stesso Concilio Vaticano II[316].

La storia del concetto di persona prova che, per quanto si affini tale strumento linguistico e teologico, esso sembrerà sempre inadatto per la penetrazione nel mistero ineffabile di Dio, obbligando il teologo a prendere umilmente coscienza che, quando afferma qualcosa su Dio, lo fa «non ut illud diceretur, sed ne taceretur»[317], nella consapevolezza che quanto egli dice di Dio, lo sta dicendo anche di se stesso, fatto ad immagine e somiglianza di Lui (*Gen* 1,27).

---

[316] Affermava san Giovanni XXIII: «Una cosa è infatti il "depositum fidei", ovvero le verità che sono contenute nella nostra veneranda dottrina, e altro è il modo col quale esse sono enunciate, sempre con lo stesso senso e la stessa sentenza (*eodem tamen sensum eademque sententia*). È proprio a questo modo che si deve dare grande importanza, lavorando con pazienza se necessario, nella sua elaborazione; vale a dire bisognerà trovare quelle forme espositive che più si adattano al magistero, la cui indole è soprattutto pastorale» (GIOVANNI XXIII, *Discorso di apertura del Concilio Ecumenico Vaticano II*, in *AAS* 54[1962], p. 793).
[317] AGOSTINO D'IPPONA, *De Trinitate*, 5, 9, 10.

APPENDICE A

Il «quasi sit»… tommasiano

Un'interpretazione del brano di Tommaso, che si fondasse esclusivamente sui risultati dell'indagine di *personaliter*, sarebbe incompleta se non considerasse anche la proposizione, nella quale esso è presente, introdotta dalla particella «quasi». Se è stato necessario definire che *personaliter* indica sempre in Tommaso – se utilizzato ontologicamente – le persone divine, tuttavia ciò non è sufficiente ai fini di un'ermeneutica completa. A seconda, infatti, della traduzione che si farà della proposizione, si potrà leggere il brano tommasiano in un senso o in altro.

La congiunzione, contrassegnata con il codice A67774, ricorre nelle opere di Tommaso 12725 volte (negli altri autori censiti dall'*IT* 3262 volte) ed è tra le parole a più alta frequenza dell'intero *IT*. Di essa si è esaminato l'uso che fa la lingua latina e l'uso che ne fa Tommaso. Ci si è limitati, però, al solo sintagma «quasi…sit», visto che l'analisi completa della voce è un'opera ardua ed eccedente la finalità di questo lavoro. I contesti offerti sono perciò quelli nei quali ricorre la proposizione composta dal nome invariabile *quasi* (che introduce un paragone) e il verbo *esse*.

Siffatta breve ricerca, pur essendo dimostrativa e non esaustiva, (non è possibile, almeno in questa sede, procedere ad una microanalisi di *quasi*), resta valida nei suoi risultati, in quanto dall'uso che Tommaso fa del sintagma nei vari contesti si può dedurre la traduzione dello stesso nel contesto che rappresenta il *focus* del presente lavoro.

1. «Quasi…sit» nella lingua latina

La congiunzione «quasi» (da *quam-si*), secondo il Calonghi, è utilizzata nelle «proposizioni comparative ipotetiche» e con il congiuntivo.

«Senza le correlative particelle comparative […] spesso con ellissi della proposizione comparativa ed in principio di proposizione per obiettare, rettificare, ma per lo più ironico (come se, quasi che [proprio]): *medico tria milia iugerum dedisti, quasi te sanasset*, come se t'avesse guarito (Cicerone)»[318].

---

[318] CALONGHI F., «Quasi» in *Dizionario della lingua latina*, Rosemberg & Sellier, Torino 1967, vol. I, col. 2280. Non è stato utile il BLAISE A., *Dictionnaire latin-français des au-*

La lingua latina, almeno quella classica, impiegando *quasi* con il congiuntivo, esprime una comparazione ipotetica e tale valore di base sarà usato anche da Tommaso nei suoi paragoni.

2. *Quasi...sit* nell'*IT*

Dalla *tabula* 33 del volume dell'*IT* dedicato ai *systemata lexici*[319] si ricava che «quasi» è presente tra i lemmi più usati da Tommaso: le 12725 volte lo pongono nella graduatoria come il 102°.

Dall'analisi della *singillata distributio formarum*[320] si è edotti, invece, che tale congiunzione è presente in tutte le opere, eccetto che nelle seguenti: *De principiis naturae, De iudiciis astrorum, De emptione et venditione, De principio individuationis, De propositionibus madalibus, Officium de festo Corporis Christi, Piae preces, Utrum in creatur sit ordo agendi.*

La stessa *tabula* mostra che su un totale di 12725 volte Tommaso usa *quasi* nel discorso proprio 8570 volte: per il 6,113% (778vv) ricorre in CIO# per il 5,838% (685vv) in RPS, per 4,691 (597vv) in 4SN, 4,573 (582vv) in ST3#, 4,345% (553vv) in CLC, 3,984% (507vv) in CTM e così via. Risalta la massiva presenza dell'avverbio nel commento a Giobbe e ad Isaia.

2.1 *Breve panoramica sull'uso del «quasi... sit» nelle opere di Tommaso*

Viene ora offerta una serie di contesti nei quali appare la proposizione introdotta da *quasi* unito al verbo essere al modo congiuntivo, terza persona singolare, *sit*. È una scelta molto settoriale, giustificata dall'intento di verificare l'utilizzo del sintagma *quasi sit* in luoghi paralleli.

Ad alcuni contesti seguono delle osservazioni in merito.

«Ad secundum dicendum, quod intellectus noster id quod concipit de bonitate vel de sapientia non refert in deum *quasi* in eo *sit* per modum quo ipse concipit, quia hoc esset comprehendere eius sapientiam vel bonitatem; sed intelligit ipsam bonitatem divinam, cui aliqualiter simile est quod intellectus noster concipit, esse supra id quod de eo»[321].

«Non autem sic praemissa intelligenda sunt *quasi* aliud *sit* divina bonitas, aliud divina essentia, et aliud eius scientia rerum dispositionem continens: sed quia secundum haec alia et alia est eius consideratio»[322].

---

teurs chrétiens, Édition Brepol, Turnhot 1954, perché tratta della congiunzione solo in relazione all'indicativo.

[319] Cf. BUSA R., *op. cit., sectio* I, vol. 10, p. 1205.

[320] Cf. *ibidem*, vol. 8, pp. 22-23.

[321] *In I Sententiarum,* ds 2, q. 1, a. 3, ra 2

[322] *Summa contra Gentiles*, lib. 3, cap. 80, n. 8.

«Attribuitur enim victoria duci, quae labore militum perpetratur. non ergo per huiusmodi verba excluditur liberum voluntatis arbitrium, sicut quidam male intellexerunt, *quasi* homo non *sit* dominus suorum actuum interiorum et exteriorum: sed ostenditur deo esse subiectum. et thren. dicitur: converte nos, domine, ad te, et convertemur: per quod patet quod»[323].

«Cum ergo dominus, ad patrem loquens, dicit, ut cognoscant te solum deum verum, non sic intelligendum est quod solus pater *sit* verus deus, *quasi* filius non *sit* verus deus, quod tamen manifeste scripturae testimonio probatur: sed quod illa quae est una sola vera deitas patri conveniat, ita tamen quod non excludatur inde et filius. unde signanter non dicit»[324].

«Unde signanter non dicit dominus, ut cognoscant solum deum verum, *quasi* solus ipse *sit* deus; sed dixit, ut cognoscant te, et addit solum verum deum, ut ostenderet patrem, cuius se filium protestabatur, esse deum in quo invenitur illa quae sola est vera divinitas. et quia oportet»[325].

In questi primi contesti è facilmente intuibile la traduzione italiana. Il *quasi sit* significa *come se fosse* ed introduce un'ipotesi possibile, ma non reale, anzi a volte esplicitamente rifiutata. Segue, infatti, a tale proposizione comparativa, una avversativa introdotta da *sed*. In pratica ciò che Tommaso fa è una concessione argomentativa ipotetica, che sembra corrispondere allo *status quo* di ciò di cui si tratta, ma che in realtà non va presa come vera.

«Aliquid, secundum quod habet esse absolutum; et quod dicitur, quod anima potest dupliciter considerari, scilicet secundum quod est substantia, et secundum quod est forma, non est intelligendum quantum ad diversa quae in ipsa sunt, *quasi aliud sit* essentia sua et aliud ipsam esse formam, ut sic esse formam accidat sibi sicut color corpori: sed distinctio accipitur secundum ejus diversam considerationem; non enim ex hoc quod est forma habet quod post corpus remaneat»[326].

«Et ideo non oportet quod sit alia potentia judicans de actu voluntatis et rationis. judicium autem liberi arbitrii intelligitur judicium electionis; unde quod dicitur liberum de voluntate judicium, ly de non denotat causam materialem, *quasi* voluntas *sit* id de quo est judicium, sed originem libertatis; quia quod electio sit libera, hoc est ex natura voluntatis»[327].

---

[323] *Ibidem*, lib 3, cap 149, n. 6.

[324] *Ibidem*, lib. 4, cap 8, n. 2.

[325] *Ibidem*, lib. 4, cap. 8, n. 2.

[326] *In I Sententiarum*, ds 19, qu 1, a. 1, ra 4; anche cf. ds 19, q. 1, a. 1, ra 4; et cf. ds 33, q. 1, a. 1, ra 5.

[327] *In II Sententiarum*, ds 24, q. 1, a. 3, ra 5.

«Unde fides est in gratuitis, sicut intellectus principiorum in naturalibus et acquisitis; unde secundum hoc dicitur: in spe erit fortitudo vestra; non *quasi* spes *sit* ipsa fortitudo, sed quia est principium ipsius fortitudinis»[328].

«Ad secundum dicendum, quod prophetae spiritu sancto inspirati non dicebant dimittendam esse uxorem *quasi* spiritus sancti praeceptum *sit*; sed *quasi* permissum, ne mala pejora fierent»[329].

La struttura argomentativa è sempre la stessa. In quest'ultimo contesto Tommaso dice che quando i profeti, uomini dello Spirito Santo, uomini di verità, affermavano che la moglie potesse essere mandata via dal marito, tale parola era come se fosse stata un precetto dello Spirito Santo. *Come se*, ma in realtà non era così: era solo permesso per evitare mali peggiori. Il *quasi sit* manifesta quindi un modo apparente dello stato delle cose.

«Ad secundum dicendum, quod anima dicitur sentire per corpus, non *quasi* actus sentiendi *sit* animae secundum se, sed quia est totius conjuncti ratione animae, eo modo loquendi quo dicimus, quod calor calefaciat»[330].

«Sicut sentire dicitur vita animalis, et intelligere vita hominis: et secundum hunc modum unusquisque illam operationem suam vitam reputat cui maxime intendit, *quasi* ad hoc *sit* totum esse suum ordinatum; secundum quem modum loquendi dicitur: iste ducit talem vel talem vitam: et sic epicurei posuerunt beatitudinem esse vitam»[331].

«Ad primum ergo dicendum, quod pax dicitur esse finis civitatis dei, quasi propinquissima dispositio ad finem, quae est simul cum ipso fine; et non *quasi* ipsa *sit* per se finis»[332].

«Istum modum oportet nos accipere in visione dei per essentiam: quia quacumque alia forma informaretur intellectus noster, non posset per eam duci in essentiam divinam: quod quidem non debet intelligi *quasi* divina essentia *sit* vera forma intellectus nostri, vel quod ex ea et intellectu nostro efficiatur unum simpliciter, sicut in naturalibus ex forma et materia naturali; sed quia proportio essentiae divinae ad intellectum nostrum est sicut [...]»[333].

«Quod autem secundo obiicitur, formam et materiam in eodem genere contineri, non sic verum est *quasi* utrumque *sit* species unius generis: sed quia sunt principia eiusdem speciei. sic igitur substantia intellectualis et corpus, quae seorsum existentia essent diversorum generum species, prout uniuntur, sunt unius generis [...]»[334].

---

[328] *In III Sententiarum* ds 26, q. 2, a. 2, ra 2.
[329] *In IV Sententiarum* ds 16, q. 3, ara 3; et cf. ds 33, q. 2, ar2b, ra 2.
[330] *Ibidem*, ds 44, q. 3, a. 3B, ra 1; et cf. ds 44, q. 3, a. 3b, ra 2.
[331] *Ibidem*, ds 49, q. 1, a. 2c, co.
[332] *Ibidem*, ds 49, q. 1, a. 2d, ra 1.
[333] *Ibidem*, ds 49, q. 2, a. 1, co.
[334] *Summa contra Gentiles*, lib. 2, cap. 69, n.3.

«[…] Aliqua subsistens persona, sed quaedam proprietas superveniens praeexistenti personae: nam ipse pater, secundum quod carnem sumpsit ex virgine, filii nomen accepit; non *quasi* filius *sit* aliqua subsistens persona a persona patris distincta»[335].

«Dicit, et effudit illam super omnia opera sua. sic igitur et id quod ex verbo efficitur, verbi accipit nomen: nam et in nobis expressio interioris verbi per vocem, dicitur verbum, *quasi sit* verbum verbi, quia est interioris verbi ostensivum. sic igitur non solum divini intellectus conceptio dicitur verbum, quod est filius, sed etiam explicatio divini conceptus per opera exteriora»[336].

«Aliquid verbi dicit in carnem christi fuisse conversum: occasionem erroris sumens ex eo quod dicitur ioan. 1-14, verbum caro factum est, quod sic intelligendum putavit *quasi* ipsum verbum *sit* conversum in carnem, sicut et intelligitur illud quod legitur ioan. 2-9, ut gustavit architriclinus aquam vinum factam, quod ea ratione dicitur, quia conversa est aqua in vinum»[337].

«Patet igitur hoc quod ioannes dicit, verbum caro factum est, non sic intelligendum esse *quasi* verbum *sit* conversum in carnem: sed quia carnem assumpsit, ut cum hominibus conversaretur et eis visibilis appareret. unde et subditur: et habitavit in nobis et vidimus gloriam eius etc.: sicut et in…»[338].

Interessante in questi casi il dibattito cristologico concentrato sul mistero dell'Incarnazione. Tommaso sta affermando che, in base alla Scrittura, alcuni errarono a proposito dell'Incarnazione: «Come se fosse così, ma in realtà – dice l'Aquinate – le cose non stanno così».

«Frivolum autem videtur contra hanc divinam promissionem ex naturali elementorum positione argumentari, *quasi* impossibile *sit* corpus hominis, cum sit terrenum et secundum suam naturam infimum locum habens, supra elementa levia elevari. manifestum est enim quod ex virtute animae est quod corpus ab ipsa perfectum»[339].

«Ad primum ergo dicendum quod deletio, ut dictum est, non refertur ad librum vitae ex parte praescientiae, *quasi* in deo *sit* aliqua mutabilitas, sed ex parte praescitorum, quae sunt mutabilia»[340].

«Attributa personis, quod essent eis propria, sequeretur quod una persona se haberet ad aliam in habitudine formae. quod excludit augustinus, in vii de trin., ostendens quod pater non est sapiens sapientia quam genuit, *quasi* solus filius *sit* sapientia; ut sic pater et filius

[335] *Ibidem*, lib. 4, cap. 5, n. 5.
[336] *Ibidem*, lib. 4, cap. 13, n. 5.
[337] *Ibidem*, lib. 4, cap. 31, n.1.
[338] *Summa Theologiae*, III, q. 3, a. 2, co; et cf. *Summa contra gentiles*, lib. 4, cap. 31, n. 6.
[339] *Summa contra Gentiles*, lib. 4, cap. 87, n. 2; lib. 4, cap. 33, n. 6.
[340] *Summa Theologiae*, I, q. 24, a. 3, ra 1.

simul tantum possint dici sapiens, non autem pater sine filio. sed filius dicitur sapientia patris, quia est sapientia de patre sapientia, uterque enim per se est sapientia, et simul ambo una sapientia[341]».

«Secundum hoc, aliquis per accidens vult sibi malum, quod est odire. alio modo, ex parte sui ipsius, cui vult bonum. unumquodque enim maxime est id quod est principalius in ipso, unde civitas dicitur facere quod rex facit, *quasi* rex *sit* tota civitas. manifestum est ergo quod homo maxime est mens hominis. contingit autem quod aliqui aestimant se esse maxime illud quod sunt secundum naturam corporalem et sen*siti*vam. unde amant se secundum id quod aestimant se esse, sed odiunt id quod vere sunt, dum volunt»[342].

«Ad tertium dicendum quod memoria non ponitur pars prudentiae, sicut species est pars generis, *quasi* ipsa memoria *sit* quaedam virtus per se, sed quia unum eorum quae requiruntur ad prudentiam, est bonitas memoriae; ut sic quodammodo se habeat per modum partis integralis»[343].

«Ad tertium dicendum quod illud dictum sapientis non est sic intelligendum *quasi* ipsa prudentia *sit* moderanda, sed quia secundum prudentiam est aliis modus imponendus»[344].

«Ad tertium dicendum quod, abstracta personalitate per intellectum, dicitur nihil remanere per modum resolutionis, *quasi* aliud *sit* quod subiicitur relationi, et aliud ipsa relatio, quia quidquid consideratur in deo, consideratur ut suppositum subsistens. potest tamen aliquid eorum quae dicuntur de deo intelligi sine alio, non per modum resolutionis»[345].

«Ad primum ergo dicendum quod homo accepit ex tempore omnipotentiam quam filius dei habuit ab aeterno, per ipsam unionem personae, ex qua factum est ut, sicut homo dicitur deus, ita dicatur omnipotens, non *quasi sit* alia omnipotentia hominis quam filii dei sicut nec alia deitas; sed eo quod est una persona dei et hominis»[346].

«Cum ergo christus dicitur esse dominus vel servus sui ipsius, vel quod verbum dei est dominus hominis christi, hoc potest intelligi dupliciter. uno modo, ut intelligatur hoc esse dictum ratione alterius hypostasis vel personae, *quasi* alia *sit* persona verbi dei dominantis, et alia hominis servientis, quod pertinet ad haeresim nestorii. unde in condemnatione nestorii dicitur in synodo ephesina»[347].

«Ad secundum dicendum quod, sicut augustinus dicit, xxiii libro contra faustum, qui hac obiectione utebatur, non plane, inquit, catholica fides, quae christum, dei filium, natum secundum carnem credit ex virgine ullo modo eundem dei filium sic in utero mulieris

---

[341] *Ibidem*, q. 39, a. 7, ra 2; cf. q. 46, a. 3, ra 1; et cf. q. 79, a. 5, ra 1; et cf. q. 93, a. 7, ra 2; et cf. q. 110, a. 2, co.
[342] *Ibidem*, I-II, q. 29, a. 4, co.
[343] *Ibidem*, q. 56, a. 5, ra 3.
[344] *Ibidem*, II-II, q. 47, a. 4, ra 3.
[345] *Ibidem*, III, q. 3, a. 3, ra 3.
[346] *Ibidem*, q. 13, a. 1, ra 1.
[347] *Ibidem*, q. 20, a. 2, co.

includit *quasi* extra non *sit*, quasi caeli et terrae administrationem deseruerit, quasi a patre recesserit. sed vos, manichaei, corde illo quo nihil potestis nisi corporalia phantasmata cogitare, ista omnino non capitis. ut enim dicit in epistola ad volusianum»[348].

«Ad tertium dicendum, quod deus dicitur gubernare per bonitatem, non *quasi* bonitas *sit* ipsa providentia, sed quia est providentiae principium, cum habeat rationem finis; et etiam quia ita se habet divina bonitas ad ipsum sicut moralis virtus ad nos»[349].

«Ad octavum dicendum, quod malum per prius inest diabolo quam aliis, tempore, non natura, *quasi* malitia *sit* eius essentia vel accidens ex principiis propriae naturae derivatum. nec obstat, si ipse est aliis peior, cum hoc non sit propter connaturalitatem malitiae ad ipsum, sed per accidens, quia amplius peccavit»[350].

«Est odium hominis, sed felicitatis, prout sub odio comprehenduntur omnes passiones animae tendentes in malum, quae ex odio derivantur. quod autem dicitur odium esse ira inveterata, non est sic intelligendum *quasi* omne odium *sit* tale, sicut est aliquis status motus odii; sed quia ira inveterata odium causat»[351].

«[...] Ad consummationem perveniat, petimus dicentes: sanctificetur nomen tuum. quod, ut augustinus dicit, non sic petitur *quasi* non *sit* sanctum dei nomen, sed ut sanctum habeatur ab omnibus, idest, ita innotescat deus, ut non aestimetur aliquid sanctius. inter alia vero indicia quibus sanctitas dei manifestatur hominibus, evidentissimum»[352].

«Supremum locum mundi aethera, ponentes scilicet ei nomen ab eo quod semper currit sempiterno tempore: thein enim in graeco idem est quod currere. sed anaxagoras male interpretatus est hoc nomen, attribuens ipsum igni, *quasi* caeleste corpus *sit* igneum: aethein enim in graeco idem est quod ardere, quod est proprium ignis. sed quod caeleste corpus non sit igneum, patet ex supra dictis»[353].

«Erit condicionis quod in nullo animam impediet quin deum possit videre, sed erit ei omnino subiecta. quod ignorans porphyrius dixit quod animae, ad hoc quod fiat beata, omne corpus fugiendum est, *quasi* anima *sit* deum visura non homo, et ad hoc excludendum subdit quem visurus sum ego ipse, *quasi* dicat: non solum anima mea deum videbit sed ego ipse qui ex anima et corpore subsisto. et ut ostendat quod illius visionis etiam suo modo erit»[354].

---

[348] *Ibidem*, q. 31, a. 4, ra 2.

[349] *Quaestiones disputatae de Veritate* 1, q. 5, a. 1, rc 3; et cf. q. 9, a. 3, ra 2; et cf. q. 16, a. 1, ra 4.

[350] *Quaestiones disputatae de Potentia*, q. 3, a. 6, ra 8; et cf. q. 3, a. 11, ra 2; et cf. q. 3, a. 18, ra 10.

[351] *Quaestiones disputatae de malo*, q. 10, a. 2, rc 4.

[352] *Compendium Theologiae*, lib. 2, cap. 8.

[353] *In libros de caelo et mundo*, lib. 1, lc 7, n. 7.

[354] *In Job*, cap. 19.

«Condemnandum, non datur homini facultas ut ulterius quasi iudicio decertet cum deo: et hoc est quod subdit neque enim ultra, scilicet postquam deus iudicat eum condemnandum, in hominis potestate est ut veniat ad deum in iudicium, *quasi* scilicet deus *sit* propter eum suum iudicium retractaturus; et hoc praecipue videbatur dicere contra iob qui postquam condemnatus erat ad poenam, supra xxiii 3 dixerat veniam usque ad solium eius, ponam coram eo iudicium»[355].

«Scilicet charitatis, qui est adoptionis filiorum, id est, per quem adoptamur in filios dei. gal. iv, 5: ut adoptionem filiorum reciperemus. non autem hoc dicitur *quasi sit* alius et alius spiritus, sed quia idem est spiritus, scilicet qui in quibusdam facit timorem servilem *quasi* imperfectum, in aliis facit amorem *quasi* quoddam perfectum»[356].

«[…] Deum, idest divinos honores. sic de antichristo dicitur, quod adversus deum deorum loquitur. thess. 2: adversatur et extollitur super omne quod dicitur deus et colitur, ita ut in templo dei sedeat, ostendens se *quasi* ipse *sit* deus. et de anthioco 2 mach. 9: justum est subditum esse deo, et mortalem deo non paria sentire; et act. 12, de herode, quod acclamabat ei populus voces dei et non hominis»[357].

«Tertio vitandus est alius error ipsius origenis. ipse enim sic omnia facta esse per verbum dixit, sicut aliquid fit a maiori per minorem, *quasi* minor *sit* filius, et ut organum patris. sed quod per hanc praepositionem per non significetur minoritas in obliquo, scilicet filio, seu verbo, patet ex pluribus scripturae locis. dicit enim apostolus, i cor. i, 9»[358].

«Arbitrantes. notandum etiam secundum augustinum, quod domino quaerente diligis me, non respondit petrus diligo sed amo te; *quasi* idem *sit* amor et dilectio. quod est verum secundum rem; sed differunt secundum nomen. amor enim est motus appetitus, et si quidem reguletur appetitus ratione, sic est amor voluntatis, qui proprie est...»[359].

2.2 *Commento*

I numerosi contesti mostrano chiaramente che in Tommaso l'uso di *quasi... sit* risponde ad un modo peculiare di porre l'argomentazione. Se l'avverbio *quasi* unito ad un sostantivo esprime un paragone, che non significa identificazione tra i due termini, a livello di sintassi del periodo esso introduce proposizioni comparative. In estrema sintesi si rileva che dal punto di vista metodologico, Tommaso usa la proposizione comparativa quando introduce un'ipotesi possibile di lavoro (il modo congiuntivo in latino designa la possibilità) con la quale, accetta la tesi dell'avversario. Tale ipotesi, introdotta dalla locuzione «come se fosse...», è fondata sul modo di appari-

---

[355] *Ibidem*, cap 34.
[356] *Super epistulam ad Romanos*, cap. 8, lc 3.
[357] *Reportationes in Psalmos*, ps 11, n. 3.
[358] *Super evangelium Johannis*, cap. 1, lc 2.
[359] *Ibidem*, cap. 21, lc. 3.

re dei termini o delle realtà trattate dalla questione. Tommaso fa seguire, a tale proposizione, una proposizione avversativa (introdotta da *sed*) che *sconfessa* il paragone precedente.

Una traduzione di «quasi...sit» potrebbe pertanto essere la seguente: è come se la cosa fosse in tal modo (appaia in tal modo), tuttavia nella realtà essa è diversa.

APPENDICE B

Testo e commento dell'articolo I
della *Quaestio disputata de unione Verbi incarnati*

La *Quaestio disputata de unione Verbi incarnati* è divisa in cinque articoli e tratta dei seguenti argomenti: 1) l'unione che si fa non nella natura,
ma nella persona; 2) l'unione che avviene nel supposito o ipostasi; 3) dal
punto di vista ontologico Cristo è uno; 4) in Cristo vi è un solo essere; 5) in
Cristo vi è una sola operazione. Per una migliore comprensione del contesto
in cui è presente l'affermazione che stiamo indagando, verrà offerto di seguito l'intero articolo primo. La *Quaestio*, secondo Lobato, si inserisce in
quel filone originato dalle questioni sulla verità.

«Davanti a questo fatto, di essere l'ultima di una serie di così alto valore, non possiamo
non cadere nella tentazione di stabilire, nella stessa varietà che richiede questo genere
letterario e nell'unità che impone, di cercare un certo rapporto fra quest'ultima questione e
la prima, fra il tema dell'unione ipostatica e il tema della verità. Il rapporto è multiplo: non
solo perché la verità, che egli cerca e trova, è personale, è Dio fatto uomo, colui che può
affermare di essere la «verità» (*Gv* 15,6), ma anche perché allora, nella prima, si trattava
del punto di partenza, che era l'ente, *primum quod a mente concipitur et in quod omnia
intellectus resolvit est ens* (*De Veritate* 1, 1) e, adesso, nell'ultima, si tratta del punto
d'incontro dell'uomo con Dio, della sua verità in quanto le due nature si uniscono
nell'unico essere della persona»[360]

Essa si pone ad un punto di arrivo nella riflessione di Tommaso, che termina con la contemplazione del *miraculum miraculorum*, ovvero
nell'affermazione di un unico essere personale nel quale sussistono due nature: questo è miracoloso[361].

1. Anteriorità o posteriorità rispetto alla *Tertia Pars*, q. 17, a. 2?

La domanda riguardante il tempo di composizione dell'opera, variamente
discussa tra gli studiosi, nasce dal fatto che Tommaso, nella *tertia pars* della
Summa Theologiae, ammette un solo essere in Cristo, mentre nella *Quaestio*

---

[360] LOBATO A., *Introduzione. La Questione Disputata sull'unione del Verbo incarnato*, in S.
TOMMASO D'AQUINO, *Le questioni disputate. Le virtù. L'unione del Verbo incarnato*, Edizioni Studio Domenicano, Bologna 2002, p. 36.
[361] Cf. *ibidem*, 36.

pare riconoscerne due. Stando così le cose, a seconda della posteriorità o anteriorità dello scritto, si decide un'eventuale sviluppo della dottrina di Tommaso verso l'ammissione o meno di un *duplex esse* in Cristo.

Nel suo lavoro di «iniziazione» a Tommaso, Torrell, dopo aver ribadito l'autenticità dell'opera, perché «i lavori della commissione leoniana non lasciano alcun dubbio sull'autenticità, dal momento che il testo di questa Questione è già trasmesso dai manoscritti della fine del XIII secolo»[362], circa la datazione dell'opera, così scrive:

> «Non si pretende affatto la fine del soggiorno o l'inizio del periodo conclusivo parigino; al contrario il principio del 1272 – quando la *Tertia Pars* era in preparazione prossima, se non già cominciata – è il tempo più conveniente. Pelster considera come certa la discussione a Napoli nel 1272-1273, ma la testimonianza dei cataloghi non lascia alcun dubbio: la tredicesima serie delle dispute di Tommaso è stata tenuta *secunda vice Parisius*. Si è portati piuttosto a dare ragione agli autori che situano questa questione verso la fine del secondo insegnamento parigino: prima di Pasqua, nell'aprile (Weisheipl) o nel maggio del 1272 (Glorieux)»[363].

Questa posizione ritiene che il pensiero definitivo di Tommaso si sia orientato a considerare in Cristo un solo essere. Diversamente, però, c'è anche chi propone una nuova interpretazione, come Lobato:

> «Nel corso degli anni 1271-1272 Tommaso ha scelto un tema affine alla materia scolastica che stava svolgendo nella *Summa* e nelle letture dei testi di Aristotele: *De Virtutibus*. […] Se così fosse, questa QD chiuderebbe la serie, sarebbe l'ultima. Essa deve aver avuto luogo nella primavera del 1272, poco prima che Tommaso lasciasse Parigi»[364].

Il domenicano soggiunge poco dopo:

---

[362] TORREL J-P, *Initiation à saint Thomas d'Aquin*, Éditions Universitaires, Fribourg Suisse-Du Cerf, Paris 2002, p. 300.

[363] *Ibidem*, pp. 300-301. «Tommaso disputò la questione *De unione Verbi incarnati* a Parigi prima della Pasqua 1272 forse verso l'inizio di aprile. L'interesse per questo problema gli era derivato dal fatto che aveva iniziato a lavorare sulla *tertia pars* della *Summa*. Non sappiamo tuttavia quanto avesse già scritto della *tertia pars* prima di lasciare Parigi, molto probabilmente non andò molto più in là delle prime questioni. La questione 17 appartiene certamente a un'epoca successiva a quella del *De unione*. Se Tommaso riprese a scrivere la *Summa* appena arrivato a Napoli, vi sarebbe un intervallo di quattro o cinque mesi fra il *De unione* e la *Summa* III, q. 17. Se invece Tommaso dettò i suoi pensieri durante il viaggio, l'intervallo sarebbe stato minore, ma egli avrebbe comunque avuto tutto il tempo per riflettere sulle implicazioni dell'unione ipostatica in Cristo. A ogni modo, Tommaso scrisse quasi tutta la *tertia pars* a Napoli, nel 1272-73» (WEISHEIPL J. A., *op. cit.*, p. 316).

[364] LOBATO A., *op. cit.*, p. 35.

«Che si può dedurre anche dalle fonti che Tommaso cita, che sono i documenti dei Concili o degli scrittori che Tommaso ha scoperto nel tempo della sua permanenza a Orvieto, o in genere in Italia. Tutto sta a indicare che la disputa ha avuto luogo intorno al tempo in cui egli scriveva la *III Pars*, iniziata a Parigi nel corso del 1271-72. Il testo della questione deve essere di poco posteriore alla questione 17 della *Summa* e alla *Lectura* del vangelo di Giovanni»[365].

Due posizioni divergenti, che, tutto sommato, possono essere concordate, dal momento che «per Tommaso l'essere, pur essendo *duplex*, non contraddice la verità di fede dell'unico *esse* di Cristo, quello della persona del Verbo. Ciò che Tommaso accentua qui, per la prima volta, è un altro *esse secundarium* e *substantiale* che appartiene alla natura umana di Cristo»[366]. L'antropologia e l'ontologia di Tommaso dovrebbe escludere qualsiasi «duplicità» a livello di essere, tuttavia, nella *Quaestio*, alle difficoltà che propugnano la duplicità dell'essere, l'Aquinate ribadisce che «l'essere della natura umana non è l'essere di quella divina. Né tuttavia si deve dire semplicemente che Cristo sia "due cose" secondo l'essere, perché entrambi non riguardano allo stesso modo il supposito eterno». E nella soluzione al problema dell'*esse* in Cristo così afferma:

«Bisogna però considerare che ci sono alcune forme per le quali qualcosa è ente non semplicemente (*simpliciter* o in senso assoluto), ma sotto un certo aspetto (*secundum quid*), così come sono tutte le forme accidentali. Vi sono poi altre forme per le quali una cosa sussistente ha l'essere semplicemente (*simpliciter* o in senso assoluto), poiché cioè esse costituiscono l'essere sostanziale della cosa sussistente. In Cristo poi il supposito sussistente è la persona del Figlio di Dio, che è sostantificata semplicemente (*simpliciter substantificatur*) per la natura umana. Poiché la persona del Figlio di Dio era prima della natura umana assunta, la persona non è aumentata (*augmentata*) o più perfetta in qualche cosa grazie alla natura umana assunta. Però il supposito eterno è sostantificato grazie alla natura umana, in quanto è quest'uomo. E perciò come Cristo è uno semplicemente (*simpliciter* o in senso assoluto) per l'unità del supposito e due realtà secondo un altro aspetto a causa delle due nature, così si ha un essere semplicemente (*simpliciter* o in senso assoluto) a causa dell'unico essere eterno dell'eterno supposito. E tuttavia vi è anche un altro essere di questo supposito, non in quanto è eterno, ma in quanto è fatto uomo nel tempo. Il quale essere, sebbene non sia un essere accidentale – perché l'uomo non è predicato accidentalmente rispetto al Figlio di Dio – tuttavia non è l'essere principale del suo supposito, ma secondario. Se inoltre in Cristo ci fossero due suppositi, allora ciascuno di essi avrebbe un proprio essere per sé principale. E così in Cristo ci sarebbe un duplice essere semplicemente»[367].

---

[365] *Ibidem*, p. 37.
[366] *Ibidem*, p. 38.
[367] *Quaestio de unione Verbi incarnati*, a. 4, co.

In questo brano si potrebbe scorgere un tentativo di Tommaso di dare, per quanto è possibile, consistenza all'essere umano di Gesù. Ora una vera «consistenza ontologica» può derivare solo dall'essere e pertanto egli ammette in Cristo l'essere assoluto del Verbo, ma anche un altro essere, sebbene secondario, ma non accidentale. Commenta ancora il Lobato:

«In quest'ultima questione la dottrina e la verità non cambiano, ma il modo di presentarle è diverso. Tommaso propone una formulazione nuova, che tende a mettere in risalto la vera umanità di Cristo, l'essere dell'uomo assunto. Tommaso, in modo sorprendente e unico, ammette un *duplex esse* in Cristo, cioè due esseri che non sono incompatibili con l'unità, poiché uno è principale e l'altro e secondario»[368].

È questa una duplicità di essere che Tommaso altrove[369] solo apparentemente sembra negare, visto che:

«Nella questione *De unione* troviamo la stessa dottrina di un solo *esse* in Cristo, "non simpliciter duplex esse", ma allo stesso tempo "est aliud esse huius suppositi", il quale non è accidentale, ma sostanziale, "non tamen est esse principale sui suppositi, sed secundarium" (ar. 4). Le due affermazioni di Tommaso possono essere esenti da contraddizione quando si tiene conto che l'*esse* appartiene in modo diverso alla natura e all'ipostasi, e questa distinzione rende possibili due nature nella stessa e unica ipostasi. Questa formulazione del *duplex esse* in Cristo non contraddice l'unità dell'essere personale di Cristo. [...] Si tratta di un *hapax legomenon* che non poteva non suscitare dei dubbi e delle perplessità tra i discepoli e i commentatori»[370].

Effettivamente tale prospettiva poneva delle difficoltà già in passato, come vediamo per il Gaetano che risolveva il problema ritenendo non autentica la questione. Tommaso mostrerebbe un progressivo approfondimento dell'unione ipostatica, dando maggior peso alla natura umana attribuendole un *esse* sostanziale e secondario. Tuttavia non si contraddice, perché «non vi è contraddizione, ma solo sviluppo e oculata attenzione alla natura umana di Cristo, punto di partenza e chiave di volta dell'umanesimo cristiano»[371]. Pur nella distinzione dei due esseri in Cristo, rimane comunque problematica quest'ammissione, anche se «l'essere della natura umana non è l'essere di

---

[368] LOBATO A., *op. cit.*, p. 36.

[369] Comunque, per essere precisi, nell'articolo parallelo della *Summa*, aveva scritto che: «Dal momento che la natura umana è congiunta al Figlio di Dio ipostaticamente e personalmente, come è stato detto sopra, e non accidentalmente, ne consegue che secondo la natura umana non sopraggiunge al Verbo un nuovo essere, ma solo una nuova condizione (*habitudo*) dell'essere personale preesistente alla natura umana, affinché quella persona divina si dica che sussista, non solo secondo la natura divina, ma anche l'umana» (*Summa Theologiae*, III, q. 17, a. 2. co.).

[370] LOBATO A., *op. cit.*, p. 39.

[371] *Ibidem*, p. 41.

quella divina. Né tuttavia si deve dire semplicemente che Cristo sia due secondo l'essere; perché il supposito eterno non si rapporta nello stesso modo ad entrambi gli esseri»[372].

2. Il testo dell'articolo I della *Quaestio*

Dopo esserci brevemente introdotti alla *Quaestio* e alla «problematica» che ha suscitato, ci si può ora avvicinare meglio all'articolo che viene offerto nell'originale latino ed in una traduzione italiana[373].

Et primo quaeritur utrum haec unio facta sit in persona, vel in natura.	Innanzitutto ci chiediamo se questa unione (del Verbo Incarnato, *ndt*) avvenne nella persona o nella natura.
Obiectiones	Obiezioni
Videtur autem quod in natura.	Sembra infatti che avvenne nella natura
1. Dicit enim athanasius quod sicut anima rationalis et caro unus est homo; ita deus et homo unus est christus. Sed anima rationalis et caro uniuntur in unam naturam humanam. Ergo deus et homo uniuntur in unam naturam christi.	1. Dice infatti Atanasio che come l'anima razionale e la carne formano un unico uomo, così Dio e l'uomo formano l'unico Cristo. Ma l'anima razionale e la carne si uniscono formando una sola natura umana, quindi Dio e l'uomo si uniscono nell'unica natura di Cristo.
2. Praeterea, damascenus dicit in iii libro: hoc facit haereticis errorem, quia dicunt idem naturam et hypostasim. Sed hoc non videtur falsum esse: quia in quolibet simplici, et praecipue in deo, idem est suppositum et natura. Ergo non est falsum quod haeretici dicunt, quod si unio facta sit in persona, sit facta in natura.	2. Inoltre il Damasceno afferma nel terzo libro (*de fide orthodoxa*): questo pone gli eretici in errore, il dire che la natura sia identica all'ipostasi. Ma ciò non sembra essere falso: poiché in qualsiasi realtà semplice, e soprattutto in Dio, il supposto e la natura sono la stessa cosa. Dunque non è falso ciò che gli eretici affermano, che se l'unione fosse avvenuta nella persona, sarebbe altrettanto avvenuta nella natura.
3. Praeterea, damascenus dicit in iii libro, quod inconvertibiliter et inalterabiliter unitae sunt ad invicem duae naturae. Sed unio naturarum videtur importare unionem naturalem. Ergo unio facta est in natura.	3. Inoltre il Damasceno dice nel III libro che le due nature si sono unite reciprocamente in maniera inconvertibile e inalterabile. Ma l'unione delle nature sembra comportare un'unione naturale. Perciò l'unione avvenne nella natura.

---

[372] *Quaestio disputata de unione Verbi incarnati*, a. 4, ra 1.
[373] La traduzione dell'articolo è stata dall'autore del presente lavoro.

4. *Praeterea, in omnibus illis in quibus suppositum aliquid habet praeter naturam speciei, vel accidens vel naturam individualem necesse est quod differat suppositum a natura, ut patet per philosophum in vii metaph.. Sed si unio humanae naturae ad verbum non est facta in natura humana, non pertinebit ad naturam speciei ipsius verbi. Ergo sequetur quod suppositum verbi sit aliud a natura divina; quod est impossibile. Videtur ergo quod unio facta sit in natura.*

5. *Praeterea, omnis unio terminatur ad aliquod unum, quod est posterius ipsa unione. Sed unitas personae verbi, cum sit aeterna, non est posterior unione quae facta est in plenitudine temporis. Ergo unio non est facta in persona.*

6. *Praeterea, unio importat additamentum quoddam. Unde non potest fieri unio in aliquo quod est summae simplicitatis. Sed persona verbi, cum sit vere deus, est summae simplicitatis. Ergo in persona verbi non potest fieri unio.*

7. *Praeterea, duo quae non sunt unius generis, non possunt in aliquo uniri: ex linea enim et albedine non fit unum. Sed humana natura multo plus differt a divina quam ea quae differunt genere. Ergo non potest simul humanae et divinae naturae unio fieri in persona una.*

8. *Praeterea, persona et natura verbi differunt solum secundum modum intelligendi, in quantum in persona verbi importatur relatio originis, non autem in natura. Sed per relationem originis verbum non refertur ad humanam naturam, sed ad patrem. Ergo eodem modo se habent ad naturam assumptam persona verbi, et natura eius. Si ergo est facta unio in persona, erit facta unio in natura.*

4. Inoltre in tutte quelle cose nelle quali il supposito ha qualcosa al di là della natura della specie, sia esso un accidente o la natura individuale (l'individualità), è necessario che il supposito differisca dalla natura (come afferma Aristotele nel *VII Metaphisicorum*). Ma se l'unione della natura umana con il Verbo non è fatta nella natura umana, non apparterrà alla natura della specie dello stesso Verbo. Quindi seguirà che il supposito del Verbo sia altro dalla natura divina e ciò è impossibile. Sembra perciò che l'unione sia avvenuta nella natura.

5. Inoltre, ogni unione si realizza in una unità che è infine essa stessa un'unione. Ma l'unità della persona del Verbo, essendo eterna, non è posteriore all'unione che avvenne nella pienezza del tempo. Pertanto l'unione non è stata fatta nella persona.

6. Inoltre, l'unione comporta una certa aggiunta. Ne consegue che non può avvenire un'unione in qualcosa che è semplicissimo. Ma la persona del Verbo, essendo vero Dio, è sommamente semplice. Pertanto nella persona del Verbo non si può avere un'unione.

7. Inoltre, due cose che non sono dello stesso genere non possono unirsi in qualcosa: da una linea, infatti, e dalla bianchezza non si ottiene un'unica realtà. Ma la natura umana differisce da quella divina molto più di quelle cose che differiscono tra loro per il genere. Quindi non si può avere nello stesso tempo un'unione della natura umana e quella divina in una sola persona.

8. Inoltre, la persona e la natura del Verbo differiscono solo secondo il modo comprensione, in quanto la relazione d'origine viene introdotta nella persona del Verbo, non però nella natura. Ma attraverso la relazione d'origine il Verbo non è in relazione alla natura umana, bensì al Padre. Pertanto la persona del Verbo e la sua natura si trovano sullo stesso piano rispetto alla natura assunta. Se dunque l'unione avvenne nella persona, sarà possibile un'unione nella natura.

9. Praeterea, incarnatio excitat nos ad deum incarnatum diligendum. Sed non debemus plus diligere unam personam divinam quam aliam; quia quorum est eadem bonitas, debet esse eadem dilectio. Ergo unio incarnationis facta est in natura communi tribus personis.

10. Praeterea, secundum philosophum in ii de anima, vivere viventibus est esse. Sed in christo est duplex vita, scilicet humana et divina. Ergo est illi duplex esse, et per consequens duplex persona: esse enim est suppositi vel personae. Non ergo facta est unio in persona.

11. Praeterea, sicut forma partis comparatur ad materiam, ita forma totius ad suppositum. Sed forma partis non potest esse nisi in materia propria. Ergo forma totius, quae est natura, non potest esse nisi in proprio supposito, quod est persona humana. Et eadem ratione natura divina est etiam in persona divina. Ergo, si sint ibi duae naturae, oportet quod sint ibi duae personae.

12. Praeterea, omne quod vere praedicatur de aliquo, potest supponere pro ipso. Sed natura divina vere praedicatur de persona verbi. Ergo potest supponere pro ipsa. Si ergo facta est unio in persona, vere potest dici quod facta sit unio in natura.

13. Praeterea, omne quod unitur alicui, aut unitur ei essentialiter aut accidentaliter. Sed humana natura non unitur verbo accidentaliter, quia sic retineret suam personalitatem, et essent duae personae. Omnis enim substantia alteri adveniens retinet suam singularitatem; sicut vestis induta, et equus equitantis. Ergo advenit ei essentialiter quasi pertinens ad essentiam vel naturam verbi. Est ergo unio facta in natura.

14. Praeterea, nihil quod comprehenditur sub alio, extendit se ad aliquid

9. Inoltre l'Incarnazione ci sprona ad amare Dio incarnato. Ma non dobbiamo amare una persona divina più di un'altra; poiché di queste la bontà è la stessa, identico deve essere il nostro amore. Dunque l'unione dell'Incarnazione avvenne nella natura comune alle Tre persone.

10. Inoltre secondo Aristotele nel II libro *Sull'anima*, il vivere per i viventi è essere. Ma in Cristo vi è una duplice vita, cioè quella umana e quella divina. Quindi ha un duplice essere e di conseguenza una duplice persona: l'essere infatti è del supposito o persona. L'unione non avvenne nella persona.

11. Inoltre, come la forma della parte si rapporta alla materia, così la forma del tutto si rapporta al supposito. Ma la forma della parte non può esistere se non in una materia propria. Dunque la forma del tutto, che è la natura, non può esistere se non in un proprio supposito, che è la persona umana. E per lo stesso motivo la natura divina è anche nella persona divina. Dunque, se vi fossero lì due nature, occorre che ci fossero li pure due persone.

12. Inoltre tutto ciò che è veramente predicato di qualcosa, può essere sostituito alla stessa. Ma la natura divina è veramente predicata della persona del Verbo. Quindi può essere messa al posto di essa. Se dunque l'unione avvenne nella persona, veramente si può dire che l'unione avvenne nella natura.

13. Inoltre, tutto ciò che è unito a qualcosa o vi è unito essenzialmente o accidentalmente. Ma la natura umana non è unita al Verbo accidentalmente, poiché così conserverebbe una propria personalità, e vi sarebbero due persone. Ogni sostanza infatti sopraggiungendo ad un'altra conserva la propria singolarità; così avviene per il vestito indossato, e il cavallo del cavaliere. Dunque sopraggiunge ad esso essenzialmente come appartenente all'essenza o alla natura del Verbo. L'unione dunque è avvenuta nella natura.

14. Inoltre, niente di ciò che è compreso sotto un'altra cosa, si estende a qualcosa

extrinsecum; sicut quod comprehenditur loco non est in exteriori loco. Sed suppositum cuiuslibet naturae comprehenditur sub natura illa, unde et dicitur res naturae. Sic enim comprehenditur individuum sub specie, sicut species sub genere. Cum ergo verbum sit suppositum divinae naturae, non potest se extendere ad aliam naturam ut sit eius suppositum, nisi efficiatur natura una.

15. Praeterea, natura se habet ad suppositum per modum formalioris, et simplicioris et constituentis. Hoc autem modo non potest se habere natura humana ad personam verbi. Ergo persona verbi non potest esse persona humanae naturae.

16. Praeterea, actio attribuitur supposito vel personae: quia actiones singularium sunt, secundum philosophum. Sed in christo sunt duae actiones, ut damascenus probat in libro iii. Ergo sunt ibi duae personae. Non ergo facta est unio in persona.

17. Praeterea, persona definitur esse natura proprietate distincta. Si ergo facta est unio in persona, sequitur quod facta sit unio in natura.

Sed Contra

1. Est quod augustinus dicit in libro de fide ad petrum: duarum naturarum veritas manet in christo secundum unam personam.
2. Praeterea, ad orosium dicit: duas naturas cognoscimus in una persona filii.

Responsio

Respondeo. Dicendum quod ad evidentiam huius quaestionis, primo, oportet considerare quid est natura, secundo, quid est persona; tertio, quomodo unio verbi incarnati facta est in persona, non in

di estrinseco; così come ciò che contenuto in un luogo non è in un luogo esterno. Ma il supposto di qualsivoglia natura è compreso sotto quella natura, per cui anche è detta realtà della natura (*res naturae*). Così infatti l'individuo è compreso sotto la specie, come la specie sotto il genere. Dunque dal momento che il Verbo è il supposto della natura divina, non può estendersi ad una altra natura per esserne il suo supposto, a meno che non divenga una sola natura.

15. Inoltre, la natura si rapporta nei confronti del supposto per il modo più formale, e più semplice e costituente. In questo modo però la natura umana non può rapportarsi alla persona del Verbo. Quindi la persona del Verbo non può essere la persona della natura umana.

16. Inoltre, l'azione viene attribuita al supposto o alla persona: poiché le azioni sono dei singoli, secondo Aristotele. Ma in Cristo vi sono due generi di azioni, come comprova il Damasceno nel III libro, quindi sono ivi presenti due persone. L'unione perciò non è avvenuta nella persona.

17. Inoltre, si definisce la persona come una natura distinta da una proprietà. Se dunque l'unione è stata fatta nella persona, ne consegue che l'unione avvenne nella natura.

In Contrario

1. Vi è ciò che dice Agostino nel libro *de fide ad Petrum*: la verità delle due nature rimane in Cristo secondo l'unica persona.

2. Inoltre lo stesso Agostino dice ad Orosio: riconosciamo due nature nell'unica persona del Figlio.

Soluzione

Rispondo dicendo che, per chiarire questa questione, in primo luogo occorre considerare cosa sia la natura; in secondo luogo cosa sia la persona; infine in che modo l'unione del Verbo incarnato è avvenuta

natura. *Sciendum est ergo, quod nomen naturae a nascendo sumitur. Unde primo est dicta natura, quasi nascitura, ipsa nativitas viventium, scilicet animalium et plantarum. Deinde tractum est nomen naturae ad principium praedictae nativitatis. Et quia huiusmodi nativitatis principium intrinsecum est, ulterius derivatum est nomen naturae ad significandum interius principium motus, secundum quod dicitur in II Physic., quia natura est principium motus in quo est, per se, non secundum accidens. Et quia motus naturalis praecipue in generatione terminatur ad essentiam speciei, ulterius essentia speciei, quam significat definitio, natura vocatur. Unde et Boetius dicit in libro de duabus naturis, quod natura est unumquodque informans specifica differentia. Et hoc modo hic natura accipitur.*

Ad intelligendum autem quid sit persona, considerandum est quod si aliqua res est in qua non sit aliud quam essentia speciei, ipsa essentia speciei erit per se individualiter subsistens. Et sic in huiusmodi re idem esset realiter suppositum et natura, sola ratione differens; in quantum scilicet natura dicitur prout est essentia speciei, suppositum vero in quantum per se subsistit. Si vero aliqua res sit intra quam praeter essentiam speciei, quam significat definitio, sit aliquid aliud, vel accidens vel materia individualis; tunc suppositum non erit omnino idem quod natura, sed habebit se per additionem ad naturam. Sicut apparet praecipue in his quae sunt ex materia et forma composita. Et quod dictum est de supposito, intelligendum est de persona in rationali natura: cum persona nihil aliud sit quam suppositum rationalis naturae, secundum quod Boetius dicit in libro de duabus naturis, quod persona est rationalis naturae individua substantia. Sic ergo patet quod nihil

nella persona, non nella natura.

Bisogna dunque sapere che il nome di natura è preso da nascere. Perciò da principio essa fu detta natura, quasi a dire «ciò che nascerà», la nascita stessa dei viventi, siano essi animali o piante. Quindi il nome di natura fu attribuito al principio della suddetta nascita. E poiché il principio di una natività di tal maniera è intrinseco, in un secondo momento il nome natura fu impiegato per significare il principio interiore del movimento, secondo quanto si dice nel II libro della Fisica, vale a dire che la natura è principio del moto dove è per sé, non in maniera accidentale. E poiché il moto naturale, specialmente nella generazione, termina nell'essenza della specie, in seguito l'essenza della specie, che in logica è la definizione, è chiamata natura. Donde anche Boezio afferma nel libro *De Duabus Naturis* che la natura è una differenza specifica che dà forma (informa) ad ogni cosa. In questo senso consideriamo ora la natura.

Per capire poi cosa sia la persona, bisogna considerare bene che se c'è qualche cosa nella quale non sia altro che l'essenza della specie, la stessa essenza della specie sarà per sé sussistente in maniera individuale. E così in tal cosa il supposito sarebbe realmente la stessa cosa che la natura, diversificandosi solo concettualmente; giacché si dice natura se ci si riferisce all'essenza della specie, supposito, invece, a ciò che sussiste per sé. Se però ci fosse qualche cosa dentro la quale, oltre all'essenza della specie, che è indicata dalla definizione, fosse qualcos'altro, o accidente o materia individuale, allora il supposito non sarà del tutto identico alla natura, ma si considererà in aggiunta alla natura. Così appare specialmente in quelle cose che sono composte di materia e forma. E ciò che è detto del supposito, si deve intendere anche della persona nella natura razionale: dal momento che la persona niente altro è che un supposito di natura razionale, secondo quanto dice Boezio nel libro *De Duabus Naturis* (che la persona è

prohibet aliqua uniri in persona quae non sunt unita in natura; potest enim individua substantia rationalis naturae habere aliquid quod non pertinet ad naturam speciei, et hoc unitur ei **personaliter**, non naturaliter.

Hoc igitur modo accipiendum est quod natura humana unita est verbo Dei in persona, non in natura: quia si non pertinet ad naturam divinam, pertinet autem ad personam ipsius, in quantum persona verbi assumendo, adiunxit sibi humanam naturam. Sed de modo huiusmodi coniunctionis dubitatio et discordia accidit. Videmus enim in creaturis quod dupliciter aliquid alicui advenit; scilicet accidentaliter, et essentialiter. Nestorius igitur, et ante ipsum Theodorus Mopsuestenus, posuerunt naturam humanam coniunctam esse verbo accidentaliter; scilicet secundum gratiae inhabitationem: ponentes quod verbum Dei unitum erat homini Christo sicut habitans in ipso ut in templo suo. Videmus autem quod omnis substantia coniuncta alteri accidentaliter, retinet seorsum suam propriam singularitatem, sicut vestis adveniens homini aut domus continens habitatorem: unde sequitur quod homo ille habuerit propriam singularitatem quae est personalitas eius. Sequebatur ergo secundum Nestorium, quod in Christo persona hominis esset distincta persona a persona verbi; et quod esset alius filius hominis, et alius filius Dei. Unde beatam virginem non confitebatur matrem Dei, sed matrem hominis.- Sed hoc est omnino absurdum. Primo quidem, quia sacra Scriptura aliter loquitur de hominibus in quibus verbum Dei habitavit per gratiam, et aliter de Christo. Nam de aliis dicit quod factum est verbum domini ad talem prophetam, sed de Christo dicit: verbum caro factum est, id est homo; **quasi ipsum verbum personaliter sit homo**. Secundo, quia apostolus ad Philipp. hanc unionem exinanitionem filii Dei vocat. Manifestum

sostanza individuale di natura razionale). Così dunque è chiaro che nulla vieta ad alcune realtà che non sono unite nella natura di unirsi nella persona; infatti la sostanza individuale di natura razionale può avere qualcosa che non appartiene alla natura della specie, e ciò si unisce ad essa personalmente, non naturalmente.

In tal modo dunque bisogna capire che la natura umana si unì al Verbo di Dio nella persona, non nella natura; poiché se non appartiene alla natura divina, appartiene però alla persona dello stesso, in quanto la persona del Verbo nell'assumere aggiunse a sé la natura umana. Ma circa il modo di tale congiunzione vi sono opinioni discordanti. Vediamo infatti nel mondo creaturale che qualcosa si aggiunge ad un'altra in un duplice modo, o essenzialmente o accidentalmente.

Nestorio dunque, e prima di lui Teodoro di Mopsuestia, ritennero che la natura u-mana fosse congiunta al Verbo acciden-talmente, cioè in virtù dell'inabitazione della grazia, affermando che il Verbo di Dio era unito con l'uomo Cristo, quasi a-bitando in lui, come nel proprio tempio. Vediamo poi che ogni sostanza, congiunta ad un'altra accidentalmente, conserva se-paratamente la propria singolarità, come il vestito che si aggiunge all'uomo o la casa ai suoi abitanti: ne consegue che quell'uomo avrà la propria singolarità che è la sua personalità. Ne conseguiva, quin-di, secondo Nestorio, che in Cristo la per-sona dell'uomo fosse distinta dalla perso-na del Verbo; e che altri fosse il figlio dell'uomo e altri il figlio di Dio. Perciò non riconosceva la Beata Vergine quale Madre di Dio, ma quale Madre dell'uomo. Ma ciò è completamente assurdo. Anzitut-to perché la Sacra Scrittura parla degli uomini nei quali la parola di Dio abitò per grazia in modo diverso di come parla di Cristo. Infatti degli altri dice che la parola del Signore si fece presente presso tale profeta, ma di Cristo dice: il Verbo si fece carne, cioè uomo: *come se lo stesso Verbo fosse personalmente uomo* (trad. Di Cog-

est autem quod inhabitatio gratiae non suffícit ad rationem exinanitionis. Alioquin exinanitio competeret non solum fílio, sed etiam patri et spiritui sancto, de quo dominus dicit Ioan. XIV: apud vos manebit, et in vobis erit; et de se et patre: ad eum veniemus, et apud eum mansionem faciemus. Propter hoc igitur et multa alia, praedictus error damnatus est in Concilio Ephesino.

Quidam vero cum Nestorio sustinentes humanam naturam accidentaliter verbo advenisse, voluerunt evitare dualitatem personarum quam ponebat Nestorius, ponentes quod verbum assumpsit animam et corpus sibi invicem non unita; ut sic non constitueretur persona humana ex anima et corpore. Sed ex hoc sequitur maius inconveniens, quod Christus non vere fuerit homo; cum ratio hominis consistat in unione animae et corporis. Et ideo etiam hic error damnatus est sub Alexandro III in Concilio Turonensi. Alii vero acceperunt aliam partem, ponentes naturam humanam verbo essentialiter advenire; ut quasi conflaretur una natura, sive essentia, ex natura divina et natura humana. Et ad hoc quidem Apollinaris Laodicensis tria dogmata posuit, ut Leo Papa dicit in epistola quadam ad Constantinopolitanos, quorum primum fuit quod posuit animam non esse unitam in Christo, sed verbum carni loco animae advenisse. Ut sic ex

gi: «nel senso che il Verbo stesso è personalmente uomo»). In secondo luogo poiché l'Apostolo nella Lettera ai Filippesi chiama questa unione uno svuotamento del figlio di Dio. È chiaro quindi che l'inabitazione della grazia non è sufficiente alla nozione di svuotamento. Del resto l'abbassamento competerebbe non solo al Figlio, ma anche al Padre e allo Spirito Santo di cui a riguardo dice il Signore (*Gv* 14): «presso di voi rimarrà, e sarà in voi; e di sé e dal Padre: a lui verremo, e presso di lui rimarremo». Per tal motivo e molti altri tale errore fu condannato nel Concilio di Efeso.

Altri, invece, sostenendo con Nestorio che la natura umana fosse congiunta al Verbo accidentalmente, vollero evitare la dualità delle persone che proponeva Nestorio, affermando che il Verbo assunse l'anima e il corpo non uniti a sé reciprocamente, tanto da non costituire una persona umana di anima e corpo. Ma per tal motivo segue un maggior svantaggio, che cioè Cristo non fu veramente uomo; dal momento che lo *status* di uomo consiste nell'unione dell'anima e del corpo. E perciò anche quest'errore fu condannato da Alessandro III nel Concilio di Tours[374].

Altri inoltre presero un diverso partito ritenendo che la natura umana si congiungesse al Verbo essenzialmente, tanto da fondersi quasi fossero una natura sola, o essenza, di natura divina e umana. E a tal proposito Apollinare di Laodicea insegnò tre dottrine, come dice papa Leone nella lettera ai Costantinopolitani, la prima delle quali diceva che l'anima non era unita in

---

[374] *Epistula cum in nostras ad Guilelmum archiep. Senonensem*, 28 Maii, 1170 (PL 200, 685BC) «Cum in Nostras esses olim praesentia constitutus, tibi viva voce iniunximus, ut suffraganeis tuis Parisius tibi ascitis ad abrogationem pravae doctrinae Petri quondam Parisiensis episcopi, qua dicitur quod Christus secundum quod et homo, non est aliquid, omnino intenderes et efficacem operam adhinberes. Inde siquidem est, quod fraternitati tuae per Apostolica scripta mandamus, quatenus… suffraganeos tuos Parisius convoces et una cum illis et aliis viris religiosis et prudentibus praescriptam doctrinam studeas penitus abrogare et a magistri et scholaribus ibidem in theologia studentibus Christum sicut perfectum Deum, sic et perfectum hominem ex animan et corpore consistentem praecipias edoceri».

verbo et carne fieret una natura, sicut in nobis ex anima et corpore. In quo quidem dogmate Apollinaris secutus est Arium. Sed quia evangelica Scriptura expresse de anima Christi loquitur, secundum illud Ioan. X: potestatem habeo ponendi animam meam, incidit in secundum dogma, ut poneret quidem animam sensitivam esse in Christo, non autem rationalem; sed verbum fuisse homini Christo loco intellectus. Sed hoc est inconveniens; quia secundum hoc, verbum non assumpsisset humanam, sed bestialem naturam, ut Augustinus contra eum arguit in libro LXXXIII quaestionum. Tertium dogma eius fuit, quod caro Christi non est de femina sumpta sed facta de verbo in carnem mutato atque converso. Hoc autem est maxime impossibile: quia verbum Dei, cum sit vere Deus, est immutabile omnino. Unde propter haec dogmata damnatus est Apollinaris in Concilio Constantinopolitano; et Eutyches, qui eius tertium dogma secutus est, in Concilio Chalcedonensi.

Sic igitur, si non est facta unio in persona sed solum secundum habitationem, secundum Nestorium, nihil novum in Christi incarnatione accidit. Quod vero facta sit unio in natura, secundum Apollinarem et Eutychen, est omnino impossibile. Cum enim species rerum sint sicut numeri, in quibus addita vel subtracta unitate variant speciem, ut dicitur in VIII Metaph., quaecumque natura est in se perfecta, impossibile est quod recipiat alterius naturae additionem. Vel, si reciperet, non esset eadem natura, sed alia. Divina autem natura est perfectissima. Similiter etiam humana natura habet perfectionem suae speciei. Unde impossibile est quod una alteri adveniat unione naturali. Et si esset possibile, iam id quod ex utroque constitueretur neque esset natura divina neque humana: et sic Christus esset neque homo neque Deus,

Cristo, ma il Verbo si congiunse alla carne al posto dell'anima. In tal modo si sarebbe avuto dal Verbo e dalla carne una sola natura, così come avviene in noi per l'unione di anima e di corpo. In tale dottrina Apollinare sicuramente seguì Ario, ma poiché la Scrittura apostolica espressamente parla dell'anima di Cristo, vedi *Gv* 10: «ho il potere di dare la mia anima», aggiunse un secondo pensiero secondo il quale in Cristo vi era certamente l'anima sensitiva, ma non quella razionale; così però il Verbo sarebbe stato nell'uomo Cristo al posto dell'intelletto. Ma questo è sconveniente perché in tal maniera il Verbo non avrebbe assunto una natura umana, bensì bestiale (così Agostino argomenta contro di lui nel *libro delle 83 questioni*). Il suo terzo insegnamento fu che la carne di Cristo non fu presa da una donna, ma creata dal Verbo cambiato e mutato in carne. Questo però è del tutto impossibile perché il Verbo di Dio, essendo vero Dio, è del tutto immutabile. Donde per tali insegnamenti fu condannato Apollinare nel concilio di Costantinopoli. Ed Eutyche, che seguì la terza dottrina, fu condannato nel concilio di Calcedonia.

Così dunque, se l'unione non avvenne nella persona, ma solo per inabitazione come dice Nestorio, nell'Incarnazione di Cristo non accade niente di nuovo. Fatto sta che se invece l'unione è avvenuta nella natura, come dicono Apollinare ed Eutyche, è del tutto impossibile. Dal momento che le specie delle cose infatti sono come i numeri, nei quali l'addizione o la sottrazione di unità comporta la variazione delle specie, come si dice nel VIII libro *Metaphisicorum*, qualunque natura che è in sé perfetta, è impossibile che riceva un'aggiunta di un'altra natura. O, qualora la riceva, non sarebbe più la stessa natura, ma un'altra. La natura divina poi è perfettissima. Allo stesso modo anche la natura umana ha la perfezione della sua specie. Donde è impossibile che una si aggiunga ad un'altra grazie ad un'unione naturale. E se fosse possibile, comunque, ciò che sa-

quod est inconveniens.

*Relinquitur ergo quod humana natura non est unita verbo neque accidentaliter neque essentialiter, sed substantialiter, secundum quod substantia significat hypostasim, et hypostatice vel **personaliter**. Huius autem unionis exemplum in rebus creatis nullum est propinquius quam unio animae rationalis ad corpus, quod ponit Athanasius. Non quidem secundum quod anima est forma corporis, quia verbum non potest esse forma in materia; sed secundum quod corpus est animae instrumentum, non quidem extrinsecum et adventitium, sed proprium et coniunctum. Unde Damascenus dicit humanam naturam esse organum verbi. Esset autem adhuc similius, sicut Augustinus dicit contra Felicianum, si fingamus, sicut plerique volunt, esse in mundo animam generalem, quae passibilem materiam ad diversas formas, unam faceret secum esse personam. Sed tamen omnia huiusmodi exempla sunt deficientia: quia unio instrumenti est accidentalis; sed haec est quaedam unio singularis supra omnes modos unionis nobis notos. Sicut enim Deus est ipsa bonitas et suum esse, ita etiam est ipsa unitas per essentiam. Et ideo, sicut virtus eius non est limitata ad istos modos bonitatis et esse qui sunt in creaturis, sed potest facere novos modos bonitatis et esse nobis incognitos; ita etiam per infinitatem suae virtutis potuit facere novum modum unionis, ut humana natura uniretur verbo **personaliter**, non tamen accidentaliter. Quamvis ad hoc in creaturis nullum sufficiens exemplum inveniatur.*

Unde Augustinus dicit in epistola ad Volusianum, de hoc mysterio loquens: si ratio quaeritur, non est admirabile: si exemplum poscitur, non est singulare.

rebbe costituto da entrambe non sarebbe né natura divina né umana: e così Cristo non sarebbe né uomo né Dio, cosa che è sconveniente.

Non ci resta dunque che ammettere che la natura umana non è unita al Verbo né accidentalmente né essenzialmente, ma sostanzialmente, nel senso che la sostanza indica l'ipostasi e ipostaticamente o personalmente. Tra le cose create, inoltre, non c'è esempio a noi più utile dell'unione dell'anima razionale con il corpo, come propone Atanasio. Non ovviamente nel senso che l'anima è la forma del corpo, poiché il Verbo non può essere forma in una materia; ma in quanto il corpo è strumento dell'anima, non però estrinseco e proveniente da fuori, ma proprio e congiunto. Per tal motivo il Damasceno dice che la natura umana è strumento (*organum*) del Verbo. Sarebbe poi ancor più simile (l'esempio), come dice Agostino contro Feliciano, se immaginassimo, come vorrebbero i più, che nel mondo ci fosse un'anima generale la quale, essendo materia passibile (capace) per le diverse forme, rendesse una sola cosa con sé la persona. Ma tuttavia, tutti questi esempi mancano sempre di qualche cosa: poiché l'unione dello strumento è accidentale; ma questa è un'unione singolare che supera tutti i modi di unione a noi conosciuti. Come Dio, infatti, è la stessa bontà e il suo stesso essere, così è anche la stessa unità per essenza. E perciò, come la sua virtù [potenza, forza] non è limitata a questi modi di bontà ed essere che sono tra le creature, ma può dar vita a nuovi modi di bontà ed essere a noi sconosciuti, così anche per l'infinita sua potenza (virtus) egli può fare un nuovo modo di unione, per il quale la natura umana si unisce al Verbo personalmente, e non accidentalmente. Sebbene per questa cosa non si trovi tra le creature alcun esempio che sia sufficiente.

Donde Agostino dice nella *Lettera a Volusiano* parlando su questo mistero: «se si cerca una ragione, ciò non è sorprendente; se si desidera un esempio, non è cosa sin-

Demus Deo aliquid posse, quod fateamur nos investigare non posse; in talibus enim tota ratio facti est potentia facientis. Et Dionysius dicit in cap. II de Divin. Nom.: Iesus secundum nos divina compositio, id est unio, et ineffabilis est verbo omni, et ignota menti; tamen et ipsi primo dignissimorum Angelorum.

Responsio ad obiecta

1. Ad primum ergo dicendum quod similitudo non attenditur quantum ad hoc quod ex anima et carne sit una hominis natura; sed quantum ad hoc quod utrobique constituitur una persona.

2. Ad secundum dicendum quod quamvis in divinis natura et suppositum, sive persona, non differant realiter, differunt tamen ratione ut dictum est. Et quia idem est subsistens in natura humana et divina, non autem eadem essentia ex utroque componitur, inde est quod unio facta est in persona, ad cuius rationem pertinet subsistere; non autem ad naturam, quae importat essentiam rei.

3. Ad tertium dicendum quod naturae quidem unitae sunt in christo; non tamen in natura, sed in persona. Quod apparet ex hoc ipso quod dicuntur inconvertibiliter et inalterabiliter naturae esse unitae.

4. Ad quartum dicendum quod haeretici, dicentes quod non est facta unio in persona, sed quod sit facta in natura, non reputabant aliud esse personam et aliud naturam nec re nec ratione; et ideo decipiebantur.

5. Ad quintum dicendum quod proprie secundum unionem dicitur aliquid unitum, sicut secundum unitatem dicitur aliquid

golare. Concediamo a Dio di poter far qualcosa, che noi confessiamo di non poter indagare. In queste cose infatti tutta la ragione dell'evento è potenza di chi lo compie». Anche Dionigi nel II libro del *De divinis nominibus* dice: «secondo noi la divina composizione di Gesù, cioè l'unione, è ineffabile per ogni discorso ed ignota alla mente; e questo anche per il primo tra gli angeli più eccelsi».

Risposta alle difficoltà

1. Alla prima obiezione, dunque, bisogna rispondere che la somiglianza non riguarda l'affermazione che sostiene che la natura di uomo nasca dall'unione dell'anima con la carna, ma piuttosto il fatto che da entrambe le parti viene costituita una persona.
2. Alla seconda obiezione bisogna replicare che sebbene in Dio la natura e il supposito o persona non differiscano realmente, tuttavia differiscono secondo ragione, come è stato affermato. E poiché ciò che sussiste è identico nella natura umana e in quella divina, ma non è composto della stessa essenza di entrambe (nature), abbiamo che l'unione avvenne nella persona, alla cui nozione si riferisce il sussistere, cosa che però non compete alla natura la quale comporta l'essenza della cosa.
3. Alla terza obiezione si risponde che le nature senza dubbio sono unite in Cristo; non tuttavia nella natura, ma nella persona Ciò è manifestato dal fatto stesso che le due nature sono dette unite in maniera inconvertibile e inalterabile.
4. Alla quarta obiezione bisogna rispondere che gli eretici, affermando che l'unione non è avvenuta nella persona, ma nella natura, non consideravano che una cosa è la persona e un'altra è la natura né nella realtà né dal punto di vista della sola ragione e per questo si ingannavano.
5. Alla quinta obiezione bisogna dire che in maniera appropriata qualcosa si dice unita, come qualcosa si dice uno a ragione

unum. Et ideo unio non intelligitur terminari ad personam divinam secundum quod est una in se ab aeterno, sed secundum quod est unita humanae naturae in tempore. Et ita unio secundum modum intelligendi praecedit personam, non prout est una, sed prout est unita.

6. Ad sextum dicendum quod unio non dicitur fieri in persona divina, quasi ipsa persona divina constituatur ex duobus sibi invicem unitis. Hoc enim eius summae simplicitati repugnaret. Sed dicitur unio esse facta in persona, in quantum divina persona simplex subsistit in duabus naturis, scilicet divina et humana.

7. Ad septimum dicendum quod duo quae sunt diversa secundum genus, non uniuntur in una essentia vel natura; nihil tamen prohibet quin uniantur in uno supposito. Sicut ex linea et albedine non fit aliqua essentia; inveniuntur tamen in uno supposito.

8. Ad octavum dicendum quod persona filii dei dupliciter potest considerari. Uno modo secundum communem rationem personae, prout significat quoddam subsistens; et secundum hoc unio facta est in persona secundum rationem personae, sicut supra dictum est. Alio modo potest in persona filii considerari id quod est proprium personae filii, scilicet relatio qua refertur ad patrem. Et secundum huius relationis rationem non consideratur unio duarum naturarum.

9. Ad nonum dicendum quod sicut incarnatio nihil bonitatis adiicit ad personam divinam, ita etiam nihil adiicit ei diligibilitatis. Unde persona verbi incarnati non est plus diligenda quam persona verbi simpliciter, licet sit secundum aliam rationem diligenda; quae tamen ratio sub universali bonitate verbi

della sua unità. E perciò l'unione non può essere intesa come terminante alla persona divina secondo ciò essa è una in sé dall'eternità, ma secondo ciò che essa è unita alla natura umana nel tempo. E così l'unione, secondo tale maniera di comprendere, precede la persona, non in quanto è una, ma in quanto è unita.

6. Alla sesta obiezione bisogna controbattere che l'unione non si dice avvenire nella persona divina, come se la stessa persona divina sia costituita da entrambe le nature reciprocamente unite. Questo infatti ripugna alla somma semplicità della stessa persona. Si dice però che l'unione avvenne nella persona, in quanto la semplice persona divina sussiste nelle due nature, cioè quella umana e quella divina.

7. Alla settima obiezione si deve rispondere che due cose, che sono diverse a causa del genere, non si uniscono in una sola essenza o natura; niente tuttavia impedisce che si uniscano in un unico supposito. Come la linea e la bianchezza non diventano un'unica essenza, tuttavia si ritrovano in uno stesso supposito.

8. All'ottava obiezione bisogna dire che la persona del Figlio di Dio può essere considerata sotto un duplice aspetto. Il primo aspetto è secondo il comune modo di intendere la persona, in quanto significa qualcosa di sussistente: e secondo ciò l'unione avvenne nella persona secondo la nozione di persona, come suddetto. Per il secondo aspetto si può considerare nella persona del Figlio ciò che è proprio della persona del Figlio, cioè la relazione per la quale egli si riferisce al Padre. E secondo la nozione di questa relazione non viene considerata l'unione delle due nature.

9. Alla nona obiezione bisogna rispondere che come l'Incarnazione non aggiunge alcuna bontà alla persona divina, così anche non aggiunge un'ulteriore amabilità. Ne consegue che la persona del Verbo incarnato non deve essere amata più della stessa in quanto non incarnata, sebbene si debba amare secondo un altro motivo, il

comprehenditur. Et propter hoc etiam non sequitur, si incarnationis unio facta est in una persona et non in alia, quod propter hoc una persona sit magis diligenda quam alia.

10. Ad decimum dicendum quod esse est etpersonae subsistentis, et naturae in qua persona subsistit; quasi secundum illam naturam esse habens. Esse igitur personae verbi incarnati est unum ex parte personae subsistentis, non autem ex parte naturae.

11. Ad undecimum dicendum quod non eodem modo se habet natura ad suppositum, sicut se habet forma ad materiam. Materia enim non constituitur in esse nisi per formam; et ideo forma requirit determinatam materiam, quam faciat esse in actu. Sed suppositum non solum constituitur per naturam speciei, sed etiam alia quaedam potest habere. Et ideo nihil prohibet naturam aliquam attribui supposito alterius naturae.

12. Ad duodecimum dicendum quod natura divina praedicatur de persona divina propter identitatem rei, non autem secundum proprietatem modi significandi. Et ideo non oportet quod supposito uno supponatur alterum; quia etiam in divinis haec est vera: persona generat; non tamen haec est vera: essentia generat.

13. Ad decimumtertium dicendum quod humana natura unita est verbo, non quidem accidentaliter, neque etiam essentialiter, quasi pertinens ad divinam naturam verbi; sed substantialiter, id est hypostatice, quasi pertinens ad verbi hypostasim vel personam.

14. Ad decimumquartum dicendum quod persona verbi comprehenditur sub natura verbi, nec potest se ad aliquid ultra extendere. Sed natura verbi, ratione suae

quale tuttavia è compreso nell'universale bontà del Verbo. E perciò anche non ne consegue che se l'unione della Incarnazione fosse avvenuta in una persona o in un'altra, per tale ragione una persona avrebbe dovuto essere amata più di un'altra.

10. Alla decima obiezione bisogna dire che l'essere è sia della persona sussistente, sia della natura nella quale la persona sussiste, come se avesse l'essere secondo quella natura. L'essere della persona del Verbo incarnato è, dunque, uno da parte della persona sussistente, non però da parte della natura.

11. Alla undecima obiezione bisogna dire che la natura non si rapporta al supposito allo stesso modo in cui la forma lo fa nei confronti della materia. La materia infatti non viene all'essere se non attraverso la forma e perciò la forma richiede una determinata materia, che la forma fa essere in atto. Ma il supposito non solo è costituito attraverso la natura della specie, ma anche può avere altre cose. E perciò nulla vieta che possa essere attribuita una natura ad un supposito di un'altra natura.

12. Alla dodicesima obiezione si deve replicare che la natura divina si predica della persona divina a causa dell'identità della cosa, non però secondo la proprietà del modo di significare. E perciò non occorre che ad un supposito si sostituisca un altro; poiché anche nelle realtà divine è vera la seguente affermazione: «la persona genera», ma non è vera quest'altra affermazione: «l'essenza genera».

13. Alla tredicesima obiezione bisogna rispondere che la natura umana si unì al Verbo sicuramente non in maniera accidentale, ma nemmeno in maniera essenziale, come appartenente alla natura divina del Verbo, ma sostanzialmente, cioè ipostaticamente, come appartenente all'ipostasi o alla persona del Verbo.

14. Alla quattordicesima obiezione bisogna rispondere che la persona del Verbo è compresa sotto la natura del Verbo, né può estendersi a qualcosa di altro. Ma la

infinitatis, comprehendit omnem naturam finitam. Et ideo, cum persona verbi assumit naturam humanam, non se extendit ultra naturam divinam, sed magis accipit quod est infra. Unde dicitur ad philipp. Ii, quod cum in forma dei esset dei filius, semetipsum exinanivit; non quidem deponens magnitudinem formae dei, sed assumens parvitatem humanae naturae.

15. Ad decimumquintum dicendum quod sicut natura verbi est infinita, ita et persona verbi infinita est. Et ideo natura divina verbi correspondet ex aequo ipsi personae verbi secundum se. Natura autem humana correspondet verbo secundum quod factum est homo. Unde non oportet quod natura sit simplicior et formalior illo homine qui est verbum caro factum, et constituens ipsum in quantum est homo.

16 Ad decimumsextum dicendum quod actio est suppositi secundum aliquam naturam vel formam; et ideo non solum diversificantur actiones secundum diversitatem suppositorum, sed etiam secundum diversitatem naturae vel formae. Sicut etiam in uno et eodem homine alia actio est videre, et alia audire, propter diversas potentias. Unde in christo propter duas naturas sunt duae actiones, licet sit una persona vel hypostasis.

17 Ad decimumseptimum dicendum quod persona est quidem substantia distincta proprietate ad dignitatem pertinente, non autem secundum quod substantia significat essentiam vel naturam, sed secundum quod significat hypostasim.

natura del Verbo, a motivo della sua infinità, comprende tutte le nature finite. E perciò quando la persona del Verbo assume la natura umana, non si estende oltre la natura divina, ma più piuttosto prende ciò che è inferiore. Per tale motivo in *Fil* 2 si dice che «pur essendo Figlio di Dio nella forma di Dio, spogliò se stesso» non abbandonando certamente la grandezza della forma di Dio, ma assumendo la piccolezza della natura umana.

15. Alla quindicesima obiezione si deve dire che come la natura del Verbo è infinita, così anche la persona del Verbo è infinita. E perciò la natura divina del Verbo corrisponde egualmente alla stessa persona del Verbo secondo se stessa (presa in sé). La natura umana però corrisponde al Verbo secondo ciò che divenne uomo. Pertanto non occorre che la natura sia più semplice e più formale di quell'uomo che è il Verbo fatto uomo, e che costituisce lo stesso in quanto è uomo.

16. Alla sedicesima obiezione bisogna replicare che l'azione è del supposito secondo qualche natura o forma e perciò non soltanto gli atti vengono diversificati a secondo della diversità dei suppositi, ma anche secondo la diversità della natura o della forma. Così anche in uno stesso uomo altra è l'azione del vedere, e altra l'ascoltare per la diversità delle facoltà. Da ciò consegue che in Cristo, a motivo delle due nature, le azioni sono di due tipi, sebbene sia unica la persona o l'ipostasi.

17. Alla diciassettesima obiezione bisogna dire che la persona è senza dubbio una sostanza distinta da una proprietà che appartenente alla dignità, non però perché la sostanza indica essenza o natura, ma in quanto indica l'ipostasi.

3. Commento

Nell'articolo riportato viene ribadita in maniera univoca l'unità e l'unicità della persona divina di Gesù Cristo. La ricerca lessicografica ha portato anche tutti i chiarimenti necessari per affrontare con serenità una

traduzione della proposizione tommasiana che non ammette ambiguità di sorta ed anche il contesto in cui essa è presente illumina ulteriormente il suo significato. In particolare, rispondendo all'obiezione quattordicesima, Tommaso è risoluto nell'affermare che ciò che di inferiore viene assunto dal Verbo è la natura, non la persona. La posizione di Tommaso, coerente con tutto il pensiero fino ad ora professato ed in linea con Calcedonia, è chiara per tutto l'articolo, che non fa altro che mostrare e dimostrare la verità dell'unica persona divina sussistente nelle due nature.

Tommaso non ha paura di parlare della mancanza di personalità umana del Verbo, come ha messo in luce la presente ricerca, ma anzi, focalizzando ancor più il contesto, dove, tra l'altro, è presente il brano preso esaminato da questo lavoro, si rileva che il Nostro autore, replicando a Nestorio che sosteneva un'inabitazione in grazia da parte del Verbo nei confronti di Cristo, distingue il caso dei profeti, presso i quali la Parola di Dio ricopriva un posto di prossimità, da quello di Cristo, dove la presenza del Verbo è così forte come se fosse personalmente uomo. Non è questa la descrizione ultima dell'Incarnazione, tuttavia Tommaso sta così argomentando per ribadire che l'unione, non accidentale, è così forte che la stessa Sacra Scrittura distingue tra unioni accidentali (dei profeti) e sostanziali (del Verbo incarnato).

Se ciò non bastasse, all'articolo primo, segue il secondo, nel quale l'Aquinate, trattando dell'unione nella persona, così scrive:

«Così dunque poiché la natura umana in Cristo non esiste per sé separatamente, ma esiste in un altro, cioè nell'ipostasi del Verbo di Dio (non certamente come un accidente nel soggetto, né propriamente come la parte nel tutto, ma per un'ineffabile assunzione), perciò la natura umana in Cristo può essere certamente detta o un individuo o particolare o singolare, non tuttavia può essere detta ipostasi o supposito come nemmeno persona. Da ciò rimane che in Cristo non c'è se non un'ipostasi o supposito, quella cioè del Verbo divino».

E all'obiezione undicesima che sosteneva che nell'assunzione della carne veniva incluso anche il supposito, così replicava: «nel supposito è inclusa la natura, non però viceversa; e perciò non poté essere assunto il supposito senza che venisse assunta la natura. Poté però accadere il contrario».

Un tale testo smentisce l'operazione di chi ha voluto forzare il pensiero di Tommaso che si muoveva su categorie ben definite. Tommaso ha aperto in cristologia nuove piste da approfondire, ma è rischioso attribuirgli posizioni che né lui poteva sostenere né rientrano in una sua *weltanschauung* filosofico-teologica.

BIBLIOGRAFIA

ALTANER B. – STUIBER A., *Patrologia*, Marietti, Torino 1981[7].

BEUCHOT M., *La noción de persona en santo Tomás: algunas notas*, Libreria Editrice Vaticana, Città del Vaticano 1991, vol III, 138-147.

BORDONI M., *Gesù di Nazareth. Signore e Cristo. Saggio di cristologia sistematica*, vol. I, *Problemi di metodo*, Herder-Università Lateranense, Roma 1986[2].

ID., *Gesù di Nazareth. Signore e Cristo. Saggio di cristologia sistematica*, vol. II, *Gesù al fondamento della cristologia*, Herder-Università Lateranense, Roma 1986[2].

ID., *Gesù di Nazareth. Signore e Cristo. Saggio di cristologia sistematica*, vol. III, *Il Cristo annunciato dalla Chiesa*, Herder-Università Lateranense, Roma 1986.

ID., *Gesù di Nazareth. Presenza, memoria, attesa*, Queriniana, Brescia 1988.

BOSIO G. – DAL COVOLO E. – MARITANO M., *Introduzione ai Padri della Chiesa*, voll. I-V, SEI, Torino 1990-1995.

BUSA R., *Index Thomisticus: Sancti Thomae Aquinatis operum omnium Indices et Concordantiae*, Stuttgart, Frommann-Holzboog 1974-1980, 56 voll.

ID., *Sancti Thomae Aquinatis opera omnia cum hypertextibus in CD-ROM*, Editel, Milano 1996[2].

ID., *Fondamenti di informatica linguistica*, Vita e Pensiero, Milano 1987.

CAVALCOLI G., *Il mistero dell'Incarnazione del Verbo*, in *Sacra Doctrina* 3-4 (2003).

DEGL'INNOCENTI U., *Il problema della persona nel pensiero di S. Tommaso*, Libreria Editrice della Pontificia Università Lateranense, Roma 1967.

DI BERARDINO A. (ed.), *Patrologia*, voll. III-V, Marietti, Torino 1978-1996.

ID., *Dizionario patristico e di antichità cristiane*, Marietti, Torino 1983.

DI MAIO A., *Il concetto di comunicazione. Saggio di lessicografia filosofica e teologica*, Editrice Pontificia Università Gregoriana, Roma 1998.

GALOT J., *Chi sei tu, o Cristo?*, LEF, Firenze 1977.

ID., *Cristo contestato. Le cristologie non calcedoniane e la fede cristologica*, LEF, Firenze 1979.

ID., *La persona di Cristo*, Cittadella, Assisi 1972[2].

ID., *Valeur de la notion de personne dans l'expression du mystère du Christ*, in *Greg* 55 (1974), 69-97.

GANNE P., *La personne du Christ. «Qui dites-vpus que Je suis?»*, in *NRT* 104 (1982), 3-21.

GRILLMEIER A., *Gesù Cristo nella fede della Chiesa*, voll. I/1-I/2, Paideia, Brescia 1982.

HULSBOSCH A., *Gods heilspresentie in de Jesuz Christus*, in *TvT* 6 (1966), pp. 249-288.

KASPER W., *Gesù il Cristo*, Queriniana, Brescia 1986[5].

MILANO A., *Persona in Teologia*, Edizioni Dehoniane, Roma 1996[2]

OCÁRIZ F. – MATEO-SECO L. F. – RIESTRA J. A., *Il Mistero di Cristo*, Apollinare Studi, Roma 2000.

OLS D., *Le Cristologie contemporanee e le loro posizioni fondamentali al vaglio della dottrina di S. Tommaso*, Libreria Editrice Vaticana, Città del Vaticano 1991.

QUASTEN J., *Patrologia*, voll. I-II, Marietti, Torino 1980[4].

PIOLANTI A., *Dio Uomo*, Desclée & C., Roma 1964.

SAYES J. A., «Jesucristo, ser y persona», *Bur* 25 (1984) pp. 83-189; 26 (1985) pp. 37-74.

SANGALLI S., *«Familia» in S. Tommaso d'Aquino. Microanalisi lessicologica saggio di metodo ermeneutico computazionale*, Editrice Pontifica Università Gregoriana, Roma 2003.

ID., *«Philosophia» secondo S. Tommaso d'Aquino: microanalisi lessicologica, saggio di metodo ermeneutica computazionale* (ciclostilato), sce, Gallarate (MI) 1996.

SCHILLEBEECKX E., *Persoonlijke openbaringsgestalte van de Vater*, in *TvT* 6 (1966), pp. 274-288.

ID., *Gesù la storia di un vivente*, Queriniana, Brescia 1980.

SCHOONENBERG P., *Un Dio di uomini*, Queriniana, Brescia 1984.

SIMONETTI M., *La crisi ariana nel IV secolo*, Institutum Patristicum «Augustinianum», Roma 1975.

ID., «Cristologia», in *DPAC*, coll. 852-862.

TOMMASO D'AQUINO, *Commento alle sentenze di Pietro Lombardo*, vol. II, Edizioni Studio Domenicano, Bologna 2000; trad. R. Coggi.

ID., *Le questioni disputate. La verità*, vol. V, Edizioni Studio Domenicano, Bologna 2002; trad. R. Coggi (questione 4), G. Cenacchi (questione 7).

ID., *Le questioni disputate. Le virtù. L'unione del Verbo incarnato*, vol. I, Edizioni Studio Domenicano, Bologna 2000; trad. R. Coggi.

TRAPÉ A., *I termini «natura» e «persona» nella teologia trinitaria di S. Agostino*, in *Aug* 13 (1973), pp. 577-587.

WEISHEIPL J. A., *Tommaso D'Aquino*, Jaca Book, Milano 1994[2].

Indice Generale

*9 7 8 8 8 9 1 1 7 0 9 8 9 *